A estratégia da genialidade
VOL. I

Dados Internacionais de Catalogação na Publicação (CIP)
(Câmara Brasileira do Livro, SP, Brasil)

Dilts, Robert.
A estratégia da genialidade, vol. I / Robert Dilts [tradução Heloisa Martins-Costa]. São Paulo: Summus, 1998.

Título original: Strategies of genius, vol. I.
Bibliografia.
ISBN 978-85-323-0590-9

1. Gênio 2. Programação neurolingüística 3. Superdotados I. Título.

98-0257   CDD-158.1

Índice para catálogo sistemático:

1. Genialidade : Programação neurolingüística : Psicologia aplicada   158.1

Compre em lugar de fotocopiar.
Cada real que você dá por um livro recompensa seus autores
e os convida a produzir mais sobre o tema;
incentiva seus editores a encomendar, traduzir e publicar
outras obras sobre o assunto;
e paga aos livreiros por estocar e levar até você livros
para a sua informação e o seu entretenimento.
Cada real que você dá pela fotocópia não autorizada de um livro
financia o crime
e ajuda a matar a produção intelectual de seu país.

A estratégia da genialidade
VOL. I

Robert B. Dilts

summus
editorial

Do original em língua inglesa
STRATEGIES OF GENIUS - VOL. 1
Toward a dialogical psychotherapy
Copyright © 1994 by Meta Publications
Direitos para a língua portuguesa adquiridos
por Summus Editorial

Tradução: **Heloisa Martins-Costa**
Revisão técnica: **Alan Santos**
Capa: **Raquel Matsushita**
Ilustração da capa: **Andreas Versalius (1514- 1564)**

3ª reimpressão, 2024

Summus Editorial

Departamento editorial
Rua Itapicuru, 613 – 7º andar
05006-000 – São Paulo – SP
Fone: (11) 3872-3322
http://www.summus.com.br
e-mail: summus@summus.com.br

Atendimento ao consumidor
Summus Editorial
Fone: (11) 3865-9890

Vendas por atacado
Fone: (11) 3873-8638
e-mail: vendas@summus.com.br

Impresso no Brasil

Sumário

Dedicatória...	8
Agradecimentos..	9
Prefácio..	11
Introdução..	17
Modelagem...	22
Estratégias...	26

Capítulo 1 ARISTÓTELES
Criando uma Estrutura de Genialidade............... 33

Os blocos de armar da genialidade...........................	35
O modelo SOAR...	45
Tipos básicos de causas.....................................	48
A função da percepção temporal.......................	54
A avaliação das premissas.................................	58
O modelo mental de Aristóteles...............................	61
O modelo TOTS...	63
As microestratégias e os cinco sentidos............	67
Sensíveis comuns...	74
Microestratégias de modelagem – O modelo ROLE......	80
A linguagem como instrumento de pensamento e modelagem..	87
Modelagem da microestrutura da estratégia mental de Aristóteles...	89
Aplicações das estratégias de Aristóteles.................	93
O modelo SCORE: a implantação das estratégias de Aristóteles na definição do "espaço-problema".........	94
Implementação da estratégia de Aristóteles no exame e na organização de um espaço-problema.............	102
Encontrar o sistema de causas dentro do espaço-problema..	107
Resumo	109
Bibliografia do capítulo 1.....................................	110

Capítulo 2 SHERLOCK HOLMES
Descobrindo os Mistérios do Gênio 115
   Sherlock Holmes: um exemplo da aplicação da estratégia
      da genialidade 116
   A metaestratégia de Holmes e a "grande corrente da
      vida" 117
   As microestratégias de observação, inferência e dedução
      de Holmes 123
   A macroestratégia de Holmes para descobrir as "causas
      antecedentes 127
   Níveis de pistas e inferências 135
   Implementando a estratégia de Holmes 140
      Observação e dedução 142
      Exercício de calibração 145
      Como detectar fraudes 146
      Observação das pistas microcomportamentais associadas
         a estratégias cognitivas: o modelo BAGEL 148
   Conclusão 154
   Bibliografia e referências do capítulo 2 154

Capítulo 3 WALT DISNEY
O Sonhador, o Realista, o Crítico 157
   Walt Disney e as três fases da criatividade 158
      Microanálise de Disney, o sonhador 159
      Microanálise de Disney, o realista 165
      Microanálise de Disney, o crítico 171
   Resumo da estratégia de criatividade de Disney 176
      Padrões de metaprograma 178
      Fisiologia e ciclo criativo de Disney 180
   Aplicações da estratégia de criatividade de Disney 182
      Exemplos da instalação do ciclo de criatividade de
         Disney 182
      Transcrição da demonstração 185
      Processo de aprendizagem em equipe: "storyboarding",
         perspectivas múltiplas de idéias e espaços-problema ... 194
   Conclusão 202

Capítulo 4 WOLFGANG AMADEUS MOZART

Canções do espírito 205
Sonhos musicais 206
Semelhanças entre a estratégia de Mozart e a de outros
  músicos e compositores 218
O processo criativo de Mozart e a teoria da auto-
  organização 222
Como implementar a estratégia de Mozart 226
Como implementar a estratégia de Mozart em outras áreas
  além da música 236
O formato SCORE musical 237
Meditação orientada usando a estratégia de Mozart 240
Conclusão 243

Capítulo 5 CONCLUSÃO

Alguns Padrões da Genialidade 245
  Posfácio 251
  Anexo A: Fundamentos e Princípios da PNL 253
  O sistema nervoso 254
  A estrutura fundamental de comportamento: o modelo TOTS .. 255
  Posições perceptivas 256
  Níveis de processamento e organização 257
  Padrões cognitivos: o modelo ROLE 258
  Pistas fisiológicas: transformando o ROLE em BAGEL ... 260
    Estados internos 263
    Ancoragem 263
    Estratégias 264
  Anexo B: Pressuposições da PNL 266
  Anexo C: Glossário de Terminologia da PNL 268
  Bibliografia 275

DEDICATÓRIA

Aos meus co-autores de
Neuro-Linguistic Programming Vol. I
– John Grinder, Richard Bandler,
Judith DeLozier e Leslie Lebeau – que
participaram do nascimento desta visão e missão,
e também a David Gordon, Todd Epstein, Gino Bonissone
e a muitos outros que, desde então, vêm
compartilhando comigo esta visão.

AGRADECIMENTOS

Gostaria de agradecer:

Aos meus pais Patricia e Robert que transferiram para mim a sua alegria e interesse na ciência, literatura, arte, música e naquilo que a vida tem de precioso.

A meus irmãos Mike, Dan e John e a minha irmã Mary que compartilharam comigo a fascinação e o entusiasmo de explorar este incrível e lindo planeta.

A minha mulher Anita e aos meus filhos Andrew e Julia, cuja compreensão e paciência comigo têm sido quase que sobre-humanas. Sem a ajuda deles, eu jamais poderia ter concluído o meu trabalho.

A Todd e Teresa Epstein, que ajudaram nos meus esforços criativos durante todos esses anos e publicaram as primeiras versões de algumas dessas estratégias, pela Dynamic Learning Publications.

A Michael Pollard e a Ami Sattinger que trabalharam comigo, como Realistas e Críticos, para colocar essas idéias em forma de livro.

E a todas as pessoas que durante todos esses anos me vêm enviando material junto com apoio e incentivo para a minha missão.

Prefácio

No prefácio de *Neuro-Linguistic Programming Vol. I* os co-autores e eu tentamos definir o escopo e o objetivo do novo campo que juntos havíamos criado. Indicamos que:

A PNL pode ser descrita como uma extensão da lingüística, da neurologia ou da psicologia; separações que, embora possam ser fictícias por natureza, são na verdade expedientes para o aprendizado humano e o desenvolvimento do conhecimento, de maneira prática e influente em nossas vidas... (A PNL) não apenas consiste em padrões e modelos úteis formalizados a partir de várias atividades, como também é uma extensão da forma como esses padrões e modelos foram formados, tratando-se portanto de um campo tanto informativo como prático, porém, o que é mais importante, ímpar em seus objetivos e metodologia.

Tentamos identificar um futuro amplo e provocador para este campo como ciência cognitiva e expressamos a nossa crença de que, por meio da PNL, "*...o aprendizado e as experiências de campos inteiramente divergentes poderão reunir o conhecimento e a experiência em configurações que permitam crescimento, compreensão e impacto maior sobre os seres humanos*".

No livro, definimos um sistema de distinções e uma metodologia para estudar a "estrutura da experiência subjetiva". Identificamos um conjunto de ferramentas que podiam ser usadas para descobrir e descrever a programação mental de uma pessoa, sob a forma de "estratégias" cognitivas. O livro tratou de princípios de *eliciação, utilização, projeto e instalação* de tais estratégias. Como ilustração desses princípios, sugerimos várias maneiras de aplicar esta nova tecnologia da mente nas áreas da saúde, educação, negócios e psicoterapia.

Na conclusão do livro *Neuro-Linguistic Programming Volume I*, prometemos que:

...no próximo livro da série, Neuro-Linguistic Programming Volume II, *aplicaremos o modelo que aqui desenvolvemos para apresentar e analisar as estra-*

tégias que consideramos mais eficientes e bem formuladas para atingir os objetivos para os quais elas foram criadas. No Volume II, apresentaremos as estratégias que já demonstraram sua eficiência e rigor para alcançarem resultados positivos em áreas e disciplinas que vão do aprendizado da física ao jogo de xadrez, passando pela tomada de decisões, aprendizado de um instrumento musical e criação de novos modelos do mundo para si mesmo. No segundo volume, também examinaremos de forma mais específica a maneira de aplicar a programação neurolingüística no trabalho e na vida cotidiana.

Por várias razões, não conseguimos cumprir a nossa promessa. Mas o compromisso e a visão que expressamos continuaram comigo todos esses anos desde que o *NLP Volume I* foi concebido e escrito. De muitas maneiras, esta série sobre a Estratégia da Genialidade tem como objetivo cumprir a promessa de um segundo volume do livro *Neuro-Linguistic Programming*.

Em outro nível, este trabalho é também a concretização de uma visão que começou há quase vinte anos, cinco anos antes da publicação de *NLP Volume I*. Em um curso da Universidade da Califórnia, em Santa Cruz, chamado Pragmática da Comunicação Humana, conversei com John Grinder sobre a possibilidade de mapear as seqüências de raciocínio das pessoas extraordinárias ao usarem, inconscientemente, os seus sentidos. Naquela época, eu estava no primeiro ano da faculdade e John Grinder era professor de lingüística.

Esta conversa plantou uma semente sobre a possibilidade de um estudo mais amplo dos padrões cognitivos de pessoas reconhecidamente geniais, que ao mesmo tempo, iria honrar o seu brilhantismo e propunha-se a desmistificá-lo, transformando-o em algo que pudesse ser aplicado de maneira mais prática. Parte da idéia era que essas estratégias podiam ser codificadas em elementos básicos, porém bastante simples, de forma a ensinar certos aspectos desses elementos a crianças, preparando-as para os desafios que viriam a enfrentar na sua vida adulta.

Esta semente germinou neste trabalho sobre *A Estratégia da Genialidade*.

Este volume é o primeiro de *A Estratégia da Genialidade*. Nele, vamos examinar os processos cognitivos de quatro pessoas bastante diferentes e muito importantes que deram uma contribuição positiva ao nosso mundo moderno: Aristóteles, Sherlock Holmes, Walt Disney e Wolfgang Amadeus Mozart. As áreas comportamentais em que esses indivíduos agiram eram bastante diferentes umas das outras, sendo que um deles é uma personagem de ficção. Entretanto, todos eles têm algo em comum: estratégias poderosas e excepcionais de análise e de solução de problemas ou criatividade, que continuam a nos fascinar e divertir até hoje.

O segundo volume desta série é totalmente dedicado a Albert Einstein. O nível e a magnitude das contribuições de Einstein para as percepções que temos de nós mesmos e do nosso universo garantem-lhe um volume individual. O terceiro volume inclui estudos sobre Leonardo da Vinci, Sigmund Freud, John Stewart Mill e Nicola Tesla.

A escolha das pessoas analisadas neste trabalho não surgiu de um plano preestabelecido. Foram pessoas que me inspiraram de alguma maneira ou que pareciam representar algo profundamente fundamental. Muitas vezes, o material básico utilizado para a análise foi-me dado totalmente por acaso por alguém que sabia que eu estava interessado em uma pessoa ou que estava fazendo uma pesquisa sobre a Estratégia da Genialidade. O projeto desenvolveu-se organicamente de maneira semelhante aos processos utilizados pelos gênios por mim analisados.

Se bem que os capítulos das várias personalidades analisadas neste livro façam referências a outros capítulos, não é necessário lê-los de maneira consecutiva, e o leitor pode decidir folhear o livro da maneira como lhe parecer melhor. É claro que as diferentes personalidades estudadas em cada um dos capítulos operam em campos diferentes e têm abordagens distintas que podem oferecer um interesse maior ou menor ao leitor. Por exemplo, Aristóteles foi um filósofo, portanto as suas idéias são necessariamente mais filosóficas do que pragmáticas. Se o leitor achar que alguma dessas idéias são muito complexas ou pouco importantes, talvez seja interessante passar à leitura de outro capítulo e depois voltar ao capítulo referente a Aristóteles. A mesma abordagem pode ser aplicada a qualquer um dos outros capítulos do livro.

Mencionei anteriormente que este estudo estava germinando há quase vinte anos. Durante todos esses anos, minha compreensão sobre a Estratégia da Genialidade amadureceu, tanto como eu. Espero que, com este trabalho, eu consiga transmitir algumas das imensas possibilidades e campos de ação da rica tapeçaria da mente humana e da "experiência subjetiva". Espero que o leitor desfrute a jornada.

Quero saber como Deus criou o mundo. Não estou interessado neste ou naquele fenômeno, ou no espectro deste ou daquele elemento; quero conhecer os seus pensamentos; o resto são detalhes.

Albert Einstein

No princípio, criou Deus os céus e a terra. A terra, porém, estava sem forma e vazia; havia trevas sobre a face do abismo, e o Espírito de Deus pairava por sobre as águas. Disse Deus: Haja luz. E houve luz. E viu Deus que era boa a luz; e fez Deus a separação entre a luz e as trevas. E Deus chamou à luz dia e às trevas, noite. E foi a tarde e a manhã o dia primeiro.

E disse Deus: Haja firmamento no meio das águas e separação entre águas e águas. Fez, pois, Deus o firmamento e separação entre as águas debaixo do firmamento e as águas sobre o firmamento. E assim fez. E chamou Deus ao firmamento céus. Houve tarde e manhã, o segundo dia.

Disse também Deus: Ajuntem-se as águas debaixo dos céus num só lugar, e apareça a porção seca. E assim se fez. À porção seca chamou Deus terra e ao ajuntamento das águas, mares. E viu Deus que isso era bom. E disse: Produza a terra relva, ervas que dêem semente e árvores frutíferas que dêem fruto segundo a sua espécie, cuja semente esteja nele, sobre a terra. E assim fez. A terra, pois, produziu relva, ervas que davam semente segundo a sua espécie e árvores que davam fruto, cuja semente estava nele, conforme a sua espécie. E viu Deus que isso era bom. Houve tarde e manhã, o terceiro dia.

Disse também Deus: Haja luzeiros no firmamento dos céus, para fazerem separação entre o dia e a noite; e sejam eles sinais, para estações, para dias e anos. E sejam luzeiros no firmamento dos céus, para alumiar a terra. E assim se fez. Fez Deus os dois grandes luzeiros: o maior para governar o dia, e o menor para governar a noite; e fez também as estrelas. E colocou-os no firmamento dos céus para alumiarem a terra, para governarem o dia e a noite e fazerem separação entre a luz e as trevas. E viu Deus que isso era bom. Houve tarde e manhã, o quarto dia.

Disse também Deus: Povoem-se as águas de enxames de seres viventes; e voem as aves sobre a terra, sob o firmamento dos céus. Criou, pois, Deus os grandes animais marinhos e todos os seres viventes que rastejam, os quais povoavam as águas, segundo as suas espécies; e todas as aves, segundo as suas espécies. E viu Deus que isso era bom. E Deus os abençoou, dizendo: Sede fecundos, multiplicai-vos e enchei as águas dos mares; e, na terra, se multipliquem as aves. Houve tarde e manhã, o quinto dia.

Disse também Deus: Produza a terra seres viventes, conforme a sua espécie: animais domésticos, répteis e animais selváticos, segundo a sua espécie. E assim se fez. E fez Deus os animais selváticos, segundo a sua espécie, e os animais domésticos, conforme a sua espécie, e todos os répteis da terra, conforme a sua espécie. E viu Deus que isso era bom. *Também disse Deus: Façamos o homem à nossa imagem, conforme a nossa semelhança; tenha ele domínio sobre os peixes do mar, sobre as aves dos céus, sobre os animais domésticos, sobre toda a terra e sobre todos os répteis que rastejam pela terra. Criou Deus, pois, o homem à sua imagem, à imagem de Deus o criou; homem e mulher os criou. E Deus abençoou-os e lhes disse: Sede fecundos, multiplicai-vos, enchei a terra e sujeitai-a; dominai sobre os peixes do mar, sobre as aves dos céus e sobre todo o animal que rasteja pela terra. E disse Deus ainda: Eis que vos tenho dado todas as ervas que dão semente e se acham na superfície de toda a terra e todas as árvores em que há fruto que dê semente; isso vos será para mantimento. E a todos os animais da terra, e a todas as aves dos céus, e a todos os répteis da terra, em que há fôlego de vida, toda a erva verde lhes será para mantimento. E assim fez. Viu Deus tudo quanto fizera, e eis que era muito bom. Houve tarde e manhã, o sexto dia.*

Assim, pois, foram acabados os céus e a terra e todo o seu exército. E, havendo Deus terminado no dia sétimo a sua obra, que fizera, descansou nesse dia de toda a sua obra que tinha feito.

Gênesis 1:1 — 2:3

Introdução

As palavras poderosas e emocionantes do Gênesis nos contam a história da criação em vários níveis. Além de descrever o que foi criado, está descrito o processo *como* foi criado. Ali vemos a descrição "dos pensamentos de Deus" sob a forma de uma estratégia criativa que possui uma estrutura específica. Trata-se de uma estratégia que inclui um certo número de etapas que se desenvolvem em um ciclo contínuo que se retroalimenta. A criação começa a partir de uma distinção — da criação de uma diferença. Este primeiro ato leva a outro e em seguida a outro e depois a outro — cada idéia estabelecendo o potencial para a próxima. Cada ato de criação inclui a reiteração de um ciclo que compreende três processos fundamentais:

1. Conceitualização — "*E disse Deus: Haja...*"
2. Implantação — "*E Deus fez...*"
3. Avaliação — "*E viu Deus que era bom.*"

Cada ciclo provoca uma sucessão de idéias cada vez mais pessoais e refinadas. Com cada um dos ciclos, a idéia assume cada vez mais vida própria — ela é capaz de criar, multiplicar e sustentar outras idéias. A expressão maior reflete o processo do Criador de tal maneira que é capaz de abastecer todas as outras criações enquanto se multiplica.

De certa forma, esta série sobre a Estratégia da Genialidade conta a mesma história. Trata-se do estudo dos processos que existem na criação das idéias que influenciaram, de alguma maneira, o nosso mundo. O enfoque destes volumes não está nas idéias em si, mas nas estratégias que levam às idéias e às suas expressões concretas.

O comentário de Einstein de que ele procurava conhecer "os pensamentos de Deus" resume a essência dos gênios e a visão que existe por detrás deste trabalho. O conteúdo de um ato de criação ou de genialidade não é o objetivo em si. O objetivo é o que mais podemos aprender sobre a "mente de Deus" por meio do processo.

Um dos meus símbolos pessoais da genialidade é representado pelo quadro de Michelangelo no teto da Capela Sistina em Roma. O quadro mostra Adão deitado na terra estendendo a mão em direção ao céu e, do céu, a mão de Deus estendida. Os dedos de ambos estão esticados em direção um ao outro, prontos para se tocarem. Para mim, o milagre encontra-se na faísca entre ambos os dedos. Isto é a genialidade. É isto que eu tento examinar neste livro — a interação entre o sagrado e o profano; entre o mapa e o território; entre a visão e a ação.

Ação

Visão

Programação Neurolingüística

A história humana é essencialmente uma história de idéias.

H.G. Wells, *História Universal*

Já se disse que a história humana nada mais é do que o registro das obras e idéias de grandes homens e mulheres. Desde o início da história registrada, historiadores, filósofos, psicólogos, sociólogos e outros cronistas da nossa espécie têm tido como objetivo identificar e registrar os elementos críticos que geraram essas obras e idéias.

Um dos objetivos fundamentais da psicologia tem sido tentar definir os elementos-chave que mais contribuíram para a evolução das idéias. Desde que nós, seres humanos, começamos a voltar a atenção para nós mesmos e examinar os nossos processos mentais, uma das esperanças e promessas dessa pesquisa psicológica tem sido mapear as características importantes da mente que farão com que os nossos pensamentos venham a encontrar-se com os dos gigantes da história.

A *Programação Neurolingüística* (PNL) fornece um conjunto de ferramentas que pode nos permitir atingir este objetivo promissor, porém ilusório. A missão da PNL é definir e ampliar o limite do conhecimento humano — sobretudo o limite do conhecimento humano a respeito dos seres humanos. Este trabalho, o estudo da Estratégia da Genialidade, faz parte desta missão. Meu objetivo tem sido modelar a estratégia das pessoas que não apenas contribuíram para o conhecimento do mundo que nos rodeia, mas também o conhecimento a respeito de nós mesmos e descobrir a maneira de utilizar essas estratégias para melhor contribuir para a evolução dos seres humanos.

A PNL é uma escola de pensamento pragmática — uma *epistemologia* — que engloba os muitos níveis que compõem o ser humano. A PNL é um processo multidimensional que inclui não só o desenvolvimento da competência e da flexibilidade de comportamento, mas também o pensamento estratégico e a compreensão dos processos mentais e cognitivos que existem por trás do comportamento. Ela proporciona ferramentas e técnicas para o desenvolvimento dos estados da excelência individual, enquanto estabelece um sistema de crenças e pressuposições poderosas sobre o que são os seres humanos, sobre o que é a comunicação e como funciona o processo de mudança. Em outro nível, a PNL diz respeito ao autoconhecimento, ao exame da identidade e da missão. Ela também oferece uma estrutura para que possamos compreender e estabelecer um relacionamento com a parte "espiritual" da experiência humana que vai além de nós, indivíduos. A PNL não se refere apenas à competência e excelência, ela trata de sabedoria e visão. Todos esses elementos são primordiais para a genialidade.

Os três componentes que mais influenciam na produção da experiência humana são a neurologia, a linguagem e a programação. O sistema neurológico regula a maneira como funciona o nosso organismo, a linguagem determina a maneira como nos comunicamos e nos relacionamos com outras pessoas e a maneira como somos programados determina o tipo de modelos que existem no mundo que criamos. A Programação Neurolingüística descreve a dinâmica fundamental que existe entre a mente (neuro) e a linguagem (lingüística) e como a sua inter-relação afeta tanto o nosso organismo como o nosso comportamento (programação).

Uma das grandes contribuições da PNL é que ela nos oferece uma forma de olhar além do conteúdo comportamental do que as pessoas fazem, passando a prestar atenção nas forças mais invisíveis que estão por trás desses comportamentos; passamos a ver as estruturas de pensamento que permitiram a essas pessoas geniais realizar as suas obras. A

PNL fornece a estrutura e a linguagem que nos permite colocar em um grupo de segmentos ou etapas os processos mentais importantes utilizados por um Leonardo da Vinci ou um Einstein para que esses processos mentais pudessem ser ensinados a outros.

Uma outra contribuição importante da PNL é que, ao examinarmos a estrutura subjacente do comportamento conseguimos transcender o conteúdo para que possamos transferir o processo mental das pessoas geniais para outra área de conteúdo. Podemos descobrir elementos da maneira de pensar de Einstein sobre a física, a sua estratégia para pensar a respeito da física e aplicá-la à nossa maneira de pensar sobre a sociedade ou um problema pessoal. Da mesma forma, podemos extrair elementos-chave da estratégia de Mozart para criar música e transferi-la do conteúdo da música para solucionar problemas organizacionais ou ensinar leitura a crianças.

O sistema de crenças da PNL parte do princípio de que os processos mentais que existem por trás do resultado são os elementos mais importantes da criação de algo considerado genial. Além do mais, o mesmo elemento que torna uma estratégia de culinária eficiente pode ser aplicado a uma estratégia para fazer filmes ou escrever livros.

Como meus colegas e eu afirmamos no *Neuro-Linguistic Programming Volume I*:

Ao se identificarem seqüências "mentais" que levem a resultados específicos, podemos, basicamente, replicar (ou "clonar") qualquer comportamento — seja de um homem de negócios, de um cientista, de um curandeiro, de um atleta, de um músico ou de qualquer pessoa que faça bem alguma coisa. Com as ferramentas fornecidas pela PNL, acreditamos que qualquer pessoa possa transformar-se em um moderno "renascentista".

Essencialmente, toda a PNL baseia-se em duas premissas fundamentais:

1. O mapa não é o território. Os seres humanos jamais poderão conhecer a realidade. Podemos apenas conhecer a nossa percepção da realidade. Vivenciamos e reagimos ao mundo que nos rodeia basicamente por meio dos nossos sistemas de representação sensorial. É o nosso mapa "neurolingüístico" da realidade — e não a realidade em si — que determina a maneira como nos comportamos e que dá significado a esses comportamentos. Geralmente, não é a realidade que nos limita ou nos fortalece, mas sim o mapa que criamos desta realidade.

2. A vida e a "mente" são processos sistêmicos. Os processos que ocorrem dentro do ser humano e entre os seres humanos e o ambiente em

que vivem são sistêmicos. Nosso organismo, as sociedades em que vivemos e o nosso universo formam uma ecologia de sistemas e subsistemas complexos que interagem e influenciam-se mutuamente. Não é possível isolar totalmente uma parte do sistema. Tais sistemas baseiam-se em alguns princípios "auto-reguladores" e naturalmente procuram estados de equilíbrio perfeitos, ou homeostase.

Todos os modelos e técnicas da PNL baseiam-se na combinação desses dois princípios. No sistema de crenças da PNL não é possível os seres humanos conhecerem a realidade objetiva. A sabedoria, a ética e a ecologia não resultam de um mapa "exato" ou "correto" do mundo, pois os seres humanos são incapazes de criar um mapa assim. O objetivo é o de criar o mapa mais rico possível, que respeite a natureza sistêmica e a ecologia do ser humano e do mundo no qual vivemos.

Modelos individuais do mundo

É mais correto descrever o campo coberto pela PNL como o da "experiência subjetiva". A experiência subjetiva inclui o que já foi chamado de "pensamento", "mente" ou "inteligência", e no seu sentido mais amplo refere-se à totalidade da atividade do nosso sistema nervoso geral. É por nossa experiência subjetiva pessoal que podemos conhecer o mundo que nos rodeia. No seu primeiro livro, *A estrutura da magia — Volume I*, Richard Bandler e John Grinder (criadores da PNL), indicaram:

Na história da civilização várias pessoas já expressaram esta idéia — a de que há uma diferença irredutível entre o mundo e a nossa experiência sobre ele. Nós, seres humanos, não agimos diretamente no mundo. Cada um de nós cria uma representação do mundo em que vivemos — isto é, criamos um mapa ou modelo que usamos para determinar o nosso comportamento. A nossa representação do mundo define em grande parte como será a nossa experiência do mundo, de que forma perceberemos o mundo, que escolhas teremos à nossa disposição enquanto vivermos nesse mundo... Não existem dois seres humanos que tenham exatamente as mesmas experiências. O modelo que criamos para nos guiar no mundo baseia-se nas nossas experiências. Portanto, cada um de nós pode criar um modelo diferente do mundo que compartilhamos e assim vivenciar uma realidade de certa forma diferente.

Portanto, é o nosso modelo mental da realidade – e não a realidade propriamente dita – que vai determinar a maneira como agimos. Até que alguém criasse mentalmente um mapa do "átomo" ou do "vírus" ou de um "mundo redondo", esses aspectos da "realidade" não afetaram as nossas ações ou as dos nossos antepassados.

Bandler e Grinder lembram que a diferença entre as pessoas que reagem de maneira efetiva, em oposição àquelas que reagem de maneira negativa ao mundo ao seu redor, depende muito do seu modelo interno do mundo.

As pessoas que reagem de maneira criativa e agem de maneira efetiva... são aquelas que possuem uma representação ou modelo rico da sua situação, no qual percebem uma grande variedade de opções, para determinar a ação. As outras pessoas vêem-se como tendo poucas opções, nenhuma delas atraente... O que descobrimos é que não é que o mundo seja limitado demais ou que não existam escolhas, mas que essas pessoas criam um bloqueio e não conseguem ver as opções e possibilidades que estão à sua disposição, pois elas não se encontram incluídas no seu modelo de mundo.

Como já mencionado, a PNL parte da pressuposição de que "o mapa não é o território". Todo mundo possui o seu próprio mapa ou modelo do mundo e nenhum mapa é mais "verdadeiro" ou "real" do que qualquer outro. Ao contrário, as pessoas mais eficientes são aquelas que possuem um mapa do mundo que lhes permita perceber o maior número de opções e perspectivas disponíveis. Uma pessoa que é um "gênio" é simplesmente aquela que tem uma maneira mais rica e ampla de perceber, organizar e reagir ao mundo. A PNL oferece um conjunto de processos para enriquecer as escolhas que a pessoa já possui e as que percebe à sua disposição no mundo ao seu redor.

O objetivo deste livro é utilizar a PNL para descobrir, segundo o antropólogo Gregory Bateson, "o detalhe que faz a diferença". Queremos criar um modelo dos modelos do mundo de várias personagens importantes da história. A PNL, utilizada dessa maneira, é um "metamodelo". Isto é, é um modelo SOBRE modelos.

Modelagem

Não existe propriamente História, apenas biografias.

Emerson, *Ensaios*

A modelagem é o processo que parte de um evento ou série de eventos complexos e os divide em segmentos pequenos o suficiente para que possam ser repetidos. O campo da Programação Neurolingüística desenvolveu-se a partir da modelagem das técnicas mentais. O processo de modelagem da PNL inclui o exame de como o cérebro (neuro) opera, a partir da análise de padrões lingüísticos (lingüística) e da comunicação não-verbal. O resultado desta análise é incluído em estratégias ou programas divididos por etapas (programação), que podem ser usados para transferir a técnica para outras pessoas e áreas de conteúdo.

Na verdade, a PNL começou quando Richard Bandler e John Grinder modelaram padrões de linguagem e de comportamento dos trabalhos de Fritz Perls (o fundador da Gestalt-terapia), de Virgínia Satir (fundadora da terapia familiar e da terapia sistêmica) e de Milton H. Erickson (médico, fundador da Sociedade Americana de Hipnose Clínica). As primeiras técnicas de PNL derivam de padrões verbais e não-verbais fundamentais que Grinder e Bandler observaram no comportamento desses terapeutas excepcionais. A implicação do título do primeiro livro por eles publicado, *A estrutura da magia*, era que o que parece mágico e inexplicável geralmente possui uma estrutura mais profunda que, quando iluminada, podia ser compreendida, comunicada e colocada em prática por outras pessoas, além daqueles poucos "mágicos" excepcionais que inicialmente faziam a "mágica". A PNL é o processo pelo qual qual as peças importantes do comportamento dessas pessoas foram descobertas e em seguida organizadas dentro de um modelo funcional.

A PNL desenvolveu técnicas e distinções com as quais identificar e descrever padrões de comportamento verbal e não-verbal — isto é, aspectos principais daquilo que as pessoas dizem e fazem. Os objetivos básicos da PNL são modelar habilidades excepcionais e especiais para que elas possam ser transferidas para outras pessoas. O objetivo deste tipo de modelagem é colocar aquilo que foi observado e descrito em ação, de maneira produtiva e enriquecedora.

As ferramentas de modelagem da PNL nos permitem identificar padrões específicos que podem ser reproduzidos na linguagem e no comportamento dos modelos usados como fonte de inspiração. Ainda que a maior parte da análise da PNL seja feita pela observação e pela escuta do modelo em ação, muitas informações valiosas podem ser reunidas a partir de registros escritos.

Neste livro, tentaremos modelar os processos mentais de algumas personagens da História identificadas como extraordinárias no seu campo, por meio da análise dos padrões lingüísticos por elas utilizados, demonstrados por registros escritos. Também examinarei o resultado da genialidade dessas pessoas quando isto for apropriado para entendermos o processo criativo que os produziu. A síntese desta informação será colocada em "programas" ou estratégias que esperamos possam ser usados para melhorar nosso processo de criatividade e inteligência.

Níveis de modelagem

Durante o processo de modelagem de uma pessoa, existem vários aspectos ou níveis diferentes de diversos sistemas e subsistemas nos quais a pessoa opera. Podemos examinar o ambiente histórico e geográfico no qual a pessoa vivia — isto é, quando e onde aquela pessoa agia. Podemos examinar as ações e comportamentos específicos da pessoa — isto é, o que a pessoa fazia naquele ambiente. Também podemos examinar as estratégias intelectuais e cognitivas e as capacidades por meio das quais a pessoa selecionava e orientava as suas ações no meio ambiente — isto é, como a pessoa gerou aquele comportamento naquele contexto. Podemos ainda verificar as crenças e valores que motivaram e deram forma às estratégias mentais e capacidades desenvolvidas pela pessoa para atingir os seus objetivos comportamentais no ambiente em que vivia — isto é, por que a pessoa fez o que fez, naquele momento e naquele local. Podemos ainda investigar profundamente a autopercepção da pessoa e a identidade que ela manifestou por meio daquele conjunto de crenças, capacidades e ações, no ambiente em que vivia — isto é, o quem que existe por detrás do por que, como, o que, onde e quando.

Talvez também seja interessante examinar a maneira como aquela identidade se manifestava em relação à sua família, colegas e contemporâneos, na sociedade e na cultura ocidentais, no planeta e em relação a Deus — isto é, quem era aquela pessoa em relação a outras pessoas. Ou seja, de que forma o seu comportamento, capacidades, crenças, valores e identidade influenciaram e interagiram com sistemas mais amplos do qual ela fazia parte de uma maneira pessoal, social e, por último, espiritual.

Uma maneira de visualizar as relações entre esses elementos é observar a rede de sistemas generativos que enfocam ou convergem para a identidade do indivíduo como núcleo do processo de modelagem.

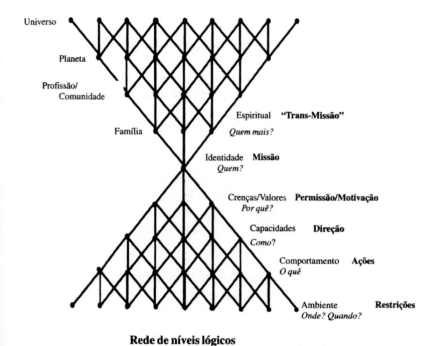

Rede de níveis lógicos

Resumindo, a modelagem dos processos utilizados pelas pessoas geniais pode incluir a investigação das interações de vários níveis diferentes da experiência, entre eles:

Espiritual	Visão e objetivo
A. *Quem sou eu* — identidade	Missão
B. *Meu sistema de crenças* —	Valores, metaprogramas
	Permissão e motivação
C. *Minhas capacidades*	Estados, estratégias
	Direção
D. *O que eu faço*	Comportamentos específicos
	Ações
E. *O ambiente em que vivo*	Contexto externo
	Reações

- O ambiente determina as oportunidades e restrições externas às quais a pessoa deve reagir. Ele diz respeito ao *onde* e *quando* da pessoa extraordinária.
- Os comportamentos são ações ou reações específicas criadas pela pessoa dentro do seu ambiente. Tem a ver com *o quê* da genialidade.
- As capacidades guiam e orientam ações comportamentais por meio de um mapa, plano ou estratégia mental. Elas dizem respeito ao *como* da genialidade.
- As crenças e valores fornecem o reforço (motivação e permissão) que fundamentam ou limitam as capacidades. Isto tem a ver com *o por quê* da genialidade.
- A identidade inclui o papel, a missão e/ou a autoconsciência da pessoa. Tem a ver com *o quem* da genialidade.
- O lado espiritual inclui um sistema mais amplo do qual fazemos parte e a influência deste sistema sobre a cura. Ele se relaciona aos *outros* e ao *que* mais da genialidade.

Portanto, como parte do processo de modelagem, podemos identificar vários níveis diferentes de estratégia.

Estratégias

Uma estratégia é uma *área particular da modelagem* na qual a pessoa procura especificamente o mapa mental utilizado pelo indivíduo modelado, a fim de orquestrar ou organizar as suas atividades para atingir um resultado positivo.

A Programação Neurolingüística fornece um conjunto de ferramentas e diferenciações que vai nos permitir mapear processos cognitivos subjacentes às obras de pessoas criativas e extraordinárias. Em vez de enfocar o conteúdo do trabalho da pessoa que está sendo modelada, a PNL procura estruturas mais profundas que produziram aqueles resultados. Em particular, a PNL procura descobrir a maneira como a pessoa utiliza os seus processos neurológicos básicos, como os sentidos (visão, audição, tato, olfato e paladar), a maneira como esses processos são moldados e refletidos pela linguagem e como ambos combinam-se para produzir um programa ou estratégia específica. De acordo com o modelo da PNL, a maneira como organizamos as nossas funções sensoriais e lingüísticas em uma seqüência programada de atividade mental determina, em grande parte, a forma como percebemos e reagimos ao mundo que nos rodeia.

Historicamente, a Programação Neurolingüística foi criada na Califórnia enquanto surgia uma outra revolução tecnológica e social — o computador pessoal. Assim como aconteceu em outros períodos da História, os desenvolvimentos na área da compreensão da mente espelham desenvolvimentos da tecnologia (e vice-versa). Grande parte da abordagem da PNL em relação à mente baseia-se na percepção de que o cérebro tem, de certa forma, um funcionamento semelhante ao do computador. Na verdade, boa parte da terminologia da PNL (e o seu próprio nome) incorpora a linguagem da informática.

Uma estratégia é como um programa de computador. Ela nos indica o que fazer com a informação que estamos obtendo e, assim como um programa de computador, a mesma estratégia pode ser usada para processar diferentes tipos de informação. Um programa de computador pode indicar a ele, "pegue este segmento de dados e aquele segmento de dados, adicione-os e coloque a resposta em um lugar específico da memória". O programa independe do conteúdo que está sendo processado por meio dele. O programa não se preocupa com o tipo de conteúdo que está sendo adicionado e deslocado. Alguns programas são mais eficientes do que outros; alguns permitem utilizar melhor a informação do que outros; alguns são projetados para receber grandes segmentos de informação e depois reduzir esses segmentos a uma informação bastante segmentada. Outros programas de computador são criados para assimilar a informação e fazer projeções a partir das informações obtidas. E outros programas são criados para descobrir padrões e características que estão dentro da informação.

O mesmo acontece com as estratégias humanas. Assim como em uma analogia, elas são um programa mental usado pelo biocomputador do cérebro. De certa forma, o mais poderoso computador pessoal do mundo é aquele que está entre as nossas orelhas. O problema é que não nos foi entregue um manual do usuário e às vezes o programa não é fácil de usar. O objetivo da psicologia, sobretudo da PNL, é descobrir a "linguagem de programação" do sistema nervoso humano, para que possamos fazer com que o nosso sistema e o dos outros nos obedeçam de maneira precisa, eficaz e ecológica. Podemos ser "mágicos do computador" e codificar em uma nova linguagem alguns dos programas utilizados pelas pessoas que aprenderam a operar muito bem o seu biocomputador.

Micro, Macro e Metaestratégias

As estratégias ocorrem em níveis diferentes — existem microestratégias, macroestratégias e metaestratégias.

— *Uma microestratégia* enfoca a maneira exata como uma pessoa pensa no momento específico em que tenta realizar uma tarefa. Se alguém está tentando lembrar uma informação, digamos um número de telefone, o que é feito com esta informação para podermos armazená-la e recuperá-la de dentro do nosso cérebro ou biocomputador? Neste micronível talvez seja necessário saber exatamente o tamanho dedicado, pela pessoa em sua mente, à visualização do número do telefone. A pessoa imagina um número com uma cor específica? Ou ela repete o número mentalmente? Ela tem uma sensação em alguma parte do seu corpo? Temos aí uma microestratégia. Seria equivalente à linguagem de máquina Assembly ou a um código de máquina dentro de um computador.

— *Uma macroestratégia* parece-se mais com a modelagem de "sucessos" ou "liderança". Uma estratégia global de sucesso ou liderança não é uma microestratégia. É um programa de nível mais alto que vai incorporar muitas microestratégias. Pode ser algo que demore muito mais tempo a ser implementado. Às vezes, trata-se dos passos mais gerais de um processo, importantes para se atingir um resultado específico. Não é importante a maneira como se passa do ponto A ao ponto B ao ponto C em um nível micro. O que é importante é que se passe do ponto A ao ponto C, sem se levar em consideração as microetapas. A maneira como se atinge o objetivo só diz respeito à pessoa. Portanto, uma macroestratégia refere-se a operações mais gerais e etapas do processo mental.

— *A metaestratégia ou metamodelo* é basicamente um modelo para a criação de modelos; uma estratégia para descobrir estratégias, ou um modelo para modelagem. De certa forma, grande parte do que se estará aprendendo neste livro é um metamodelo e um conjunto de metaestratégias — estratégias e modelos usados para descobrir as estratégias de pessoas excepcionais e, a partir delas, criar modelos práticos.

Modelando as Estratégias da Genialidade

Resumindo, o objetivo da modelagem não é criar um mapa ou modelo "verdadeiro" de algo, e sim enriquecer as nossas percepções de maneira que possamos ser mais eficientes e mais ecológicos na maneira como interagimos com a realidade. O modelo não pretende ser a realidade, ele pretende representar alguns aspectos daquela realidade de maneira prática e concreta.

O objetivo deste livro é mostrar como as ferramentas da PNL podem ser usadas para analisar personagens históricas importantes, a fim de criar "estratégias de genialidade" práticas e efetivas que possam ser aprendidas e aplicadas em outros contextos. O meu interesse específico — em relação à minha própria missão — é aplicar a estratégia da genialidade a questões humanas. Em outras palavras, examinar como podemos aplicar essas estratégias de maneira a poder nos tornarmos mais inteligentes a respeito dos nossos próprios processos humanos. Como meus colegas e eu dissemos no *PNL Volume I*:

Compreendido e utilizado com a simplicidade e o pragmatismo com os quais a PNL foi criada, podemos não apenas descobrir de que maneira Freud tornou as teorias de Einstein possíveis, mas também uma maneira de influenciar e prever os elementos básicos que poderão tornar o ser humano *capaz de ser humano, avaliando subjetivamente que criações a criação pode oferecer.*

Talvez, se pudéssemos utilizar a habilidade de Mozart para estruturar notas em música, a habilidade de Einstein para reestruturar as nossas percepções do universo ou a habilidade de Leonardo da Vinci para transformar a imaginação em um desenho ou pintura e se pudéssemos aplicar essas habilidades para reestruturar a maneira como as pessoas interagem dentro de organizações sociais, poderíamos ser capazes de realmente avançar no curso da história humana. Este é o meu sonho – minha visão deste livro.

Aristóteles

1

ARISTÓTELES
CRIANDO UMA ESTRUTURA DE GENIALIDADE

Esboço do capítulo 1

- **Os blocos de armar da genialidade**
  Atingindo os "princípios fundamentais"
  Fazendo as perguntas básicas
  A estratégia para encontrar o "meio-termo"
  "Silogismos" como expressões de "princípios fundamentais"
  O modelo SOAR
  Tipos básicos de causas
  Causas formais
  Causas antecedentes
  Causas coercitivas
  Causas finais
  A função da percepção temporal
  A avaliação das premissas

- **O modelo mental de Aristóteles**
  O modelo TOTS
  As macroestratégias e o TOTS
  As microestratégias e os cinco sentidos
  O papel da memória e da imaginação
  Sensíveis comuns

- **Modelagem das microestratégias — o modelo ROLE**

- **A linguagem como um instrumento de pensamento e de modelagem**

- Modelagem da microestrutura da estratégia mental de Aristóteles

- Aplicações das estratégias de Aristóteles
    O modelo SCORE: a implantação das estratégias de Aristóteles na definição do "espaço-problema"
    Implementação da estratégia de Aristóteles no exame e organização do espaço-problema
    Encontrar o sistema de causas dentro do espaço-problema

- Resumo

- Bibliografia do Capítulo 1

Aristóteles

Os Blocos de Armar da Genialidade

O primeiro gênio cuja estratégia gostaria de modelar para este estudo é o filósofo grego Aristóteles (385-322 a.C.). Considerado o "pai da ciência moderna", Aristóteles é, sem dúvida, um dos gênios mais influentes da civilização ocidental. A sua maneira de pensar incluiu uma variedade de assuntos, entre eles, física, lógica, ética, política, retórica, biologia, poesia, metafísica e psicologia. Na maioria dos casos, as descobertas e contribuições de Aristóteles foram absolutamente fundamentais consideradas definitivas em cada um desses campos durante séculos.

Sem dúvida havia algo muito especial na estratégia de Aristóteles de organização das suas observações sobre o mundo, que lhe permitiu concretizar um feito intelectual tão importante. Os processos mentais de Aristóteles permitiram-lhe examinar de maneira criativa e organizar de maneira útil informações de várias áreas da vida (Platão referia-se a ele como "a mente"). Considera-se que a redescoberta da maneira de pensar aristotélica tirou a civilização ocidental da idade negra levando-a à Renascença.

Do ponto de vista neurolingüístico, Aristóteles tinha uma estratégia de modelagem muito efetiva. Ele, na verdade, era um "modelador". Examinava as áreas essencialmente importantes da experiência humana e criava modelos poderosos a partir delas. Ele não era um "especialista" em nenhuma das áreas. No entanto, foi capaz de atingir um nível profundo de conhecimento a respeito dos diferentes aspectos do mundo que observava.

O que é de grande interesse para nós, metamodeladores de Aristóteles, é a maneira como ele pensava a respeito das suas experiências. Ao aplicar os procedimentos de modelagem da PNL aos trabalhos de Aristóteles, poderemos mapear alguns dos elementos específicos da sua estratégia de maneira a contribuir com uma nova e prática visão deste gênio extraordinário e também entender como podemos aplicá-la na nossa vida de hoje.

É interessante observar que um dos temas que Aristóteles nunca examinou de maneira específica foi aquele que tentamos abordar neste livro — "a genialidade". É uma questão provocante entender como

Aristóteles poderia ter abordado a compreensão deste fenômeno. É claro que Aristóteles não está mais aqui para nos dar a resposta, mas deixou muitas pistas e indicações em suas obras sobre o tipo de estratégia que teria utilizado. Portanto, nada mais natural do que começar a nossa análise da estratégia da genialidade e sua aplicação "desenredando" a estratégia de questionamento e análise por ele utilizada, aplicando-a à nossa exploração.

Atingindo os "Princípios Fundamentais"

Talvez a parte mais importante da genialidade de Aristóteles tenha sido a sua habilidade em descobrir padrões básicos e fundamentais, em outras palavras "leis", em qualquer campo de experiência que escolhesse examinar. Como ele explica em seu livro *Física*:

Quando os objetos de uma investigação em qualquer departamento têm princípios, condições, ou elementos, é através do conhecimento desses objetos que o conhecimento, isto é, o conhecimento científico, pode ser obtido. Pois não achamos que conhecemos algo até que estejamos conscientes de suas condições primordiais ou princípios fundamentais e tenhamos levado a nossa análise até os seus elementos mais simples...
Agora, o que para nós é claro e óbvio à primeira vista são massas confusas, das quais os elementos e princípios tornam-se conhecidos para nós posteriormente, através de análise. Pois devemos passar da generalidade ao particular...
[como] uma criança que começa a chamar todos os homens de "pai", e todas a mulheres de "mãe", para depois começar a distinguir cada um deles.

Na linguagem da PNL, o processo descrito por Aristóteles é o da "segmentação". Parece que a estratégia de Aristóteles para chegar aos princípios fundamentais é "passar do geral ao particular", começando com os maiores "segmentos" disponíveis à percepção sensorial, para depois iniciar um processo analítico que segmente esta experiência até os seus elementos mais simples e básicos, sem conteúdo.

Se seguirmos a orientação de Aristóteles, nosso objetivo neste estudo da estratégia da genialidade seria "segmentar para baixo" a informação que possuímos a respeito da genialidade, a fim de descobrir "as suas condições ou princípios fundamentais", identificando os seus "elementos mais simples". Em outras palavras, uma "estratégia de genialidade" definiria as "condições básicas" e os "princípios fundamentais" dos processos relacionados à genialidade em termos dos seus elementos primários. Nosso desafio, portanto, é saber de que maneira específica é possível destilar essas "massas bastante confusas" de informação em seus "elementos mais simples" e princípios fundamentais.

Fazendo as perguntas básicas

Segundo Aristóteles, a descoberta desses elementos e princípios básicos "torna-se conhecida" por meio da "análise" (do grego *analítica* que significa "deslindar") das nossas percepções. Em seu livro *Analítica Posterior*, Aristóteles faz algumas descrições específicas da sua abordagem analítica. Assim como seu professor e mentor (e também genial) Platão, o processo de análise de Aristóteles começou com perguntas básicas. Fica claro que o tipo de pergunta também vai determinar o tipo de resposta que se obtém. De acordo com Aristóteles:

As perguntas que fazemos são tão numerosas quanto o tipo de coisas que conhecemos. Na verdade, trata-se de quatro: (1) se a interligação de um atributo a um objeto é um fato, (2) qual é a razão desta interligação, (3) se o objeto existe e (4) qual é a natureza desse objeto.
Assim, quando a pergunta refere-se a um complexo de objetos e atributos e se nos perguntamos se este objeto é qualificado de uma maneira ou de outra — se, por exemplo, o sol passa por um eclipse ou não — a pergunta refere-se ao fato de uma interligação... Por outro lado, quando conhecemos o fato, perguntamos a razão; como, por exemplo, quando sabemos que o sol está sendo eclipsado e que um terremoto está ocorrendo, estamos inquirindo a razão do eclipse ou do terremoto. Portanto, quando se trata de um complexo, essas são as duas perguntas que fazemos; porém, no caso de alguns objetos temos um tipo diferente de pergunta a fazer. Como, por exemplo, se existem centauros ou se Deus existe... Por outro lado, quando já estabelecemos a existência do objeto, perguntamos a respeito da sua natureza, por exemplo, "O que é Deus?" ou "O que é o homem?
Esses são portanto os quatro tipos de pergunta, e é nas respostas a essas perguntas que consiste o nosso conhecimento.

Para aplicar a estratégia de Aristóteles ao estudo da genialidade, devemos continuamente fazer essas quatro perguntas básicas (neste caso, o "objeto" que estamos examinando é a "genialidade"). Ao reorganizarmos ligeiramente a ordem das perguntas de Aristóteles, devemos indagar:
    1. Existe realmente a "genialidade"?

2. Caso exista, qual é a natureza da "genialidade"? Quais são os seus "atributos"?
3. Depois de termos identificado o que pensamos ser os "atributos" da genialidade, devemos também perguntar "Esses atributos estão realmente relacionados à "genialidade"?"
4. Se for o caso, qual é a razão ou causa desta relação?

O objetivo de Aristóteles ao fazer essas quatro perguntas não era realmente obter quatro respostas diferentes, e sim chegar a uma única resposta — o "princípio fundamental". De acordo com Aristóteles, "conhecer a natureza de um objeto é conhecer a sua razão de ser".

A natureza do objeto e a razão do fato são idênticos: a pergunta "O que é o eclipse?" e a sua resposta "A privação da luz da Lua através da interposição da Terra" são idênticas à pergunta "Qual é a razão do eclipse?" ou "Por que a Lua tem um eclipse?" e a resposta "Por causa do impedimento da luz provocado pela interposição da Terra".

Isto pressupõe um relacionamento poderoso entre o conhecimento e a aplicação no sistema de Aristóteles. Isto indica também que existe uma equivalência entre "atributos" e "razões". Em outras palavras, se dissermos algo como "A genialidade é conhecer a resposta da pergunta certa a ser feita", então deveremos também poder dizer, "Conhecer as perguntas certas a serem feitas é a razão da genialidade". Portanto, um "princípio fundamental" tem esta habilidade dupla; não apenas é "instrutivo" como também é "instrumental". Isto é, não apenas este princípio permite que compreendamos algo, como também nos informa como surgiu e de que maneira ele é influenciado.

Esses elementos básicos, "atributos" e "razões" da existência de algo, eram o que Aristóteles chamava de "meio" — algo que se encontra a meio caminho entre o conhecimento geral e as instâncias específicas. Embora Aristóteles tenha dito que "devemos ir do geral ao particular", não podemos ficar apenas no particular. Assim como diz Aristóteles, *"a percepção deve ser do particular, enquanto o conhecimento científico inclui o reconhecimento do universal comensurado"*. Quando tivermos segmentado um "objeto" até chegar ao seu particular, devemos então segmentar de novo para cima, até chegar ao "meio". De acordo com Aristóteles, *"todas as perguntas são uma busca do 'meio'"* que une o "universal" ao "particular".

Em todas as nossas buscas, estamos perguntando se existe um "meio" e o que é esse "meio": pois aqui o "meio" é justamente a causa, e é a causa que procuramos em todas as nossas buscas. Portanto, "A Lua sofre eclipse?" significa "Há ou não uma causa que provoque o eclipse da Lua?" e quando tivermos aprendido que existe uma razão, a nossa próxima pergunta passa a ser, "Qual será então esta causa?".

Por meio do raciocínio de Aristóteles, a pergunta "Aristóteles possui genialidade?" significa "Existe ou não uma causa que produza genialidade em Aristóteles?" Se respondermos à primeira pergunta dizendo que "Aristóteles tinha genialidade porque ele fazia perguntas básicas", estaremos pressupondo simultaneamente que "o fato de fazer perguntas básicas é a causa da genialidade de Aristóteles". A "causa" (fazer perguntas básicas) é o "meio" ou interligação entre a propriedade geral de "genialidade" e a instância "particular" de Aristóteles. Ao definir o "princípio fundamental" estaremos estabelecendo tal causa.

A estratégia para encontrar o "meio-termo"

Ao começarmos a fazer essas perguntas, precisamos de um método para chegar a respostas relevantes e significativas. Podemos até nos perguntar, "De que maneira a pessoa passa a procurar causas, princípios fundamentais, condições básicas e o 'universal comensurável' no interior do particular?" Na *Analítica Posterior* Aristóteles fornece uma descrição específica desta estratégia para "segmentar de volta" a partir do particular, a fim de encontrar atributos mais "universais".

Devemos começar por observar um conjunto de indivíduos semelhantes — isto é, especificamente idênticos — e examinar que tipo de elemento eles têm em comum.

Como ilustração, Aristóteles fornece o seguinte exemplo:

Se estivéssemos perguntando qual é a natureza essencial do orgulho, deveríamos examinar exemplos de homens orgulhosos que conhecemos para ver o que eles têm em comum; por exemplo, se Alcebíades era orgulhoso, ou Aquiles ou Ajax eram orgulhosos, devemos descobrir o que eles tinham em comum, isto é, a intolerância do insulto; foi isso que levou Alcebíades à guerra, Aquiles, à ira e Ajax, ao suicídio.

Alcebíades, Aquiles e Ajax são "indivíduos especificamente idênticos" porque todos são líderes militares atenienses que adotaram ações imprudentes, motivadas pelo "orgulho". Nesta ilustração, Aristóteles escolhe três indivíduos para usar como exemplos. Embora ele não declare que este número de exemplos seja significativo, parece que se houvesse menos não se teria certeza se o conjunto seria suficientemente amplo para criar uma semelhança suficientemente básica. Se tentarmos comparar exemplos em excesso, fica confuso e difícil de manejar.

Quando descobrimos o que é semelhante no nosso primeiro grupo de exemplos, Aristóteles nos diz:

Devemos então aplicar o mesmo processo a outro conjunto de indivíduos que pertencem a uma espécie e são idênticos genericamente, porém não especificamente, ao primeiro conjunto.

Continuando com o seu exemplo sobre o exame do "orgulho", Aristóteles explica:

Agora vamos examinar outros casos [de homens orgulhosos], como, por exemplo, Lisandro ou Sócrates.

Lisandro e Sócrates são da mesma espécie (homens) e "idênticos genericamente" a Alcebíades, Aquiles e Ajax porque também são conhecidos por serem "orgulhosos". Entretanto, eles não são especificamente idênticos, pois Lisandro era um líder militar espartano e Sócrates era filósofo.

O próximo passo dessa estratégia leva Aristóteles a identificar quaisquer semelhanças entre os indivíduos do segundo grupo:

Quando tivermos estabelecido qual o elemento comum de todos os membros desta segunda espécie, deveremos, mais uma vez, tentar saber se os exemplos estabelecidos possuem qualquer tipo de identidade e continuar até que tenhamos chegado a uma fórmula única, pois aí teremos a definição do objeto. Porém, se chegarmos não a uma fórmula, mas a duas ou mais, ficará claro que a definição não pode ser um apenas objeto, mas terá de ser mais de um.

O que Aristóteles quis dizer com "identidade" é um tipo de qualidade partilhada por ambos os grupos de indivíduos que estão sendo comparados. Como ele explica:

Se [Sócrates e Lisandro] tiverem em comum uma atitude de indiferença em relação à má sorte e à boa sorte, utilizarei esses dois resultados e examinarei qual o elemento comum que possui equanimidade dentre as vicissitudes da vida e a impaciência da desonra. Se não tiverem nenhum, teremos então dois gêneros de orgulho.

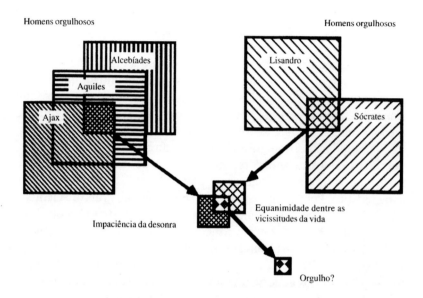

Estratégia de Aristóteles para descobrir princípios fundamentais

Em resumo, a estratégia de Aristóteles para a análise inclui um processo "indutivo", composto das seguintes etapas:

1) Reunir um grupo de exemplos semelhantes de algo que possui uma característica comum a ser analisada;
2) Comparar os exemplos e procurar a qualidade que todos têm em comum;
3) Reunir e comparar, da mesma forma, um segundo grupo de exemplos diferentes que também possua a mesma qualidade;

4) A qualidade que uniu o primeiro grupo é comparada à qualidade que uniu o segundo grupo, para analisar se existe alguma qualidade comum entre ambos.

Se a qualidade unificadora do *grupo 1* tiver algo em comum com a qualidade unificadora do *grupo 2*, estaremos chegando perto do "princípio fundamental".

Presumivelmente, o processo continuaria com outros grupos até se descobrir a qualidade que todos os exemplos do fenômeno têm em comum. Cada comparação sucessiva deverá nos levar a segmentos cada vez menores, compostos de elementos simples e sem conteúdo. O grupo de exemplos tem um segmento bastante amplo. A qualidade que une este grupo é menor e mais simples. A qualidade comum aos elementos unificadores tanto do *grupo 1* como do *grupo 2* deve ser um segmento menor e mais simples, e assim por diante.

Para aplicar a estratégia de Aristóteles ao estudo da genialidade, em vez de ao estudo do orgulho, teremos primeiro de identificar um conjunto de "indivíduos especificamente idênticos" que compartilhem essa característica. Por exemplo, podemos selecionar um grupo de cientistas que foram considerados gênios — como Albert Einstein, Nicola Tesla, Gregory Bateson e até mesmo Aristóteles. Em seguida examinaríamos o que esses "elementos" têm em comum.

Depois, repetiríamos o processo com outro grupo de indivíduos que são "idênticos genericamente, porém não especificamente". Por exemplo, escolheríamos indivíduos que também são considerados gênios, mas que foram pessoas criativas ou do meio artístico, em vez de cientistas — Wolfgang Amadeus Mozart, Leonardo da Vinci e Walt Disney, por exemplo. Depois encontraríamos o que esses três têm em comum. O próximo passo seria descobrir se os atributos ou elementos comuns dos cientistas também têm algo em comum com os atributos compartilhados por pessoas criativas ou artísticas. Se não for o caso, poderemos concluir que as genialidades científica e artística são na verdade dois gêneros separados de genialidade. Se os dois grupos possuem atributos em comum, teremos descoberto uma "condição básica ou princípio fundamental" potencial da genialidade. Depois poderemos repetir o processo com outro grupo de "gênios", como terapeutas ou curandeiros — Milton H. Erickson, Sigmund Freud e Moshe Feldenkrais.

De muitas maneiras, a estrutura desta série sobre a genialidade baseou-se somente nessa estratégia.

"Silogismos" como Expressões de "Princípios Fundamentais"

É claro que a descoberta de causas e elementos comuns é apenas a primeira etapa do processo. Também deveremos ser capazes de expressar as nossas conclusões e avaliar a sua importância e utilidade. O reconhecimento de Aristóteles como gênio não adveio simplesmente daquilo que ele sabia, mas da sua capacidade em expressar o que sabia. Na verdade, a sua habilidade em expressar princípios fundamentais era tão importante quanto a sua capacidade de descobrir esses princípios. A estratégia de Aristóteles para identificar a relação entre o geral e o particular, encontrando a causa ou o "meio", foi a base dos seus famosos "silogismos". Aristóteles formulou silogismos como uma estrutura lingüística para expressar os princípios que resultavam da sua análise. Como ele explicou em *Analítica anterior*:

Um silogismo é um discurso no qual, a partir da afirmação de certas coisas, algo que não seja aquilo que está sendo afirmado resulta necessariamente da sua existência.

Essencialmente, um silogismo fornece a ponte entre o conhecimento e a sua aplicação, enfocando as conseqüências daquele conhecimento. Expresso assim, o conhecimento significa um "instrumento" ou o que Aristóteles chamou de *organon* (ou seja, "instrumento").

Depois da identificação do princípio por meio da estratégia indutiva descrita anteriormente, este pode ser aplicado de maneira dedutiva à estrutura do silogismo. O silogismo define a relação entre os objetos e seus atributos. De maneira mais específica, o silogismo relaciona os atributos de uma classe geral aos membros particulares daquela classe, como no exemplo clássico:

Todos os homens são mortais.
Sócrates é homem.
Sócrates é mortal.

O termo "meio" é o atributo ou causa que une a classe e seus membros individuais. De acordo com Aristóteles, *"chamo de meio o termo que está contido em outro termo e contém outro termo em si mesmo."*

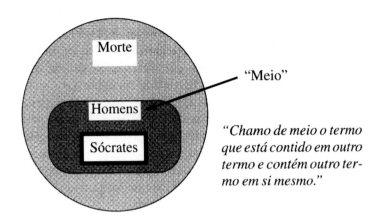

Definição do termo "meio" em um silogismo

No exemplo de Sócrates, ser "homem" é um dos atributos que une o indivíduo Sócrates à condição primordial de "morrer". De maneira geral, a estrutura do silogismo seria algo assim:

Um fenômeno ou classe de objetos que possui um certo atributo ou causa.
Uma situação ou indivíduo específico possui este atributo ou causa.
A situação particular ou individual será um exemplo ou manifestação do fenômeno ou classe de objetos.

Do ponto de vista lingüístico, um silogismo possui três "termos"; os dois "extremos" **A** (fenômeno geral) e o **C** (o indivíduo ou exemplo específico) e o "meio" **B** que une **C** a **A**. Por exemplo, em relação ao exemplo do eclipse Aristóteles explicou, "**A** *é o eclipse,* **C** *a Lua e* **B** *a Terra funcionando como um filtro. Perguntar se a Lua sofreu ou não eclipse significa perguntar se* **B** *ocorreu ou não*".

Portanto, para se tornar um instrumento, os resultados da pesquisa devem ser colocados dentro da seguinte estrutura:

B é um atributo ou causa do fenômeno geral A.
C é uma instância específica que possui o atributo ou causa B.
C é um exemplo ou expressão de A.

Em termos do nosso estudo da genialidade, se "fazer perguntas fundamentais" é um "atributo" e "causa" (**B**) de "genialidade" (**A**), poderíamos formar um silogismo com a seguinte estrutura:
Fazer perguntas fundamentais (**B**) é um atributo da genialidade (**A**).

*Aristóteles (**C**) fez perguntas fundamentais (**B**).*
*Aristóteles (**C**) era um gênio (**A**).*

Estruturado desta maneira, Aristóteles acreditava que o conhecimento podia ser aplicado e colocado em ação.

O Modelo SOAR

O processo utilizado por Aristóteles reflete, de muitas maneiras, alguns dos modelos de inteligência artificial mais avançados que possuímos atualmente. Ele é extremamente semelhante ao modelo SOAR. O SOAR é um modelo geral de resolução de problemas e aprendizagem desenvolvido originalmente por Allen Newell, Herbert Simon e Clifford Shaw na década de 1950. Ele foi empregado para criar programas de jogos de xadrez. Esses programas ensinavam o computador a se tornar um especialista em xadrez, aprendendo a partir da experiência e lembrando-se da forma como os problemas que surgiram foram solucionados. Esses programas de jogos de xadrez vêm sendo a aplicação mais bem-sucedida de inteligência artificial até hoje.

SOAR significa Estado-Operador-E-Resultado.* Ele define as etapas básicas do processo de mudança em qualquer sistema. Um "estado" é definido em relação a um "espaço-problema" mais amplo. Os operadores estimulam a mudança no estado, pela alteração de algum aspecto que resulte em outro estado. O estado desejado é atingido por uma via de "estados de transição" que culminam no objetivo.

De acordo com o modelo, toda a atividade mental voltada para uma tarefa específica ocorre dentro de uma arena cognitiva chamada espaço-problema. O espaço-problema consiste em um conjunto de estados que descrevem a situação em um momento específico e em um conjunto de operadores que descrevem como o solucionador do problema pode modificar a situação passando de um estado para outro. No xadrez, por exemplo, o espaço-problema seria [o con-

---

* SOAR, em inglês, significa State-Operator-And-Result (N. do T.)

junto de parâmetros que definem] "um jogo de xadrez" [por exemplo, os dois jogadores, o tabuleiro de xadrez etc.], um estado que consiste numa configuração específica de peças no tabuleiro de xadrez e o operador consistiria numa jogada permitida, como, por exemplo, "Cavalo para Rei-4". A tarefa do solucionador de problema é procurar a seqüência de operadores que vão partir de um estado inicial (por exemplo, as peças alinhadas para o início do jogo de xadrez) até chegar ao estado de solução de problemas (o Rei do adversário, quando está em xeque-mate). (Waldrop, 1988)

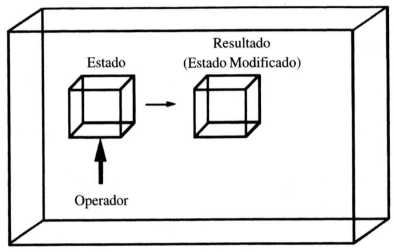

Elementos básicos do modelo SOAR

A partir do momento em que os parâmetros relevantes tiverem sido definidos, o solucionador de problema deve formular uma estratégia de orientação a fim de encontrar a seqüência de operadores que partirão do estado inicial até o estado desejado. Isto acontece por meio de uma série de regras de prioridade de condição e ação na forma de "SE você perceber um certo estado, ENTÃO deve aplicar uma certa seqüência de operadores". Se for atingido um impasse que impeça a progressão até o estado desejado, o problema deverá ser "segmentado" em subobjetivos e suboperações até que seja encontrado um novo caminho. A partir daí, esses novos segmentos são lembrados como sendo outras regras de condição/ação. A partir de então, o solucionador de problema passa da estratégia de orientação Teste-e-Erro (que é inexperiente), através da Escalada de Montanha (fazer o que parece ser melhor) até chegar à análise Meios-Fins (especialista).

A estrutura SOAR é o núcleo do processo de modelagem da PNL. As distinções do SOAR nos fornecem um metamodelo, ou metaestratégia, a partir do qual é possível identificar e definir micro e macroestratégias. O SOAR fornece uma estrutura básica com a qual modelar desempenhos efetivos em várias áreas de atividade. Comparando-se a um computador, o *hardware* cria um *espaço-problema* que pode provocar vários *estados* diferentes. As instruções do *software* do computador servem como *operadores* que produzem mudanças nesses estados, a fim de produzir resultados específicos.

Outro exemplo seria o da preparação de uma refeição. A cozinha define o espaço-problema no qual se sucedem vários estágios ou etapas da preparação do alimento. Os operadores são os instrumentos e utensílios de preparação do cozimento que produzem mudanças no estado do alimento. Cada "operação" leva a um resultado que passa por outra operação, até que seja produzido o alimento final. Um terceiro exemplo pode ser derivado da passagem de abertura do Gênesis citada no início deste livro. "Os céus e a terra" definem um espaço-problema no qual Deus opera para criar um conjunto de estados sucessivos mais refinados, que resultam na criação "do homem e da mulher".

A abordagem de Aristóteles para a obtenção do conhecimento era muito semelhante à do modelo SOAR. A física, a lógica, a retórica, a política etc. são "espaços-problema". Aristóteles definiu esses espaços-problema por meio da identificação de *"princípios, condições e elementos"* a partir do qual eles eram criados. Os fenômenos que constituem cada campo seriam os vários estados que existem dentro do espaço-problema. Assim como o processo de aprendizagem básico do SOAR, Aristóteles "segmentou para baixo", do "geral para o particular", elaborando sucessivamente mais detalhes. Os "meios-termos" e "causas" que Aristóteles tentou encontrar são semelhantes aos operadores que determinam e influenciam os estados que se encontram dentro do espaço-problema. Os silogismos de Aristóteles são parecidos com as regras da "condição-ação", a partir das quais o conhecimento é acumulado dentro da estrutura do SOAR.

Assim, a nossa modelagem das metaestratégias de vários tipos de genialidade deve incluir a maneira como percebemos e conceituamos o espaço-problema no qual elas operam. É necessário também incluir a maneira como os estados desejados e os estados de transição que existem dentro deste espaço foram identificados e "segmentados". Por fim, e mais importante ainda, é necessário identificar os operadores utilizados para criar os caminhos através do espaço-problema até chegar aos diferentes estados desejados.

Tipos Básicos de Causas

Os "elementos", os "meios-termos" e as "causas" comuns que Aristóteles procurava constantemente são basicamente os "operadores" do modelo SOAR. Quando perguntamos, "Qual foi a causa da genialidade de Einstein, de Mozart ou de Da Vinci ou ainda de Aristóteles?", estamos basicamente perguntando "quais são os operadores ou operações que lhes possibilitaram atingir os resultados intelectuais e artísticos pelos quais eles são conhecidos?" Portanto, a questão básica deste estudo está relacionada aos tipos de operações ou causas que podem ser importantes.

Segundo Aristóteles (*Analítica Posterior*) existem quatro tipos básicos de causas: 1) as causas "formais", 2) as "antecedentes", "necessárias" ou "precipitantes", 3) as "eficientes" ou "coercitivas" e 4) as causas "finais".

Causas Formais

As *causas formais* relacionam-se essencialmente a definições fundamentais e percepções de algo. A causa formal de um fenômeno é aquela que fornece a definição do seu caráter essencial. Denominamos uma estátua de bronze de um animal de quatro patas que possui crina, cascos e cauda, um "cavalo", porque ele tem a forma ou as características "formais" de um cavalo. Dizemos "Que a glande transformou-se em um carvalho" porque definimos algo que tem tronco, galhos e uma certa forma de folhas como sendo "um carvalho".

As causas formais dizem mais sobre o observador do que sobre o fenômeno observado. A identificação das causas formais pressupõe a descoberta das nossas pressuposições básicas e mapas mentais a respeito de um assunto. Quando um artista como Picasso junta o guidão da bicicleta com o assento para criar a cabeça de um "bode", ele está entrando em contato com as "causas formais" por estar lidando com os elementos essenciais da forma de um objeto.

Este tipo de causa está relacionada ao que Aristóteles chamou de "intuição". Antes de podermos começar a investigar cientificamente algo como a física, a ética, o orgulho ou a genialidade, temos de ter a idéia de que tais fenômenos possam existir. Mesmo quando escolhemos exemplos de pessoas "orgulhosas", temos de ter a intuição de que essas pessoas são exemplos daquilo que estamos tentando identificar. Como afirmou Aristóteles:

A intuição apreende as premissas básicas — um resultado que advém do fato de que a demonstração não pode ser a fonte original da demonstração, nem, conseqüentemente, o conhecimento científico do conhecimento científico... A intuição deve ser a fonte que dá origem ao conhecimento científico.

A identificação das causas formais da genialidade, por exemplo, pressuporia o exame das nossas intuições, pressuposições e definições básicas da genialidade. Por exemplo, poderíamos dizer, "Aristóteles foi um gênio porque definimos as pessoas que influenciaram a nossa sociedade de maneira tão básica e ampla como gênios". A modelagem das causas formais da genialidade em uma pessoa em particular implicaria a identificação das pressuposições básicas daquela pessoa a respeito da área ou áreas nas quais a sua genialidade expressou-se.

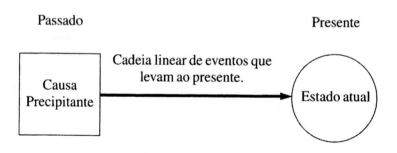

Causa precipitante ou antecedente

Causas Antecedentes

As *causas antecedentes ou precipitantes* relacionam-se a acontecimentos, ações ou decisões passadas que influenciam o estado atual de um objeto ou evento, por meio de uma cadeia linear de "ação e reação". Esta talvez seja a forma mais comum de explicação causal utilizada para descrever objetos. Por exemplo, quando dizemos, "A glande transformou-se em um carvalho porque o homem plantou, aguou e fertilizou". "O homem cortou a árvore porque acabara de comprar um novo machado." Ou ainda, "A árvore caiu porque o homem fez um profundo corte no tronco com o seu machado".

A procura de causas precipitantes da genialidade pressupõe a busca da cadeia de eventos na história pessoal de várias pessoas geniais que levaram ao desenvolvimento das suas capacidades excepcionais — tais como a genética ou experiências. Por exemplo, poderíamos dizer que a genialidade de Aristóteles teve como causa o seu treinamento na academia de Atenas, junto com Sócrates e Platão, e também o interesse nas áreas de biologia e ciências que ele tinha herdado do seu pai, que era médico da corte.

Causas Coercitivas

As *causas coercitivas* incluem os relacionamentos atuais, pressuposições e condições limítrofes (ou falta de condições limítrofes) dentro de um sistema que mantém o seu estado (não obstante a cadeia de eventos que o levou até ali). Por exemplo, aplicando este tipo de causa, poderíamos dizer, "A semente transformou-se em um carvalho porque não havia competição significativa por água e luz, por parte das outras árvores que ali existiam". "O homem cortou a árvore porque as condições climáticas o forçaram a embrenhar-se mais na floresta, a fim de selecionar outra árvore." "A árvore caiu por causa do campo gravitacional da Terra que a puxou em direção ao seu centro, mantendo-a no chão."

A procura de causas coercitivas da genialidade pressupõe o exame das condições que envolvem a pessoa no momento em que a sua genialidade está sendo expressa — como as condições sociais reinantes e a reação e a ajuda que essas pessoas receberam. Poderíamos dizer "que Aristóteles foi um gênio porque o sistema de governo ateniense e a sua posição como tutor de Alexandre, o Grande, deram-lhe a oportunidade e o enfoque para seguir os seus interesses. Ele não teve concorrentes sig-

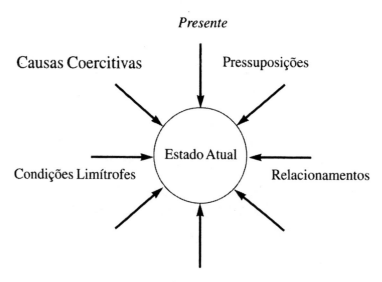

nificativos, porque naquele momento apenas um punhado de pessoas pensava de maneira científica e a educação era algo raro, a não ser para os membros das classes superiores. E também muitas das suas palavras mais importantes foram registradas a partir de suas aulas e anotadas e editadas por seus alunos". As causas coercitivas tendem a ser mais "sistêmicas" e podem ser definidas em termos das obrigações potenciais que não estavam presentes e também em termos daquelas que estavam presentes.

Causas Finais

As *causas finais* estão relacionadas a alvos, visões e objetivos futuros que orientam e influenciam o estado atual do sistema e dão significado, importância e objetivo às ações atuais. As causas finais incluem os motivos ou "fins" pelos quais algo existe. Neste sentido, as causas finais relacionam-se geralmente ao papel dos objetos ou à sua identidade com respeito a um sistema mais amplo do qual eles fazem parte. Sobretudo em suas pesquisas biológicas, Aristóteles concentrou-se neste tipo de causa — o objetivo intencional ou final da natureza — que ele considerava diferente da causa mecânica, que também opera nos fenômenos inorgânicos. Assim, embora Aristóteles tentasse encontrar causas antecedentes nos casos de fenômenos mecânicos e não orgânicos, ele descobriu causas finais mais importantes para os fenômenos mentais e biológicos, e afirmou que *"a mente sempre faz o que faz em benefício de algo, este algo é o seu próprio fim"*.

Ele observou que se uma semente for queimada, ela é destruída de maneira mecânica, mas se esta semente tiver uma oportunidade, ela pode transformar-se em um carvalho. Ao pensarmos nos termos deste tipo de causa, podemos dizer que, "A semente transformou-se em árvore porque a sua natureza é transformar-se em árvore". "O homem cortou a árvore porque queria se esquentar e precisava de lenha para fazer uma fogueira." "A árvore caiu porque o seu destino era dar suporte a outras criaturas deste planeta."

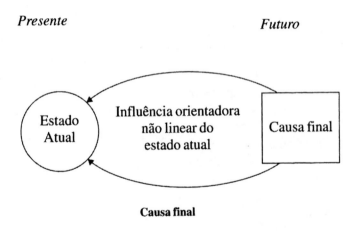

Causa final

A procura das causas finais da genialidade pressupõe o exame dos objetivos, metas e resultados desejados que orientam ou inspiram o pensamento e as ações dos indivíduos que estamos estudando. Também pressupõe o estudo das percepções dessas pessoas sobre a sua própria identidade dentro dos sistemas social e ambiental em que operam. Por exemplo, poderíamos dizer que "a genialidade de Aristóteles foi causada pelo seu desejo constante de descobrir e compartilhar os princípios fundamentais que unem e criam equilíbrio em todos os fenômenos do mundo natural".

É claro que se apenas uma dessas causas for considerada como sendo a única explicação teríamos um quadro incompleto. Na ciência atual procuramos basicamente causas mecânicas ou o que Aristóteles chamou de causas "antecedentes". Quando estudamos um fenômeno do ponto de vista científico, a nossa tendência é procurar a cadeia de causa e o efeito linear que provocou o fenômeno. Por exemplo, dizemos "O nosso universo surgiu do Big Bang que ocorreu há bilhões de anos". Ou então, "a AIDS é causada por um vírus que penetra no organismo e interfere no sistema imunológico". Ou ainda "esta empresa é bem-sucedida porque adotou esses estágios específicos nesses momentos específicos". Essa compreensão é sem dúvida importante e útil, mas não mostra necessariamente a história completa desses fenômenos.

A identificação das causas formais do "universo", de "uma empresa bem-sucedida" ou da AIDS subentende o exame das nossas pressuposições e intuições básicas a respeito desses fenômenos. O que queremos dizer quando falamos do "nosso universo" ou de "sucesso", "empresa" ou ainda de AIDS? O que estamos pressupondo a respeito da sua estrutura e da sua "natureza?" (Este foi o tipo de pergunta que levou Albert Einstein a reformular toda a nossa percepção de tempo, espaço e estrutura do universo.)

A identificação das causas coercitivas depende do exame daquilo que mantém a estrutura atual de um fenômeno específico no lugar, sem levar em consideração o que o levou até ali. Por exemplo, por que tantas pessoas que têm o vírus da AIDS permanecem assintomáticas? Se o universo vem-se expandindo após o Big Bang, o que determina a sua velocidade atual de expansão? Que força faria com que o universo parasse de se expandir? Que forças ou falta de forças fariam com que uma empresa fracassasse ou desse certo, independentemente da sua história?

A procura de causas finais implica a investigação de objetivos ou alvos potenciais desses fenômenos, em relação ao resto da natureza. Por exemplo, seria a AIDS um simples castigo, uma lição ou um processo evolucionário? Estaria Deus "jogando dados" com o universo, ou existe um caminho que leva a alguma coisa? Quais são as visões e objetivos que fazem com que uma empresa seja bem-sucedida?

Esses mesmos tipos de consideração são importantes para o nosso estudo sobre a genialidade. Tentar encontrar as *causas formais* da genialidade nos leva a considerá-la como uma função das definições e pressuposições a se aplicar à vida e às ações de uma pessoa. A busca das *causas precipitantes* nos leva a considerar a genialidade como resultado de experiências e eventos especiais da vida de uma pessoa. A procura das *causas coercitivas* nos leva a perceber a genialidade como algo criado pelas condições ímpares e extraordinária, nas quais a pessoa estava vivendo. A investigação das *causas finais* nos leva a perceber a genialidade como resultado do destino ou dos motivos de uma pessoa.

A Função da Percepção Temporal

Parece claro que os vários tipos de causa de Aristóteles implicam diferentes relações entre os fenômenos no "tempo". As causas antecedentes referem-se ao "passado", enquanto as causas finais referem-se ao "futuro". As causas coercitivas referem-se ao "presente". As causas formais são as únicas que não estão diretamente relacionadas ao tempo.

Para Aristóteles, a percepção de "tempo", como outros conceitos, era uma "ferramenta" a ser usada de várias maneiras. Em seu livro, *Física*, ele questiona, com certo humor, a existência do tempo:

As seguintes considerações poderiam nos fazer suspeitar que o [tempo] não existe ou, caso exista, de maneira obscura. Uma parte dele já foi ou não é, enquanto outra parte será ou ainda não é. Ainda assim, o tempo — tanto o tempo infinito como qualquer outro tipo de tempo — é composto desses. Pode-se pressupor que aquilo que é feito de coisas que não existem não faz parte da realidade.

Sem dúvida, uma das metas principais do processo de modelagem é a organização de seqüências de influência cognitivas e comportamentais importantes relacionadas ao tempo. A maneira como se organizam e colocam os eventos no tempo pode influenciar bastante os efeitos que parecem ter.

Da mesma forma como Aristóteles distinguia entre a importância de diferentes tipos de causas, relativas ao processo orgânico *versus* o processo mecânico, ele parecia ter várias formas de perceber a influência do tempo com relação a diferentes tipos de fenômenos. No caso da causação mecânica, Aristóteles geralmente aplicava o ponto de vista tradicional do tempo, como sendo algo linear. As causas antecedentes, por exemplo, formarão uma seqüência linear de reações:

Apreendemos o tempo somente quando o marcamos pelo movimento, marcando com "antes" e "depois". E é apenas quando percebemos o "antes" e o "depois" em movimento que dizemos que o tempo passou. Nós o marcamos julgando que A e B são diferentes e que existe um terceiro objeto que é intermediário entre eles. Quando pensamos nos extremos como diferentes do médio e a mente pronuncia que os "agora" são dois, um antes e outro depois, então dizemos que o tempo existe... Pois, aquilo que é limitado pelo "agora" é considerado tempo... Pois o tempo é apenas isso — número de movimento com relação a "antes" e "depois"... existe uma correspondência com o ponto; pois o ponto também une e termina o comprimento — é o início de um comprimento e o final de outro.

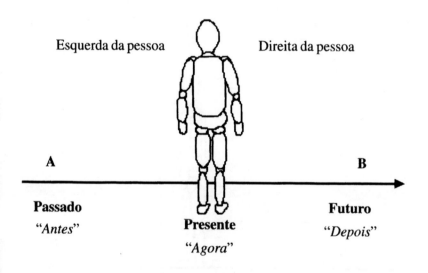

Linha de "deslocamento temporal"

A percepção do tempo como "pontos" no "comprimento" de uma linha, usada para quantificar eventos, de tal forma que o presente ou "agora" vem "depois" do passado (A) e "antes" do futuro (B), foi aceita e utilizada pelos cientistas desde então. Aliás, as "linhas temporais" tornaram-se a forma principal de concepção do tempo na sociedade ocidental.

No modelo básico da PNL, existem duas perspectivas fundamentais a respeito do tempo: a percepção de algo "no momento presente" ou "deslocando-se no tempo".[1]

Quando percebemos um evento "deslocando-se no tempo", assume-se o ponto de vista exterior à seqüência de eventos, dissociadas daquilo que está sendo observado ou modelado. A partir dessa perspectiva, a "linha temporal" é geralmente vista de forma que o "antes" e o "depois" sejam linhas que se estendem à esquerda e à direita, com o "agora" em qualquer ponto do meio.

A percepção de um evento "no momento presente" implica um ponto de vista associado ao evento que está surgindo. Deste ponto de vista, o "agora" é a posição física atual da pessoa, com o futuro representado como uma linha que se estende para a frente e o passado estendendo-se para trás — de maneira que a pessoa caminhe em direção ao futuro, deixando para trás o passado.

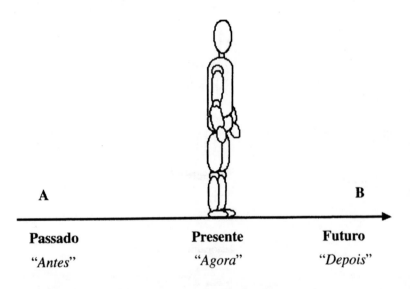

Linha temporal do "momento presente"

---

1. A noção de linhas temporais "do momento presente" e "deslocando-se no tempo" foi desenvolvida pela primeira vez em 1979, com o advento dos chamados padrões

As duas perspectivas (que podem ser representadas visualmente ou pelo espaço físico concreto) criam diferentes percepções do mesmo evento. A perspectiva do "deslocamento temporal" é efetiva para a análise quantitativa, mas é mais passiva, por ser dissociada. A perspectiva do "momento presente" é mais ativa e envolvida, mas facilita "perder-se de vista o conjunto total".

Segundo Aristóteles, esses métodos lineares de percepção e medição do tempo eram apenas uma maneira, que tinha valor somente com respeito a causas mecânicas. Ele considerava a influência do tempo com respeito a fenômenos biológicos e mentais de maneira diferente:

Como se costuma dizer, a história humana forma um círculo e existe um círculo em todas as outras coisas que possuem um movimento natural de vida e morte. Isto porque todas as outras coisas são discriminadas pelo tempo e iniciam-se e terminam como que seguindo um ciclo; pois mesmo o tempo é considerado como círculo... Portanto, dizer que as coisas que passam a existir formam um círculo corresponde a dizer que existe um círculo de tempo; e também que ele é medido por um movimento circular.

Assim, o tempo que está relacionado a processos mecânicos baseados na percepção de "antes" e "depois" e limitado pelo "agora" pode ser representado pela "linha temporal" clássica. Entretanto, o tempo que está relacionado aos processos mais orgânicos que envolvem "o movimento natural de vida e de morte" pode ser representado melhor sob a forma de círculos e "ciclos".

Essas diferentes maneiras de percepção do tempo fazem convergir nossa atenção para diferentes tipos de causas. A linha "de deslocamento temporal", por exemplo, nos leva a perceber as causas precipitantes ou antecedentes. A perspectiva "do momento presente" enfatiza as causas coercitivas. E uma linha temporal cíclica faz com que apareçam as causas formais e finais.

Da mesma maneira, diferentes tipos de linhas temporais são mais adequadas para diferentes níveis de processos. Por exemplo, quando nos preparamos para experimentar comportamentos físicos é melhor utilizar uma linha temporal "do momento presente". O planejamento de uma

---

de "metaprograma". A investigação de outras formas de percepção temporal começou no início da década de 1980 por Richard Bandler e eu, entre outros. As aplicações específicas sob a forma de técnica começou a partir de meados da década de 1980, sobretudo por Tad James e Wyatt Woodsmall (1987), Steve e Connirae Andreas (1987) e meus trabalhos sobre a "fisicalização" das linhas temporais (1987).

linha de ação ou o exame de capacidades exige um ponto de vista mais amplo, oferecido pela linha "de deslocamento temporal". Processos relacionados a crenças e identidade são geralmente mais bem representados sob a forma de ciclos, pois tendem a incluir padrões recorrentes, em vez de eventos lineares unitemporais.

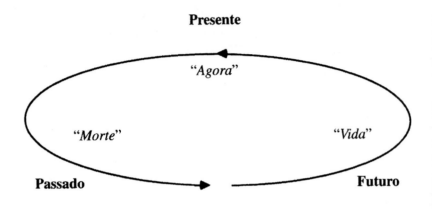

Linha temporal cíclica ou "circular"

No nosso estudo da genialidade, veremos que é importante levar em consideração a preeminência do tempo, a partir de todos esses pontos de vista diferentes. Uma linha de "deslocamento temporal" permite identificar e descrever seqüências de etapas específicas e discretas. Uma linha temporal "de tempo presente" ajuda a incorporar mais facilmente a genialidade das pessoas que estamos modelando e a observar as suas ações na história, à medida que eles as vivenciam. A percepção de eventos sob a forma de "círculo" ou "ciclo" de tempo favorece o reconhecimento de padrões repetitivos, a observação de processos como um todo e a identificação da maneira como as diferentes etapas relacionam-se ao "movimento natural" do todo.

A Avaliação das Premissas

A busca de diferentes tipos de causas nos leva a atingir diferentes tipos de conclusões, enquanto o exame de eventos com relação a diferentes tipos de representação de tempo altera as nossas percepções desses tipos de representação temporal. Portanto, parece claro que é necessário algum tipo de avaliação ou exame das conclusões às quais chegamos por meio de nossos estudos. Segundo Aristóteles, a chave para a efetividade das nossas conclusões a respeito de um princípio são a força e a "universalidade" da relação entre o fenômeno e os atributos ou causas que descobrimos. Esta relação é o que Aristóteles chamou de "premissa" da conclusão.

Toda premissa declara que algo ou é ou deve ser ou pode ser o atributo de algo; algumas das premissas desses três tipos são afirmativas e outras são negativas.

No primeiro caso, podemos declarar o que algo é e o que ele não é. Por exemplo, podemos dizer que um ser humano *é* um animal e que um ser humano *não é* um vegetal.

Com relação ao segundo tipo de premissa, podemos declarar que um ser humano *deve possuir* capacidade para usar a linguagem e que um ser humano *não deve possuir* cauda.

De acordo com o terceiro tipo de premissa, podemos dizer que alguns seres humanos *podem ser capazes* de esculpir estátuas e que alguns seres humanos *podem não ser capazes* de falar grego.

Esses diferentes tipos de premissas são essencialmente os primeiros dois termos de um "silogismo" — (**A**) o fenômeno geral e (**B**) o "meio", ou as causas e atributos associadas àquele fenômeno. A validade desses dois termos determina a validade de quaisquer conclusões deles tiradas.

O primeiro teste para essas várias premissas está naquilo que Aristóteles chamou de sua "conversibilidade":

É necessário portanto que na atribuição universal os termos da premissa negativa possam ser conversíveis, isto é, se nenhum prazer for bom, então nada de bom será prazeroso;

os termos da afirmativa devem ser conversíveis, não universalmente, porém em parte; por exemplo, se todo prazer é bom, então algo de bom deve ser prazeroso;

a afirmativa particular deve converter-se em parte (pois, se algum prazer for bom, então algo de bom deverá ser prazeroso); entretanto, a negativa particular não precisa ser convertida, pois se algum animal não é homem, não se deduz que algum homem não seja animal.

Portanto, do ponto de vista aristotélico, a avaliação de um "primeiro princípio" inclui basicamente a procura de "contra-exemplos" ou exceções à regra, que desafiem a sua "universalidade", utilizando o processo de "conversão".

No entanto, a validade da conversão deveria ser fundamentada pela observação. Aristóteles acreditava que a única "prova" efetiva de um princípio fundamental era a "demonstração". Quando o princípio estava formado, ele tinha de ser aplicado e validado pela experiência. Em outras palavras, o mapa deve mostrar a sua utilidade por meio do grau com que nos ajuda a navegar no território. Como indicou Aristóteles no seu livro *História dos Animais, "deve ser dado crédito à observação em vez de às teorias, e às teorias apenas à medida que elas são confirmadas pela observação dos fatos".*

O valor do processo de conversão é que ele nos indica onde olhar para encontrar possíveis contra-exemplos. Portanto, se dissermos, "Todos os pássaros têm asas", então não poderemos achar nenhum pássaro que não tenha asas. Porém, podemos encontrar animais com asas que não sejam pássaros. Se dissermos, "Nenhum pássaro tem plumas", então não podemos encontrar nenhuma criatura sem plumas que seja pássaro.

A estrutura essencial da descoberta de contra-exemplos pelo princípio da conversão pressupõe a verificação da força da relação subentendida pela premissa. Por exemplo, uma premissa poderia se apresentar da seguinte forma:

Todo **A** tem **B**
ou
A causa **B**

À procura de contra-exemplos poderíamos perguntar, em primeiro lugar:

Existe algum **A** que não possua **B**?
ou
Existe algum **A** que não cause **B**?

Em seguida passaríamos a "converter" os termos e perguntaríamos:

Existe algo que possua **B** que *não* seja **A**?
ou
Existe algum **B** que *não* seja causado por **A**?

Para que um atributo seja verdadeiramente definitivo, não poderíamos encontrar nenhum contra-exemplo. Por exemplo, nem todos os pássaros voam, porém todos os pássaros têm asas. Contudo, nem todos os animais com asas são pássaros; insetos, morcegos e alguns dinossauros também possuem ou possuíam asas. Porém, se dissermos que todos os animais com asas *e* bicos são pássaros, ficará mais difícil encontrarmos contra-exemplos; ou seja, animais que não sejam pássaros que tenham asas e bicos.

Podemos aplicar este mesmo tipo de processo de avaliação ao nosso estudo da estratégia da genialidade. Após avançar uma hipótese (baseada na busca de "elementos comuns" em vários exemplos) sob forma de premissa, passaríamos a procurar possíveis contra-exemplos. Portanto, se observarmos que "todos os gênios fazem perguntas fundamentais", então poderíamos procurar exemplos de pessoas geniais que não fazem perguntas fundamentais. Será que Mozart, por exemplo, fazia perguntas fundamentais? Se tal fosse o caso, quais? Também deveríamos descobrir se existem pessoas que fazem perguntas fundamentais e não são gênios. Quanto menos contra-exemplos existirem, mais o atributo ou causa é universal.

Aliás, encontrar um contra-exemplo não significa que a nossa premissa esteja "errada", e sim que o sistema ou fenômeno que estamos estudando ou examinando é mais complexo do que aquilo que percebemos ou que ainda não alcançamos os seus elementos mais simples.

O Modelo Mental de Aristóteles

A investigação de causas e atributos universais pressupõe que conheçamos os elementos que possam ser considerados possíveis causas e atributos. Segundo as prescrições de Aristóteles, devemos procurar os "elementos mais simples". Quais são os elementos mais simples das causas e atributos da genialidade? É claro que eles têm a ver com a "mente". E, embora Aristóteles não tenha escrito especificamente a respeito da genialidade, ele tinha muito a dizer sobre a natureza da mente.

De muitas maneiras, Aristóteles foi sem dúvida a primeira pessoa a aplicar a PNL. Realmente, ele foi o criador de muitos dos princípios básicos da PNL e uma das primeiras pessoas a tentar definir e categorizar os vários aspectos da mente e do processo mental. Em seu livro *Sobre a Alma,* por exemplo, Aristóteles afirmou que sabemos que algo está vivo e portanto tem uma "alma" ou "psique", porque ele pode sentir e mover-se por força do seu próprio poder. Ele escreveu:

A alma dos animais é caracterizada por duas faculdades, (a) a faculdade de discriminação, obra do pensamento e dos sentidos, e (b) a faculdade de originar movimento local.

Sabemos que algo possui uma psique quando este objeto pode sentir as características do seu mundo, fazer discriminações sobre aquilo que sente e originar um movimento em si mesmo, relacionado à discriminação sensorial que constrói.

Essas distinções básicas enquadram-se no modelo de processamento de informação proposto pela PNL — a de que o cérebro funciona como microcomputador, por meio de *input* e *output*. Os movimentos são originados e direcionados pelas discriminações mentais que fazemos a respeito de nossos *inputs*.

Mas, ao contrário dos behavioristas modernos, Aristóteles não considerava este processo uma simples ação reflexiva. Como mencionamos anteriormente, ele afirmou que *"a mente sempre faz o que faz em benefício de algo, este algo sendo o fim em si mesmo"*. Assim, para Aristóteles, toda experiência psicológica era organizada em direção a um fim. Assim, a percepção e discriminação das diferenças naquilo que sentimos são sempre feitas em relação a algum objetivo. Toda sensação tem um significado em termos do seu relacionamento para com o "objetivo". Em outras palavras, para Aristóteles, a psique significa a habilidade de ter um objetivo, de ser capaz de sentir o seu relacionamento em direção a um objetivo e de alterar o seu comportamento a fim de atingir aquele objetivo.

William James (o psicólogo americano geralmente considerado o pai da psicologia cognitiva) também definiu a mente como tendo a capacidade de estabelecer um objetivo futuro e criar muitas escolhas amplas com as quais atingir este objetivo.

A busca de objetivos futuros e a escolha de meios para atingi-los são portanto a marca e o critério da presença da capacidade intelectiva em um fenômeno.

Em linguagem neurolingüística, tanto Aristóteles como William James estavam descrevendo o processo TOTS (Miller *et al.*, 1960) segundo o qual o comportamento inteligente depende de testes e operações que nos levam em direção de algum objetivo futuro determinado —

a "causa final". Assim como o modelo SOAR, o modelo TOTS é fundamental para o processo de modelagem da PNL. Ele também complementa o SOAR, ao definir a maneira básica pela qual os operadores entram em ação. Um TOTS específico define um caminho distinto através do espaço-problema. Neste sentido, o TOTS é a estrutura básica pela qual é definida a macroestratégia da pessoa.

O Modelo TOTS

TOTS significa Teste-Operação-Teste-Saída*. Ele define o ciclo de *feedback* básico pelo qual mudamos sistematicamente nossos estados mentais. Segundo o modelo TOTS, geralmente operamos um estado, modificando-o para atingir um objetivo. Testamos continuamente o estado atual comparando-o a algum tipo de evidência ou critério, a fim de descobrir se atingimos o objetivo. Dependendo do resultado deste teste, ajustamos as nossas operações. Isto é, primeiro testamos nossa relação com o nosso objetivo. Se não estivermos atingindo o objetivo, passamos a operar variando o nosso comportamento de alguma maneira. Em seguida, mais uma vez testamos o resultado do movimento e se tivermos sido bem-sucedidos passamos à próxima etapa. Senão, alteramos nosso comportamento e repetimos o processo.

Portanto, em termos do modelo TOTS, o comportamento inteligente é organizado ao redor da capacidade de estabelecer:

1) Um objetivo futuro fixo;
2) os indícios sensoriais necessários para determinar de maneira clara o progresso em direção ao objetivo;
3) um conjunto variável de meios para atingir o objetivo e a flexibilidade comportamental para implantar essas escolhas.

Em relação à definição de Aristóteles da "alma dos animais", uma criatura viva organiza a sua atividade ao redor do TOTS. Ela discrimina, testando o seu progresso em direção aos seus objetivos ou "metas", pelas evidências ou indícios fornecidos pelo processo da percepção sensorial. Se o objetivo ou meta não estiver sendo atingido, ela "movimenta-se" ou opera para fazer algo a fim de atingir aquele objetivo.

---

* TOTS, em inglês, significa Test-Operate-Test-Exit (TOTE). (N. do T.)

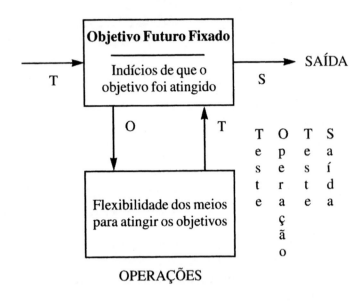

Diagrama do ciclo básico de *feedback* TOTS.

Este conceito é profundamente diferente dos modelos de Skinner e Pavlov, que definem o processo por detrás do comportamento como sendo o de cadeias de reflexos e estímulo-resposta. Para Aristóteles, a mente não é reflexo. A psique opera em um nível diferente daquele em que simplesmente se recebe um estímulo que faz com que o outro reaja; ao contrário, os estímulos são mais ou menos irrelevantes, a não ser que tenham uma relação com o objetivo ou "causa final". No modelo de Aristóteles, o comportamento não é levado pelo estímulo e sim pelo objetivo.

O ponto de vista de Aristóteles vai ao encontro das minhas próprias observações sobre meu filho quando ele estava aprendendo a movimentar o seu corpo com alguns meses de idade. Os estímulos eram irrelevantes para ele, a não ser que se enquadrassem num objetivo ou numa meta interior que ele tinha. Em vez de reagir de maneira reflexiva e impensada aos estímulos externos, os seus movimentos concentravam-se em coisas nas quais ele estava internamente interessado. Por exemplo, havia alguns brinquedos de que ele gostava mais externamente e outros que ele ignorava completamente no início. Meu filho só começou a interagir com esses brinquedos quando eles o interessaram por estarem relacionados a algum tipo de meta ou objetivo interno que ele possuía. Aí, ele interagia com os brinquedos por meio do seu ciclo contínuo de *feedback* de TOTS. Quando queria obter algo, ele "testava" observando a sua mão em relação ao objeto, "operava" mexendo a sua mão e tocando o objeto, não conseguia, "testava" de novo, colocando a mão mais próximo do objeto e basicamente continuava a testar e a operar até que conseguisse atingi-lo. Depois, ele "escapava", voltando-se para o seu próximo objeto de interesse. Em vez de um estímulo-resposta tratava-se de um objetivo estimulado pelo ciclo contínuo de *feedback*.

Estudos sobre crianças muito pequenas (Bower, 1985) nas primeiras semanas e meses de vida também confirmam o ponto de vista comportamental de Aristóteles. Em uma das experiências realizadas, a criança é colocada diante de um brinquedo "atraente" – um móbile, por exemplo. O brinquedo movimenta-se intermitentemente dependendo da atividade da criança. Para parar o móbile a criança tem de abaixar o pé, interceptando um raio de luz e impedindo o móbile de girar. Para reiniciar o movimento do móbile, a criança tem de afastar o pé do raio de luz. A maioria dos bebês fica interessada em interromper e reiniciar o móbile, analisando a situação muito rapidamente e depois observando que o movimento é causado por algo que fizeram com o pé. Eles brincam com ambos os pés e logo percebem o que fez com que o evento ocorresse — o movimento do móbile e sua interrupção.

Antigamente, havia teóricos que partiam do princípio de que a criança estava mais interessada no acontecimento: o "reforço" ou recompensa que incentivava a criança a aprender; neste caso, o móbile. Os pesquisadores, porém, ficaram convencidos de que o importante para a criança não era o evento e sim a maneira de controlar o que estava acontecendo. A aprendizagem em si era reforçadora — o reforço era a realização de como interagir e influenciar o mundo externo.

Ao ajustar os parâmetros experimentais, os pesquisadores foram capazes de testar se a criança realmente estava mais interessada em seu próprio controle do que no evento em si. Por exemplo, se o controle exercido pela criança não era absolutamente perfeito, o movimento dos seus pés nem sempre interrompia ou dava partida ao móbile e então a criança continuava até que tivesse solucionado o problema. Do momento que ela obtinha a solução, ficava rapidamente entediada, exceto ocasionalmente quando desejava verificar se ainda continuava a ter poder sobre o evento.

Existem dois pontos importantes neste exemplo: 1) o exercício bem-sucedido das "faculdades" de "discriminação" e o "movimento local originador" é inerentemente auto-reforçador, e 2) a maneira como a pessoa aprende a influenciar o mundo é pela interação e pela adaptação das suas próprias reações em resposta ao ciclo retroalimentador.[2]

As macroestratégias e o TOTS

O TOTS fornece a estrutura básica e as distinções para identificar e definir macroestratégias de desempenho efetivo. A estrutura geral de um programa de computador, por exemplo, pode ser descrita em termos de um TOTS específico. Um programa de corretor ortográfico, por exemplo, tem o objetivo de assegurar a ortografia correta. Ele revê todas as palavras do texto, para verificar se cada uma delas enquadra-se no critério fornecido para determinar a ortografia correta. Caso encontre uma palavra escrita de maneira incorreta, o programa opera, informando o autor para que ela seja modificada.

Ao se estabelecer a macroestratégia de preparação de uma refeição, o objetivo pode ser definido em termos do tipo específico de refeição a ser preparada — por exemplo, um jantar comemorativo. O alimento é testado em termos de compatibilidade e paladar e em seguida passa por uma operação, caso necessário. Existe uma macroestratégia no exemplo fornecido pela citação de abertura do Gênesis. Cada dia é um tipo de TOTS, no qual Deus estabelece o alcance de um objetivo específico na sua criação (E disse Deus, Haja...), operando para obtê-lo ("E Deus fez...") e depois avaliando ("E viu Deus que isso era bom").

---

2. Isto nos mostra algo importante sobre o uso de métodos de ensino de estímulo-resposta e de aprendizagem, sem levar em consideração o objetivo dos alunos. "Recompensar" um aluno dando-lhe uma boa nota provavelmente será ineficiente, a não ser que o aluno deseje obter uma boa nota. Oferecer dinheiro como "reforço" a alguém não o motivará, a não ser que o objetivo da pessoa seja ganhar mais dinheiro. Por exemplo, Madre Teresa de Calcutá continuaria a sua missão diligente, quer fosse paga ou não. Segundo o modelo TOTS não existe um reforço externo real no sentido de Skinner. Nada é reforço, a não ser que ele seja entendido com relação a um objetivo que seja da pessoa ou do animal.

Para modelar as "macroestratégias" da genialidade é necessário identificar a maneira como as pessoas que estamos estudando usaram os vários elementos do TOTS:

1) Quais foram os objetivos que elas lutaram para atingir?
2) Que tipos de comprovação e procedimentos de comprovação elas utilizaram para obter *feedback* e determinar o seu progresso em direção aos objetivos?
3) Que conjunto de meios e obrigações elas empregaram para atingir os seus objetivos?

A resposta a essas perguntas indicará a macroestratégia da pessoa. Por exemplo, baseado no que examinamos até agora sobre Aristóteles poderíamos definir a sua macroestratégia da seguinte maneira:

1) O objetivo de Aristóteles era descobrir "os princípios fundamentais" de todos os aspectos do mundo natural.
2) Os indícios utilizados por ele incluíam premissas que eram lógicas ("conversíveis" e sem contra-exemplos óbvios) e "demonstráveis".
3) As operações de Aristóteles incluíam *a*) o exame do espaço-problema por meio de perguntas básicas, *b*) o estabelecimento do "meio" (atributos e causas básicas ligando princípios gerais a exemplos específicos), por um processo indutivo para encontrar elementos comuns compartilhados por diversos exemplos de um fenômeno específico e *c*) a utilização dos resultados em um silogismo que pudesse ser testado e demonstrado.

As Microestratégias e os Cinco Sentidos

A identificação das microestratégias inclui a especificação de detalhes comportamentais e cognitivos de como, especificamente, é implantada uma macroestratégia em particular. No modelo da PNL, as microestratégias dizem respeito à maneira como são usados os sistemas de representação sensorial, como imagens mentais, diálogos internos, reações emocionais etc., a fim de levar a cabo uma tarefa ou TOTS.

Assim como a PNL, Aristóteles descreveu os elementos básicos do processo cognitivo como estando intimamente associados à nossa experiência sensorial. A premissa básica de Aristóteles era que, a fim de concretizar os seus vários objetivos, os animais tinham de se movimentar e precisavam, portanto, de contato sensorial com o mundo externo, a fim de orientar aquele movimento com relação aos seus objetivos. Esse contato sensorial formava a base do que viria a ser o "pensamento" e a "capacidade". Como ele descreve em seu livro *Analítica Posterior*:

> [T]odos os animais possuem uma capacidade discriminadora congênita, chamada percepção sensorial. Embora a percepção sensorial seja inata em todos os animais, em alguns a impressão sensorial mantém-se, enquanto em outros, não. Portanto, os animais cuja persistência não se concretiza não têm conhecimento fora do ato da percepção ou não têm conhecimento de objetos sobre os quais não persiste nenhuma impressão; animais nos quais isto se concretiza possuem esta percepção e podem continuar a reter esta impressão sensorial em sua alma: e quando tal persistência é freqüentemente repetida surge uma distinção posterior entre aqueles que, a partir da persistências dessas impressões sensoriais, desenvolvem um poder de sistematização e aqueles que não o desenvolvem.
>
> Portanto, a partir da percepção sensorial surge o que chamamos de memória e a partir de memórias freqüentemente repetidas sobre o mesmo objeto desenvolve-se a experiência; pois, um número de memórias constitui uma única experiência. Mais uma vez, a partir da experiência — isto é, a partir do universal agora estabilizado inteiramente dentro da alma, aquele dentre os muitos que é a identidade única dentre eles — origina-se a técnica do artesão e o conhecimento do homem de ciência, habilidade na esfera do ser.

Aristóteles esboça o processo fundamental do "pensamento" como sendo um processo indutivo, pelo qual 1) "as percepções sensoriais" deixam impressões na "alma"; 2) as impressões que persistem tornam-se "memórias"; 3) a repetição freqüente de memórias de um fenômeno específico torna-as sistematizadas ou segmentadas em uma "única experiência" ou "universal"; 4) coleções desses universais formam a base da "habilidade" e do "conhecimento". Nossas capacidades mentais advêm, pois, de nossas capacidades de usar nossos sentidos a fim de perceber e, em seguida, representar e lembrar aquilo que percebemos.

Embora em PNL o termo "alma" seja substituído pela expressão "sistema nervoso", grande parte do que Aristóteles descreve espelha a conceituação essencial do processo mental dentro do contexto da PNL. Por exemplo, o "universal" que se baseia em um certo número de lembranças — "*a unidade além do muito que representa a identidade única dentro de todos eles*" — reflete a idéia básica que se encontra no conceito dos níveis lógicos na PNL. Vários comportamentos compõem a base para uma capacidade; grupos de capacidades formam a base da nossa crença e sistema de valores; e, por sua vez, os conjuntos de crenças e valores formam a base do nosso senso de identidade. No entanto, todos esses níveis de percepção baseiam-se no nível micro por meio da percepção sensorial.

Em *Sobre a alma*, Aristóteles categorizou os sentidos em cinco classes básicas: visão, audição, tato, olfato e paladar. Os cinco sentidos de Aristóteles correspondiam diretamente aos cinco "sistemas de representação" empregados no processo de modelagem da PNL — visual, auditivo, cinestésico, olfativo e gustativo. Segundo Aristóteles, os cinco sentidos forneciam à psique informações sobre as qualidades do mundo exterior que se enquadravam em uma certa categoria:

[O] campo de cada sentido depende do ponto de vista aceito e determinado como sendo a extensão entre um único par de contrários, preto e branco para a visão, agudo e grave para a audição, amargo e doce para o paladar; porém, no campo daquilo que é tangível, encontramos vários grupos de tais pares, quente e frio, seco e úmido, duro e mole etc. Este problema encontra uma solução parcial quando lembramos que no caso dos outros sentidos existe mais do que um par de contrários, não apenas agudo e grave no caso dos sons, porém forte e suave, delicado e áspero etc. Também no campo das cores são encontrados os mesmos contrários.

Esses "pares de contrários" correspondem ao que chamamos em PNL de submodalidades. Submodalidades são as qualidades perceptivas específicas que podem ser registradas por cada uma das cinco modalidades sensoriais primárias. A modalidade visual, por exemplo, pode perceber qualidades tais como cor, luminosidade, forma, profundidade etc. A modalidade auditiva é capaz de registrar volume, ajuste de tom, andamento etc. Nosso sistema cinestésico percebe as qualidades de pressão, temperatura, textura etc., e assim por diante. Cada submodalidade registra qualidades que podem variar entre dois opostos: preto <=> branco, luminosidade <=> obscuridade, alto <=> baixo, forte <=> fraco, quente <=> frio, pesado <=> leve etc.

Para Aristóteles, a relação entre essas qualidades determinava a maneira como reagimos aos objetos ou às situações vivenciamos.

Quando um objeto de tato é simultaneamente quente e frio ou duro e suave não conseguimos percebê-lo; o que percebemos deve ter um nível da qualidade sensível que se encontra além do ponto neutro. Isto significa que o sentido em si é um "meio" entre duas qualidades opostas que determinam o campo desse sentido... Pouco importa o que, em cada caso, é a substância; o que importa apenas é a sua qualidade, isto é, o quociente da combinação dos seus constituintes.

Portanto, sentir é observar a relação entre essas polaridades — registrar as diferenças e o cociente de diferença. Aristóteles pressupôs que eram esses "cocientes" de qualidades perceptivas, e não os objetos em si, que determinavam a maneira como reagimos a algo — isto é, a informação sobre as qualidades sensoriais dos objetos é mais importante para as nossas mentes ou "psiques" do que os objetos em si. Como dizia Aristóteles, *"Não é a pedra que está presente na alma, e sim a sua forma"*. Em outras palavras, a "forma" é mais importante do que o "conteúdo" — o nosso modelo perceptivo do mundo é mais importante do que a realidade objetiva do mundo. E essas qualidades de submodalidades são a "causa formal" fundamental dos nossos modelos mentais do mundo.

Segundo Aristóteles, o cociente entre essas duas polaridades determinava o que era prazeroso e o que era doloroso e, portanto, o que deveria ser aproximado ou evitado e o quanto deveria ser aproximado ou evitado. Quando algo estava em um limite extremo da polaridade, ele se tornava desconfortável. Há um certo nível de equilíbrio no ponto em que sentimos conforto. Por exemplo, o fogo não é, em si, nem bom nem ruim, nem agradável nem doloroso. Se a pessoa chegar perto demais do fogo, o cociente de quente-frio pende para o lado quente e torna-se desconfortável. Mas, se a pessoa afastar-se bastante do fogo e se a temperatura estiver baixa, o cociente de quente-frio penderá para o lado frio e também se tornará desconfortável.

A percepção de dor e prazer tem a ver com o cociente, isto é, o ponto de equilíbrio dos sentidos. Assim, do ponto de vista aristotélico, estamos constantemente procurando manter esses cocientes equilibrados. Em outras palavras, a dor e o prazer são a comunicação sobre o nível de equilíbrio dentro do sistema.

Uma consideração importante na modelagem de microestratégias, dentro do escopo da PNL, relaciona-se ao funcionamento dos sentidos e às suas "submodalidades" dentro do processo mental. Essas qualidades possuem um significado óbvio na relação com processos artísticos, tais como a pintura e a música, nos quais o equilíbrio dinâmico das qualidades como cores e tons constitui a essência da estética. Entretanto, essas qualidades podem ter um significado muito importante também em outros campos. Vejamos o impacto da capacidade de representar a "perspectiva" com relação ao aparecimento da Renascença européia. Além do mais, não é difícil imaginar que seria uma experiência muito diferente tentar conceituar a teoria da relatividade de Einstein visualizando-a sob a forma de imagens mentais achatadas, rígidas e em preto-e-branco, em vez de usar imagens tridimensionais, com movimento e cor.

Aristóteles também relacionou essas qualidades sensoriais diretamente com a percepção de dor e prazer. Sem dúvida, os gênios sentem prazer naquilo que fazem. A atração que sentem pelo seu trabalho é resultado da microestrutura cognitiva com a qual eles representam aquele assunto específico que os interessa. Por exemplo, por meio da PNL, essas sutis qualidades perceptivas estão na base de fenômenos como fobias, compulsões e vícios. Foram desenvolvidas técnicas bastante efetivas para tratar esse tipo de problema, ensinando a pessoa a manipular diretamente as suas experiências internas, a fim de regular o "cociente" das suas qualidades mais importantes.

É possível demonstrar que essas qualidades têm um papel significativo na capacidade da pessoa em diferenciar "imaginação" de "realidade" e "memória" de "fantasia".

O papel da memória e da imaginação

Além das qualidades sensoriais, outro elemento fundamental da microestrutura do pensamento e das estratégias mentais é a capacidade de rememorar e associar percepções a outras percepções. No modelo de comportamento de Aristóteles, a psique usa replicações mentais internas das experiências sensoriais para determinar o que evitar e do que se aproximar. A memória permite ao animal levar em consideração um escopo maior de experiências que inclui coisas que não poderiam ser sentidas no aqui e agora. Os pensamentos operavam mais a partir das impressões deixadas pelos sentidos do que do *input* sensorial atual. Essas impressões assumiam a forma de imaginação e memória.

Aristóteles acreditava que a mente era "*atividade em sua natureza essencial*". Portanto, a percepção e a memória eram os resultados desta "atividade" ou "movimento". Ele afirmou:

O processo de movimento [estímulo sensorial] incluído no ato da percepção marca um tipo de impressão da percepção, da mesma forma que a impressão feita com um selo.

Aristóteles também acreditava que *"a imaginação deve ser um movimento resultante de um exercício real do poder dos sentidos"*. Assim, ela poderia deixar impressões na memória que poderiam tornar-se associadas aos traços deixados pela sensação real. Essas associações da impressão sensorial eram a base de todo pensamento.

Para Aristóteles, o processo de "pensamento" começou quando "as impressões" tornaram-se interligadas pela "lei de associação" descrita por ele em seu livro *Sobre a memória*. Segundo ele:

Atos de lembranças, como ocorre na experiência, devem-se ao fato de que um movimento tem, por natureza, outro que o sucede de maneira regular. Se esta ordem for necessária, sempre que o sujeito vivenciar o primeiro de dois movimentos assim interligados, ele irá invariavelmente vivenciar o último; entretanto, se a ordem não for necessária, porém contumaz, apenas na maioria dos casos o sujeito vivenciará o último dos dois movimentos.

Mas é um fato que existem alguns movimentos, com uma única experiência dos quais o sujeito assume a impressão do costume mais profundamente do que se vivenciasse outros muitas vezes; assim, ao vermos alguns objetos apenas uma vez, nos lembramos deles melhor do que outros que vimos com freqüência. Sempre, portanto, que estivermos nos lembrando estamos vivenciando alguns dos movimentos antecedentes até que finalmente vivenciamos aquele que normalmente vem antes do que aquele que estamos procurando.

O processo definido por Aristóteles é semelhante ao que chamamos de "ancoragem" em PNL. Quando duas experiências ocorrem simultaneamente em uma estrutura temporal bastante próxima, elas se tornam interligadas ou "ancoradas", de forma que uma das experiências torna-se um gatilho para a outra. Como menciona Aristóteles, uma associação pode, e com freqüência o faz, acontecer em uma única tentativa. Quando uma série de representações sensoriais torna-se associada umas às outras em uma seqüência específica, ela forma a base da "estratégia" cognitiva.

Sem dúvida, a capacidade de lembrar-se e de formar associações será uma influência fundamental do fenômeno da genialidade. Por exemplo, a memória fenomenal e praticamente instantânea de Mozart para a música é geralmente citada tanto como sendo um "atributo" como uma "causa" da sua genialidade musical. Uma questão importante relacionada ao estudo das estratégias da genialidade inclui a discussão sobre se essas aptidões são "inatas" ou "genéticas", ou ainda se elas podem ser desenvolvidas.

Do ponto de vista da PNL acreditamos que, embora alguns indivíduos possuam tendências genéticas, essas capacidades podem ser melhoradas por meio de técnicas e habilidades específicas. Logo, é importante examinar, se possível, os microprocessos pelos quais os gênios facilitam a sua capacidade de se lembrar e de associar experiências sensoriais. Por exemplo, no modelo da PNL, existem algumas pistas microcomportamentais que são esquecidas no estudo da genialidade e que servem como "pistas de acesso". Essas pistas de acesso ajudam as pessoas a se lembrar de experiências e a fazer associações. Uma pista de acesso pode variar entre pistas idiossincráticas como estalar os dedos, murmurar "humm" ou coçar a cabeça, chegando até pistas mais universais e profundas como movimentos oculares laterais inconscientes e padrões respiratórios.

A observação e a determinação dessas pistas sutis podem dar pistas da maneira como a pessoa está pensando e podem ser usadas para ajudar a facilitar os processos associativos. Por exemplo, uma das estratégias mais efetivas da PNL é a "estratégia de ortografia" na qual a pessoa facilita o processo de representar visualmente e lembrar a grafia de uma palavra movimentando os seus olhos para cima (e geralmente para a esquerda), enquanto aprende ou se lembra de alguma palavra.

Em resumo, Aristóteles acreditava que os insumos sensoriais que vinham do mundo externo deixavam impressões que poderiam ser associadas entre si ou com impressões criadas, causadas pela ativação interna do sistema sensorial (ou seja, a imaginação). Essas associações formavam "idéias" mentais ou réplicas de seqüências de insumos sensoriais e experiências geradas internamente. As associações das sensações presentes com as conseqüências futuras formavam a base de "cálculos" e "deliberações". Por sua vez, essas associações engatilhavam o animal para que ele se aproximasse ou se afastasse dos objetos que o rodeavam. Em outro nível, dado um número adequado e a freqüência das lembranças individuais, surgiria uma percepção "universal" a partir de grupos de experiências semelhantes como sendo um princípio que unisse as experiências, transformando-as em uma "única experiência". Como afirma em seu livro *Analítica posterior*:

Concluímos que esses estados de conhecimento não são inatos em uma forma determinada, nem desenvolvem-se a partir de estados mais elevados do conhecimento, mas a partir da percepção sensorial... pois, embora o ato da percepção sensorial seja particular, o seu conteúdo é universal — trata-se de "um homem", por exemplo, e não do homem Callias...

Portanto fica claro que devemos conhecer as premissas primárias através da indução; pois o método através do qual até a percepção sensorial implanta o universal é indutivo.

Sensíveis Comuns

Segundo Aristóteles, o processo da identificação indutiva de universais a partir de percepções sensoriais particulares ocorre pelo "senso comum" — o lugar na psique em que todos os sentidos encontram-se. Uma das funções do "senso comum" era registrar algo que se repetia em várias experiências — um padrão. Padrões ou "universais" eram percebidos como um conjunto de qualidades sem conteúdo que eram chamadas por Aristóteles de "sensíveis comuns", ou seja, as discriminações que podem ser percebidas por todos os sentidos.

Os "sensíveis comuns" são movimento, repouso, número, figuras, magnitude, unidade; eles não são exclusivos de nenhum dos sentidos, sendo comuns a todos.

É significativo que os sensíveis comuns de Aristóteles não dependam de nenhuma modalidade sensorial específica. Eles se encontram em um nível diferente do que o do "par de contrários" ou das chamadas submodalidades da PNL, que são percebidas pelos sentidos individuais (cor, profundidade, forma etc., no caso da visão; tom, andamento, tonalidade etc., no caso da audição; e temperatura, pressão, textura etc., para a sensação).[3] Os "sensíveis comuns" identificavam relações entre as percepções e as impressões deixadas pelos sentidos.

Por exemplo, a "intensidade" é algo que pode ser registrado por qualquer um dos sentidos. É possível ter intensidade de cor, de som, de paladar, de olfato ou tato. O mesmo acontece com "número"; é possível ver três coisas, ouvir três coisas, sentir três coisas etc. A localização e o movimento também são perceptíveis por todos os sentidos. É possível ver, ouvir, sentir ou cheirar algo que venha de uma localização específica ou que se mova em direção a um ponto específico. Essas qualidades não dependem apenas de um único sentido. Elas são algo que pode ser percebido por todos os sentidos e facilita a transferência de

---

3. De fato, o conceito dos "sensíveis comuns" de Aristóteles indica alguns novos caminhos importantes para pesquisa e análise futura na PNL.

informação entre os sentidos. De acordo com Aristóteles, os sensíveis comuns nos permitiram fazer processamentos de nível mental mais elevado.

Por exemplo, Bower (1985) — o pesquisador citado anteriormente que fez experiências de aprendizagem com os bebês — determinou que as crianças tinham de resolver problemas conceituais bastante complexos a partir de uma tenra idade. Esses problemas incluíam questões como: um objeto parado é igual a um objeto que se movimenta? Pode um brinquedo mover-se e ao mesmo tempo ser transformado em algo diferente? Pode um objeto ir para dentro, para cima, para trás de outro objeto e depois reaparecer sem ter mudado? Para solucionar esses problemas, resolvidos rapidamente pelas crianças, não deve haver preocupação com as qualidades sensoriais específicas dos objetos — cores, texturas, formas e odores. De acordo com Bower:

As propriedades mais intangíveis do objeto — movimento, local ou posição — são as mais importantes no raciocínio da criança. Essas propriedades de estímulo "formal" (e não as sensoriais) eram o tipo de características que podiam estar presentes e serem interpretadas através de vários sentidos. Vejamos, por exemplo, o movimento do seio da mãe em direção à criança. O movimento pode ser sentido através do olfato ou do tato. A simetria é outro exemplo de propriedade formal de estímulo. Se vier diretamente da frente, a fonte do som produz exatamente o mesmo estímulo em cada um dos ouvidos. Se for mais para a direita, o ouvido direito é estimulado anteriormente de maneira mais intensa do que o ouvido esquerdo e se vier do lado esquerdo o oposto acontece. A simetria também funciona bem para detectar odores, vibrações ou algo visual.
Assim como o movimento e a posição, a simetria do estímulo independe de qualquer sentido — é uma propriedade formal do estímulo. Eu achava que talvez o mundo perceptivo da criança fosse afinado para perceber essas propriedades formais em vez de reagir a detalhes específicos.

As "propriedades formais de estímulo" de Bower são o que Aristóteles denominou "sensíveis comuns". Bower começou a se perguntar se poderia utilizar essas propriedades formais para ajudar a transferir a informação de um sentido para outro, a fim de ajudar crianças com distúrbios sensoriais, como as que tinham nascido cegas. Ele indica:

Treinar crianças para que transfiram informação perceptiva de um sentido para outro parecia quase impossível. Precisávamos de um instrumento que pudesse transformar as propriedades formais que normalmente são facilmente vistas — simetria, movimento, localização — em sons. Depois de isto ter sido feito, este instrumento poderia ser usado no escuro, em crianças que enxergassem ou com crianças cegas para descobrir se elas poderiam "ver" através do som.

Por fim, Bower e seus colegas criaram um instrumento chamado "guia sônico". Ele era utilizado como uma faixa de cabeça pela criança e emitia um pulso ultra-sônico. O tom do sinal audível indicava a distância dos objetos de onde vinha o eco. Um tom alto significava objetos distantes; um tom baixo, objetos mais próximos. A amplitude do sinal codificava o tamanho do objeto irradiado (alto = amplo, baixo = pequeno). A textura do objeto era indicada pela claridade do sinal. Quando ele começou a utilizar o instrumento, Bower estava esperando que fosse necessária uma aprendizagem gradativa e lenta. Assim ele ficou surpreso com os resultados da primeira sessão.

A criança tinha dezesseis semanas de idade e tinha nascido cega. Um objeto silencioso foi movido lentamente diante do seu rosto. Na quarta apresentação, os seus olhos começaram a convergir quando o objeto era aproximado e a divergir quando o objeto era afastado. Na sétima apresentação, ela usou a sua mão para tentar alcançar o objeto. Depois, ela foi testada com objetos que se moviam para a direita e para a esquerda. Ela os seguia com a sua cabeça e seus olhos e batia nos objetos.

Subseqüentemente, Bower utilizou o guia sônico com várias crianças cegas de nascença das quais a mais impressionável foi uma menina que começou a utilizar o guia quando tinha cerca de sete meses de idade. Nesse estágio, ela estava aprendendo a engatinhar, mas tinha medo de se distanciar. Após várias sessões com o guia ela se tornou muito mais livre. Com dois anos de idade, ela estava subindo e descendo escadas, o que já é bastante difícil para uma criança que enxerga bem. O guia emitia um sinal complicado a partir das escadas, mas ela parecia gostar desta informação complexa e adorava subir e descer as escadas. Quando o guia foi removido, ela aprendeu a bater com o pé, enviando ecos para se orientar.

Curiosamente, quando Bower tentou utilizar o guia com outras crianças, descobriu que elas não conseguiam aproveitar tanto os sinais. Ficou demonstrado que quando a criança aprendia que o som é uma propriedade de *objetos, ela* parecia perder a capacidade de utilizá-lo como um meio para perceber qualidades mais abstratas, necessárias à transferência de informações entre os sentidos.

Após muitas experiências com o guia sônico, Bower chegou à conclusão de que uma criança recém-nascida é mais sensível às propriedades formais de estímulo ou "sensíveis comuns" — tais como a simetria, o movimento e a posição — e que essas propriedades formais podem realmente ser transferidas de um sentido para outro — a informação visual pode ser transformada em informação sonora, e assim por diante. Inicialmente, parece que os sentidos não são tão especializados a ponto de focalizar detalhes sensoriais associados apenas com alguns sentidos específicos. Durante o desenvolvimento perceptivo, os sentidos tornam-se "educados" pela experiência e começam a focalizar mais nos "objetos" e "coisas", perdendo uma parte da sua sensibilidade para os sensíveis comuns. Segundo Bower:

Nosso mundo perceptivo adulto é bastante sensorial, cheio de cores, odores, sons e assim por diante. Entretanto, o mundo do recém-nascido não é sensorial, ele é "perceptivo". A criança percebe as características formais associadas à experiência sensorial, sem perceber as experiências sensoriais em si... Acho que as crianças estão reagindo a formas de estímulo, e o sentido que dá a melhor forma é o sentido no qual elas vão se especializar.

A capacidade de se comunicar de um sentido para outro parece ser uma propriedade básica dos gênios. Por exemplo, o gênio musical de Mozart não advinha simplesmente da sua capacidade de reconhecer e tocar notas específicas e manipular qualidades do som como andamento, volume e tom. O seu dom incluía a percepção e a representação de universais, relacionamentos e padrões profundos por meio do som. Posteriormente quando examinarmos o seu processo neste livro, veremos que Mozart tinha uma capacidade excepcional para interligar os sons a todos os outros sentidos. Para Mozart, a música envolvia emoções, o olho mental e até mesmo o sentido do paladar tanto quanto os seus ouvidos. A descrição, feita por Mozart, da sua estratégia de composição sugere que a música era um tipo de guia sônico mental multissensorial no qual os sentimentos, a imagem e até o paladar misturavam-se. Talvez, ao contrário da maioria dos adultos, Mozart e outros gênios mantivessem o acesso direto aos "sensíveis comuns" e a capacidade de dividir informação facilmente entre os sentidos e perceber "formas" ao invés de "objetos".

Segundo Bower, perdemos o acesso aos sensíveis comuns porque aprendemos a associar qualidades sensoriais a "objetos", ao contrário das suas "características formais" e relações. Passamos até a "objetivar" as qualidades sensoriais em si, percebendo cores, odores e sons como sendo "coisas" em vez de cocientes entre "pares de contrários" como sugeriu Aristóteles. (Muitas técnicas de PNL tratam as submodalidades como se elas fossem uma lista de coisas ao invés de cocientes.) Por exemplo, falamos sobre uma imagem interna como sendo "luminosa" ou "distante", um "objeto" associado a uma imagem particular. Para determinar se a imagem é "luminosa" é necessário antes de mais nada esclarecer: "Luminosa em comparação a quê?" Uma imagem não é inerentemente "luminosa" ou "escura", "colorida" ou "pálida", "distante" ou "próxima"; ela é "distante, colorida ou luminosa comparada a alguma outra coisa" — como, por exemplo, com o pano de fundo ou outra imagem.

Uma experiência esclarecedora foi feita por psicólogos Gestalt-terapeutas com um grupo de cães. Os cães foram treinados para aproximar-se de algo quando viam um quadrado "branco" e evitá-lo quando viam um quadrado "cinza". Quando os cães aprenderam bem esta tarefa de discriminação, os pesquisadores passaram a usar o quadrado "cinza" em contraste com um quadrado "preto". Os cães imediatamente mudaram a abordagem passando a aproximar-se do objeto, como reação ao quadrado "cinza" (que previamente provocava o distanciamento), e evitando o objeto quando viam o quadrado preto (que não havia sido "condicionado" a nada). Portanto, podemos presumir que em vez de perceber o "cinza" e um estímulo absoluto, os cães estavam reagindo a um cociente mais profundo "mais claro *versus* mais escuro", comparado a "cinza", "branco" ou "preto" como "objetos".

Bower sugere que perdemos a sensibilidade a relações mais profundas e às "características formais" à medida que nos "educamos" para enfocar as "especificidades" da experiência, em vez dos "universais". O processo de "objetivação" de um grupo de qualidades sensoriais está relacionado ao que Aristóteles chamou de "objetos incidentais dos sentidos". Esses "objetos incidentais dos sentidos" resultavam da combinação da informação fornecida por sentidos diferentes para perceber "objetos" que eram formados por grupos de qualidades sensoriais. Em *Sobre a alma*, Aristóteles explica:

Falamos de um objeto incidental dos sentidos onde, por exemplo, o objeto branco que vemos é o filho de Diares; neste caso, como "ser filho de Diares" é incidental ao traje branco imediatamente visível... percebido ou visto por nós... Os sentidos percebem os objetos especiais uns dos outros de maneira incidental... porque todos formam uma unidade: esta percepção incidental acontece sempre que um sentido estiver direcionado no mesmo momento para duas qualidades disparates de um único objeto, isto é, para a qualidade de amargo e amarelo da bílis, e a afirmação da identidade de ambas não pode ser o ato de qualquer um dos sentidos; por isso existe a ilusão dos sentidos, isto é, a crença de que se algo for amarelo trata-se da bílis.

Esses "objetos do sentido incidentais" são um tipo de "silogismo sensorial" fundamental, pelo qual indivíduos constroem mapas do mundo a partir das suas experiências sensoriais. Por exemplo, "se algo for amarelo e amargo, então trata-se de bílis", ou ainda, "se um objeto for pequeno, amarelo, mover-se rapidamente e emitir um tom alto então trata-se de um canário" etc. De certa maneira, este processo diz respeito às causas formais muito básicas relacionadas à nossa percepção. Segundo Aristóteles, as qualidades associadas do senso comum de vários sentidos formam o que chamamos de "crenças" ou "mapas da realidade". Aristóteles achou que era a partir desses profundos "silogismos" que construímos nosso modelo de mundo.

Ainda assim, embora este processo nos permita organizar, entender e dar coerência às nossas experiências, trata-se também da fonte da "ilusão dos sentidos" ou, como indica Bower, uma "objetivação" dos sentidos que passa a limitar e a estreitar a nossa percepção e o uso das "características formais" mais profundas dos sentidos ou "sensíveis comuns". Em termos de PNL, passamos a confundir o "mapa" com o "território" e deixamos de ter acesso às escolhas possíveis.

O comentário de Bower de que "o sentido que dá a melhor forma é o sentido no qual eles vão se especializar" indica o conceito do "sistema de representação preferido" da PNL. Descrita originalmente por William James (1879), a noção da pessoa especializada ou que valoriza profundamente uma modalidade sensorial específica refere-se ao fato de as pessoas normalmente confiarem mais em algumas modalidades sensoriais do que em outras. De acordo com James, *"Em algumas pessoas o 'pensamento', se pudermos chamá-lo assim, é visual; em outras é auditivo, articulatório ou motor; na maioria, talvez, é misturado igualmente"*. Por exemplo, uma pessoa mais "visualmente orientada" tenderá a depender basicamente da sua visão para aprender, organizar ou planejar. Se uma pessoa se especializar em um nível muito alto, ela poderá ter dificuldades em aprender ou organizar tarefas que enfatizem outros sentidos. Uma pessoa altamente "visual", por exemplo, pode ser muito boa em matemática ou desenho, mas poderá ter dificuldades na área da música ou esportes. As pessoas mais "auditivas" podem ter habilidades verbais excepcionais, porém podem não ter habilidades visuais, como a manipulação mental espacial de objetos, ou suas capacidades cinestésicas como a coordenação física. Da mesma maneira, pessoas que se especializaram no tato ou na sensação conseguem aprender facilmente habilidades manuais, porém sentem dificuldades na área acadêmica (mais visual e verbal).

Uma das questões básicas da micromodelagem refere-se à maneira como as pessoas utilizam os seus sentidos e ao fato de terem ou não se especializado em um sentido específico.

Microestratégias de Modelagem — O Modelo ROLE

O modelo ROLE (Dilts, 1987, 1991, 1993) é uma estrutura de micromodelagem de PNL que resume e incorpora as distinções básicas de Aristóteles sobre a mente ou psique. O modelo ROLE* significa Sistema de Representação-Orientação-Ligação-Efeito. O modelo ROLE pode ser usado para definir a estrutura microcognitiva de um TOTS. Cada etapa do TOTS compreende a representação de alguma informação que será orientada para uma parte do espaço-problema e interligada a outras representações. A maneira como esta informação é representada, orientada e relacionada provocará um efeito específico em termos do processo como um todo.

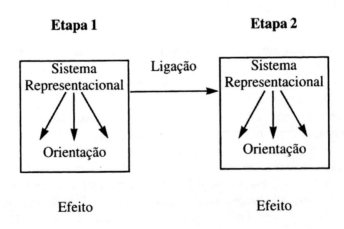

Distinções básicas do modelo ROLE

---

* ROLE, em inglês, significa Representational-System-Orientation-Link-Effect. (N. do T.)

Fazendo uma analogia com um programa de correção ortográfica, o computador pode ser orientado para verificar um documento inteiro ou apenas segmentos selecionados. A grafia correta pode ser representada por uma lista de palavras grafadas corretamente ou de regras que determinam a grafia correta. A maneira como esses vários elementos são definidos e depois interligados determinará a eficiência e a correção do programa.

Ao se preparar uma refeição, é possível fazer uma analogia entre uma receita específica e os elementos do modelo ROLE. Uma receita descreve os ingredientes a serem utilizados, se eles deverão ser frescos, marinados, pré-cozidos etc., a que elementos eles devem ser misturados ou "interligados", e que tipo de efeito deve ser produzido em cada etapa da receita. Dando outro exemplo, a passagem da abertura do Gênesis implica que a maneira como Deus representa os seus objetivos — isto é, "Deus *disse*, 'Que seja feita'" — é diferente do sistema representacional que ele usa para avaliar aquilo que criou — i.e., "E Deus *viu* que estava bom". Em termos do modelo ROLE poderíamos dizer que na "microestratégia" de criação de Deus, as palavras são interligadas a ações, cujos resultados são depois inspecionados visualmente para determinar se já foram completados ou não.

Portanto, o objetivo do processo de modelagem do modelo ROLE é identificar os elementos de raciocínio e comportamento essenciais usados para provocar uma reação ou objetivo específicos. Isto compreende a identificação das etapas críticas da estratégia mental e a função de cada etapa dentro do "programa" neurológico total. Esta função é determinada pelos quatro fatores indicados pelas letras que formam o nome do modelo *ROLE*.

1. Os **Sistemas Representacionais** representam os cinco sentidos mais dominantes para a etapa mental específica da estratégia: *V*isual (visão), *A*uditivo (sons), *C*inestésico (sensações), *O*lfativo (odores), *G*ustativo (paladar).[4] Como já indicamos, cada sistema representacional é designado para perceber algumas qualidades básicas das experiências por ele sentidas. Nelas estão incluídas características tais como *cor*,

---

[4]. No modelo de PNL, os vários sistemas representacionais são muitas vezes indicados como V, A, C, O ou G, de visual, auditivo, cinestésico, olfativo e gustativo. A linguagem e o som puro são diferençados pela letra com índice A_d para palavras contra A_t para música e outros sons não-verbais. O "d" significa "digital" (segmentos discretos separados) e o "t" indica "tonal".

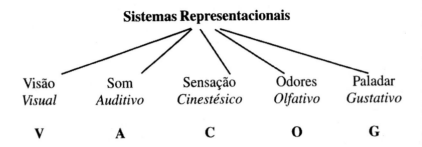

luminosidade, tom, sonoridade, temperatura, pressão etc. Como já mencionamos anteriormente, essas qualidades são chamadas em PNL de "submodalidades", pois são subcomponentes de cada um dos sistemas representacional.

Por exemplo, se tivéssemos de considerar os elementos microcognitivos da estratégia mental de um gênio como Leonardo da Vinci ou Einstein, a pergunta seria: "Quando eles pensam em um assunto específico, que tipo de sistema de representação estão usando?". Quais foram os sentidos utilizados por Einstein para formular a teoria da relatividade? Ela surgiu por meio de palavras ou como uma fórmula matemática completa? Havia imagens ou sensações? Como Leonardo da Vinci concebeu as suas máquinas? Se ele as visualizava, elas seriam coloridas? Que papel teve a perspectiva ou o movimento da imagem no seu processo criativo? Esses são os tipos de perguntas a serem respondidos com relação ao "R" do modelo ROLE: Quais os sentidos envolvidos, que qualidades sensoriais foram enfatizadas e em que nível elas eram relevantes e necessárias?

2. A **Orientação** diz respeito ao enfoque de uma representação sensorial: (*e*)xternamente, voltada para o mundo exterior ou (*i*)nternamente, voltada para experiências *l*embradas ou *c*riadas.[5] Por exemplo, é possível "ver" algo no mundo externo, na lembrança ou na imaginação.

A orientação habitual de um sistema representacional influencia o desempenho cognitivo e as áreas mais fortes do indivíduo. A pessoa que

---

5. Na estenografia da PNL, a orientação é anotada como superescrito da letra indicando a modalidade sensorial que está sendo usada. Por exemplo, V[r] indica imagem visual lembrada, C[e] indica sensações "cinestésicas" táteis internas, A[i]₍d₎ indica diálogo interno ou conversa "consigo mesmo" etc.

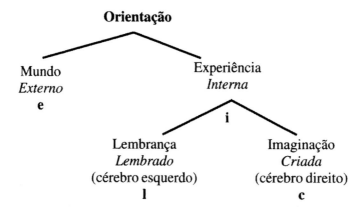

orienta os seus sentidos internamente pode ser forte nos processos teóricos. A pessoa mais voltada para o exterior será naturalmente um bom observador. O inventor Thomas Edison, por exemplo, comentava que "a invenção é 1% de inspiração e 99% de perspiração", indicando uma ênfase na orientação externa da sua estratégia, sob a forma de observação e experimentação. Albert Einstein, sendo físico teórico, era mais orientado internamente e enfatizava as "experiências mentais", afirmando que "a imaginação é mais importante do que o conhecimento". Mozart era capaz de orientar facilmente o seu sistema representacional auditivo para todas as áreas, demonstrando habilidades excepcionais para desempenhar (A^e), lembrar (A^l) e compor (A^c) música.

3. As **Ligações** dizem respeito à forma como uma etapa específica ou representação sensorial está interligada a outras representações na microestratégia da pessoa. Por exemplo, a apreciação de um objeto de arte envolve a interligação de imagens ou sons internos a reações emocionais internas; isto é, fala-se em ficar "emocionado" por uma pintura ou uma peça musical. Da mesma forma, a "expressão" das emoções por meio da pintura, da música, da poesia, da dança e da escultura indica uma interligação aos sentimentos passando por outros sistemas representacionais.

---

6. Em PNL, as anotações de elos "seqüenciais" entre os sistemas representacionais são indicadas por uma seta entre uma etapa cognitiva e outra, enquanto as ligações simultâneas são representadas por um travessão. Assim, $A_d \to V^r$ indica que após ouvir algumas palavras a pessoa começa a formar uma imagem mental criada. Os dois processos cognitivos são discretos e separados um do outro. A indicação A^l/V^r indica um processo cognitivo que implica associação imediata de qualidades de som não-verbal com "submodalidades" de imagens lembradas (por exemplo, a música que influencia a cor ou a qualidade do movimento de uma imagem visual).

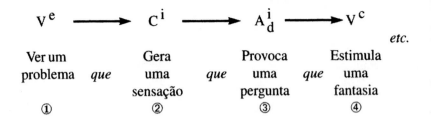

Elos seqüenciais

Há duas maneiras básicas de interligar representações: de forma seqüencial e de forma simultânea.[6] As ligações seqüenciais funcionam como *âncoras* ou disparadores de maneira que uma representação siga a outra em uma cadeia linear de eventos. Essas ligações são estabelecidas pela "lei de associação de Aristóteles". Elas se relacionam à ordem das etapas cognitivas dentro da microestratégia da pessoa. Por exemplo,

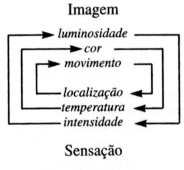

Elos de Cinestesia

a pessoa pode ter uma seqüência de sistemas representacionais em sua estratégia de tomada de decisões, de maneira que a informação visual externa seja interligada a reações emocionais. Os seus sentimentos provocam perguntas mentais. As perguntas, por sua vez, criam fantasias visuais relativas a escolhas ou problemas futuros, e assim por diante.

As ligações simultâneas ocorrem no contexto do que chamamos de cinestesias (ou seja, "**uma síntese dos sentidos**"). As ligações de cines-

tesia dizem respeito à sobreposição de representações sensoriais, por meio do que Aristóteles denominou "sensíveis comuns". Como foi demonstrado pelas experiências de Bower, as qualidades visuais e auditivas podem ser interligadas por "qualidades formais" em comum. Da mesma forma, certos tipos de qualidade de sensações podem estar interligadas a outros tipos de qualidade de imagens — por exemplo, visualizar a forma de um som ou ouvir uma cor.

Esses dois tipos de elos são essenciais ao raciocínio, à aprendizagem, à criatividade e à organização geral das nossas experiências. Um ponto importante ao se definir uma microestratégia específica é saber "que tipo de elos está sendo utilizado entre os sentidos"? Caso haja um padrão seqüencial, qual é a ordem necessária das associações entre os sentidos? Caso haja elos simultâneos, que qualidades de um dos sentidos estão interligadas a que qualidades do outro sentido?

Sem dúvida, as interligações entre os sentidos são um aspecto importante do processo cognitivo subjacente à genialidade. A fonte da obra-prima do desenho animado de Disney *Fantasia* é a interligação ou seja a "cinestesia" entre a música e a imagem visual construída. Os livros de anotações de Leonardo da Vinci incluem o movimento contínuo entre as imagens e as palavras. E, como ele próprio afirmou, o processo de indução de Aristóteles incluía a ligação das percepções sensoriais múltiplas com o "senso comum".

4. O **Efeito** está relacionado ao resultado ou objetivo de cada uma das etapas particulares do processo mental. Os efeitos relacionam-se

à função de um microprocesso cognitivo específico com relação à macroestratégia, ou TOTS, na qual a microestratégia está operando. Por exemplo, a função da etapa seria: a) gerar ou induzir uma representação sensorial, b) testar ou avaliar um estado particular com relação a um critério ou c) operar para modificar uma parte de uma experiência ou comportamento. Em outras palavras, dependendo da orientação e do tipo de interligação, a sensação pode ser: **a)** uma informação sobre o que está acontecendo no ambiente que cerca a pessoa (o objeto é quente ou frio, por exemplo), **b)** uma parte de um julgamento ou avaliação sobre o ambiente da pessoa (a sensação de gostar ou desgostar de algo) ou **c)** uma tentativa para modificar ou ajustar o comportamento (como um atleta que se lembra de uma sensação de entusiasmo enquanto "se prepara" para uma competição).

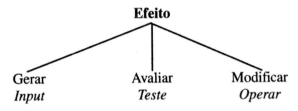

Um elemento significativo da genialidade é o efeito produzido por uma representação específica na microestratégia. Em PNL há uma diferença entre o sistema representacional mais *desenvolvido*, mais *valorizado* e mais *consciente* da pessoa. Esta distinção reflete o efeito típico de um sistema representacional específico. Se uma pessoa, por exemplo, Einstein, utilizar palavras, sensações e imagens visuais em sua microestratégia, será interessante determinar o efeito de cada sistema representacional na estratégia. As imagens teriam sido usadas para coletar informações, estabelecer conclusões ou conceituar possíveis cenários imaginários? A função das sensações teria sido a de fornecer informação ou tirar conclusões? A função da linguagem teria sido oferecer idéias, aplicar regras ou fazer cálculos?

O sistema mais "desenvolvido" da pessoa é o sentido utilizado por ela para fazer o maior número de distinções. O sistema representacional mais "valorizado" da pessoa é aquele por ela utilizado para avaliar o significado de uma experiência e tomar decisões. O sistema mais "consciente" da pessoa é aquele pelo qual ela usa intencionalmente a sua capacidade para modificar e utilizar. Se uma pessoa especializou-se muito na modalidade visual, então o sistema representacional mais consciente, mais valorizado e mais desenvolvido pode ser o visual. Algumas pessoas podem ter desenvolvido um dos seus sentidos em alto nível, porém sem valorizá-lo tanto quanto os outros sentidos. Por exemplo, algumas pessoas podem dar grande valor aos sentimentos, sem ter consciência deles ou sem ser capazes de controlá-los. Algumas pessoas possuem uma habilidade altamente desenvolvida para a visualização, porém não têm consciência de criarem imagens visuais. Um ponto importante na modelagem das estratégias da genialidade é a determinação do nível no qual os vários sentidos são desenvolvidos, valorizados e conscientemente utilizados.

A Linguagem como Instrumento de Pensamento e de Modelagem

Uma maneira de determinar a influência de um sistema de representação na microestratégia de uma pessoa é pelo exame de como ele se reflete nos seus padrões de linguagem. A linguagem é sem dúvida um importante indicador dos processos internos cognitivos. Em seu livro *Sobre a interpretação*, Aristóteles afirma:

As palavras faladas são símbolos da experiência mental e as palavras escritas são símbolos das palavras faladas. Da mesma forma como nem todos os homens escrevem da mesma maneira, nem todos os homens possuem os mesmos sons da linguagem, porém as experiências mentais, diretamente simbolizadas pelos sons, são as mesmas para todos, da mesma forma como os objetos que são as imagens das nossas experiências.

A afirmação de Aristóteles segundo a qual as palavras "simbolizam" a nossa "experiência mental" confirma a noção da PNL segundo a qual as palavras escritas e faladas são "estruturas de superfície", ou seja, transformações das "profundas estruturas" mentais. Assim, as palavras podem tanto refletir como dar forma às experiências mentais. Isso as transforma em um poderoso instrumento de pensamento. Porque, como indica Aristóteles, não apenas as experiências mentais simbolizadas pelas palavras são idênticas para diferentes pessoas como também as palavras são uma ferramenta útil de modelagem. Ao examinar a estrutura profunda que existe por trás das palavras específicas usadas por uma pessoa, é possível identificar o nível de processo das operações mentais que estão embutidas dentro dos seus padrões de linguagem. Processos mentais semelhantes podem assim ser comunicados e desenvolvidos em outras pessoas por meio da linguagem e de outras estruturas de superfície.

Isto exige que sejam levadas em considerações tanto as propriedades formais da linguagem quanto o seu conteúdo; pois uma estratégia tem mais a ver com a forma dos processos mentais da pessoa do que com o seu conteúdo. Ao examinar as propriedades formais de linguagem, Aristóteles estabeleceu uma diferenciação entre a função relativa dos substantivos e dos verbos.

Substantivo significa um som significativo por convenção, sem referência temporal e do qual nenhuma parte é significativa quando separada do resto... Assim, na expressão "barco de pirata", a palavra barco não tem significado a não ser como parte da expressão. A limitação "por convenção" foi introduzida porque nada é por natureza um substantivo — isto somente acontece quando se torna um símbolo; sons inarticulados, como os produzidos por animais, são significativos, porém nenhum deles constitui um substantivo.

Um verbo é aquilo que, além do seu significado correto, traz em si a noção de tempo. Nenhuma parte dele tem significado independente. Trata-se do sinal de algo dito a respeito de outra coisa... "A saúde" é um substantivo, mas "estar saudável" é um verbo; pois, além do seu próprio significado também é indicada a existência presente do estado em questão.

Segundo Aristóteles, as palavras são sons que se tornam símbolos de experiências mentais pelo processo da associação. Os substantivos são sons que se tornam associados às nossas percepções das "coisas" (os "objetos incidentais dos sentidos"). Os verbos são sons associados à nossa percepção de atributos ou de relacionamento entre objetos (submodalidades e "sensíveis comuns") quando eles se manifestam em relação ao tempo. Os substantivos estão mais relacionados ao conteúdo das nossas experiências, enquanto os verbos simbolizam características e processos.

No modelo da PNL, alguns verbos principais, ou "predicados", oferecem uma forte indicação da maneira como a pessoa pensa. Palavras como "ver", "claramente", "mostrar", "imagem", por exemplo, são indicativas de processos visuais. Palavras como "dizer", "soar", "ouvir", "tocar" e "contar" indicam experiências auditivas ou verbais. Padrões de linguagem como "sentir", "duro", "estar em contato com", "doloroso", "frio" etc., pressupõem processos cinestésicos, e assim por diante.

Modelagem da Microestrutura da Estratégia Mental de Aristóteles

Ao filtrarmos esses tipos de palavras que surgem na linguagem, podemos descobrir informações importantes sobre os processos mentais e estratégias da pessoa que as utiliza. Por exemplo, vejamos a seguinte afirmação feita por Aristóteles:

(1) Ninguém pode aprender ou compreender nada na ausência de sentido e (2) quando a mente está ativamente consciente de algo, ela está necessariamente consciente deste algo acompanhada de uma imagem... *Para a alma pensante, as* imagens *servem como conteúdos de percepção... assim como se estivesse vendo, a alma calcula e delibera o que acontecerá, a partir do que está presente; e quando ela faz o* pronunciamento, *assim como no caso da sensação, ela pronuncia o objeto como sendo* prazeroso *ou* doloroso, *e neste caso o* evita *ou* o busca.

Do ponto de vista da PNL, a descrição de Aristóteles do funcionamento geral "da mente" é provavelmente uma projeção da sua estratégia mental geral. Julgando a sua escolha de palavras, parece que essa estratégia tem uma seqüência que começa com a associação de informações sensoriais externas passando a representações visuais internas (V^r). Então, a mente "calcula e delibera" "vendo" ou construindo "imagens" mentais (V^c) "daquilo que está por vir, com referência àquilo que está presente" (muito possivelmente por meio de padrões internos de associação). Essas imagens são avaliadas por um processo verbal. A mente emite um "pronunciamento" (A_d^i) a partir do qual as ações físicas são iniciadas. Este "pronunciamento" deriva-se, possivelmente, do processo de aplicação de algum tipo de silogismo.

Os padrões de linguagem de Aristóteles pressupõem que, para ele, o sistema representacional visual é consciente e também altamente desenvolvido. As capacidades de "calcular" e "deliberar o que está por vir, com referência ao que está presente" como se a pessoa "estivesse vendo", pressupõem que ela está consciente da sua imagem interna, sendo capaz de perceber distinções e relações entre as imagens e também podendo, até certo ponto, manipular essas imagens. A declaração de Aristóteles segundo a qual a mente cria um "pronunciamento" sobre uma experiência parte do princípio de que o resultado do sistema representacional verbal é altamente valorizado. Isto é, enquanto as imagens mentais fornecem o *input* e as operações para a estratégia mental, a linguagem avalia esse conteúdo visual e fornece a base para a ação comportamental. Evidentemente, a descrição feita por Aristóteles de que o objeto é determinado para ser "prazeroso ou doloroso" pressupõe algum tipo de reação sensorial interna (C^i), porém a sua linguagem não esclarece se a dor ou o prazer são diretamente vivenciados.

Entretanto, em outra declaração, Aristóteles indica que a experiência das sensações internas tem um papel importante nesta estratégia, sob a forma do que ele chama de "apetites" e "desejos". Os apetites e desejos são sensações formadas a partir de algum objetivo ou meta — que era fornecida pelo conteúdo da percepção, da memória e da imaginação atuais.

[A] mente nunca produz movimento sem apetite... porém o apetite pode originar o movimento contrário ao cálculo... É o objeto do apetite que origina o movimento, e este objeto pode ser o bem real ou o bem aparente...
[Os] apetites movimentam-se em direção oposta uns aos outros. Isto acontece quando um princípio de razão e desejo são contrários e somente é possível nos seres que possuem uma percepção temporal (porque enquanto a mente nos diz para nos controlarmos por causa do que está no futuro, o desejo é influenciado por aquilo que temos diante de nós: um objeto prazeroso que está em nossas mãos apresenta-se tanto como prazeroso como bom, sem condição em nenhum dos casos, porque deseja prever o que está adiante no futuro).

Fica subentendido que os "apetites" são estados de sensação interna que operam a partir daquilo que Freud chamou de "princípio do prazer" — a busca do prazer e a fuga da dor. Essas reações podem ser causadas por experiências atuais ou por cálculos mentais. As experiências atuais podem criar uma sensação de "prazer" ou de "desprazer" — presumivelmente por meio da proporção entre os "pares de contrários" (ou "submodalidades") que fazem parte das suas qualidades sensoriais. A "bondade" de um objeto, por outro lado, parece ser resultado de "cálculos" (projeções das conseqüências futuras).

Aristóteles afirma que os conflitos entre as sensações são criados pela percepção de tempo, porque os princípios de "razão" e "desejo" podem operar potencialmente em diferentes estruturas temporais. A "razão" é mais associada à percepção do futuro enquanto o "desejo" o é com o presente. Também associamos mais a "razão" e o processo de "raciocínio" com a análise verbal. Aristóteles indica que a experiência daquilo "que é futuro" pode criar uma percepção de algo como sendo "bom", mas aquilo que está "diante de nós" pode ser "tanto prazeroso como bom". Os problemas surgem quando a pessoa está dividida entre "o que é o futuro" e aquilo que está "diante de si" ou ainda "porque deseja prever o que está adiante no futuro".

Ao resumirmos os comentários de Aristóteles como reflexo dos seus próprios processos mentais internos e examinando-os à luz dos seus outros comentários sobre a "psique" e os seus próprios processos analíticos, podemos começar a formar uma imagem que representa a microestrutura cognitiva da sua estratégia mental:

1. A experiência sensorial serve tanto como *input* (*"ninguém pode aprender ou compreender nada na ausência de sentido"*) e como confirmação básica de processos internos mentais (*deve-se dar crédito à observação em vez de às teorias; e às teorias, somente se elas forem confirmadas pelos fatos observados"*).

2. Como *input*, a experiência sensorial tem duas influências:

   a) os cocientes das "submodalidades" associados à experiência sensorial produzem uma sensação imediata (*"a sensação em si é um 'meio' entre duas qualidades opostas que determinam o campo daquele sentido"*) que pode ser percebido como doloroso ou prazeroso;

   b) a experiência sensorial torna-se associada a uma "imagem" ou representação interna relacionada ao *input* externo (*"a partir da sensação-percepção temos o que chamamos de memória, e a partir de memórias freqüentemente repetidas desenvolve-se a experiência; pois um certo número de memórias constitui uma única experiência"*) — tal como um "objeto de sentido incidental". Esta "imagem" ou mapa pode criar uma sensação de "desejabilidade" por meio de cocientes de qualidades de submodalidades internas.

3. Cálculos e deliberações são feitos por meio de um conjunto de associações de causa e efeito que ligam a experiência presente a projeções de conseqüências futuras percebidas (*como se [a mente] estivesse vendo, ela calcula e delibera o que está por vir com referência àquilo que está presente*)

4. É feito algum tipo de avaliação verbal sobre as conseqüências futuras (mais possivelmente no formato "se... então" do silogis-

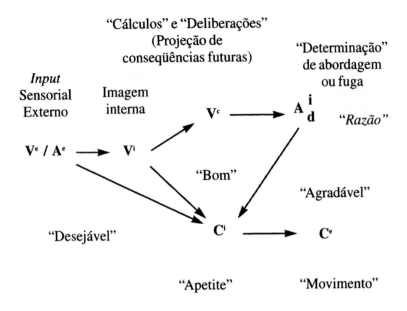

Microestrutura cognitiva da estratégia mental geral de Aristóteles

mo) que "determina" que algo é "bom" e abordável ou que deve ser evitado (*"determina que o objeto é prazeroso ou doloroso, e neste caso evita-o ou busca-o"*).

5. As três influências a partir do presente (sensação imediata), do passado (a "imagem" derivada de memórias) e do futuro (cálculos de conseqüências) convergem para os sentimentos internos associados com o "apetite". Se as três avaliações (prazer, desejo e bondade) se sobrepuserem, a escolha da ação comportamental externa fica evidente; se não for o caso, surge um conflito no qual o mais forte dos três prevalece.

Embora pareça claro que as estratégias de Aristóteles foram responsáveis pela produção de alguns dos maiores avanços do pensamento humano (tanto no seu tempo como posteriormente) a sociedade e o ensino modernos passaram a enfocar mais as descobertas resultantes dessas estratégias do que os processos mentais pelos quais elas foram realizadas. Nos parágrafos seguintes, examinaremos algumas das aplicações das micro, macro e metaestratégias de Aristóteles utilizadas por ele em suas descobertas.

Aplicações das Estratégias de Aristóteles

O objetivo do processo de modelagem da PNL não é chegar à descrição "certa" ou "verdadeira" do processo mental de uma pessoa, mas criar um mapa instrumental que nos permita aplicar as estratégias que modelamos de alguma forma útil. Um "mapa instrumental" é aquele que nos permite agir de maneira mais eficiente — a "exatidão" ou "realidade" do mapa é menos importante do que a sua "utilidade". Por exemplo, um mapa metafórico (como as "experiências mentais de Albert Einstein"), pode ter tanto valor instrumental quanto um mapa "realista".

Chega-se à *"perfeição instrumental"* (Thompson, 1967) quando um sistema particular de ação corresponde perfeitamente ao sistema cognitivo usado para descrevê-lo. O critério básico de perfeição instrumental é o nível de aproximação entre os sistemas cognitivo e comportamental — isto é, a congruência entre as distinções e relações no sistema cognitivo e nas operações comportamentais e interações que eles representam. O nível de "aproximação" é determinado à medida que as variáveis do mapa cognitivo ou do sistema lógico nos permitem identificar e mobilizar operações empíricas e recursos que levem a ações adequadas e efetivas do sistema comportamental.

Portanto, a aplicação instrumental das micro, macro e metaestratégias que modelamos de outra pessoa pressupõe que estruturemos essas estratégias de maneira a podermos utilizá-las com um objetivo prático. Este objetivo pode ser semelhante ou diferente do objetivo do modelo que inicialmente o utilizou.

Uma maneira prática de encarar a aplicação da informação modelada a partir das estratégias mentais de um indivíduo é relacionando-a a diferentes partes do TOTS. Isto é, podemos identificar e aplicar apenas os objetivos da pessoa, usando outras operações para atingir esses objetivos e outros procedimentos para avaliar o progresso em direção aos objetivos. Ou então, podemos modelar as operações de uma pessoa e aplicá-las para atingir objetivos diferentes daqueles inicialmente desejados. Também podemos escolher identificar e usar apenas os indícios ou procedimentos indiciais utilizados pelo modelo, aplicando-os a diferentes objetivos e com operações diferentes daquelas para as quais eles foram originalmente desenvolvidos.

Desta forma, podemos usar toda ou apenas parte da informação que modelamos de uma pessoa genial. No caso de Aristóteles, por exemplo, podemos aplicar as estratégias que modelamos:

a) examinando temas e áreas que ele não examinou ou que não existiam no seu tempo (por exemplo, usando-os como linhas diretrizes para o nosso próprio estudo da genialidade),
b) combinando elementos das suas estratégias com outros métodos e abordagens para melhorar ou enriquecê-los, ou
c) usando-os como inspiração para construir uma abordagem totalmente nova de raciocínio sobre algo.

As aplicações a seguir demonstram a maneira como podemos usar a informação obtida a partir da nossa modelagem das estratégias de Aristóteles de várias maneiras diferentes.

O Modelo SCORE:
A Implantação das Estratégias de Aristóteles na Definição do "Espaço-Problema"

Uma maneira simples e forte de aplicar as estratégias de Aristóteles na identificação do espaço-problema seria moldá-las com o modelo SCORE da PNL. O modelo SCORE (Dilts & Epstein, 1987, 1991) é essencialmente um modelo de resolução de problemas que identifica os componentes primários necessários para organizar de maneira efetiva a informação sobre o espaço-problema, relacionando-o a um objetivo específico ou a um processo de mudança. As letras significam sintomas, causas, resultados, recursos e efeitos. Esses elementos representam a quantidade mínima de informação necessária a ser reunida para lidar de maneira eficaz com o espaço-problema.

1. Os *sintomas* constituem geralmente os aspectos mais conscientes e observáveis do problema ou estado atual. Na definição dos sintomas está incluída a identificação de "causas coercitivas" — por exemplo, as relações atuais, pressuposições e condições limítrofes (ou falta de limites) dentro de um sistema que mantém o estado sintomático ou atual.
2. As *causas* são os elementos subjacentes responsáveis pela criação e manutenção dos sintomas. Elas são geralmente menos

óbvias do que os sintomas por elas produzidos. Para definir as causas é necessário identificar as causas antecedentes ou precipitantes daqueles sintomas, isto é, as decisões, ações ou eventos passados que influenciam o estado sintomático ou atual por meio de uma cadeia linear de "ação e reação".

3. Os *resultados* finais são os objetivos ou estados desejados que viriam substituir os sintomas. Para definir os estados finais desejados é necessário identificar as "causas formais" — por exemplo, determinar a forma fundamental do resultado final e a maneira específica de saber que já o atingimos. A definição dos objetivos finais é uma parte importante da demarcação do espaço-problema, à medida que é a lacuna entre o estado atual e o estado desejado que vai determinar o escopo do problema.

4. Os *recursos* são os elementos subjacentes responsáveis pela eliminação das causas dos sintomas e pela manifestação e manutenção dos objetivos finais desejados. De certa forma, para definir os recursos, é necessário encontrar os "meios" relacionados à obtenção dos resultados finais desejados e à transformação das causas dos sintomas.

5. Os *efeitos* são os resultados a longo prazo de um objetivo final específico que foi atingido. Os efeitos positivos são geralmente a razão ou motivo primordial para se desejar atingir aquele objetivo final (os efeitos negativos projetados podem criar resistência ou problemas ecológicos). Já os resultados específicos são etapas para se obter um efeito a longo prazo. Para definir os efeitos é necessário identificar as "causas finais" — os objetivos, metas e alvos futuros que orientam ou influenciam o sistema, dando às ações atuais significado, importância ou objetivo.

Por exemplo, digamos que uma pessoa sinta ansiedade em alguns contextos em que deve falar em público. Para examinar o *sintoma* é necessário identificar as necessidades e condições ambientais e comportamentais que acompanham a ansiedade. Por exemplo, existe um tipo específico – ou tamanho – de grupo ou de assunto que provoque esta ansiedade? Há alguma relação com limite de tempo ou espaço? A pessoa está constrangida pela postura, padrão respiratório ou movimentos? A pessoa sente-se coagida pela "psique"? Que tipo de sensações internas, imagens mentais e diálogo interno acompanham a ansiedade?

A fim de examinar as *causas* do sintoma é necessário verificar as causas antecedentes da ansiedade. A pessoa sempre sentiu ansiedade nesses contextos? Quando começou a ansiedade? A ansiedade está relacionada a associações ou "âncoras" específicas, como algumas crenças ou lembranças (por exemplo, humilhações ou fracassos passados)? De que maneira são representadas essas crenças ou lembranças? Como sensações? Imagens? Palavras? Cheiros? Qual é a proporção das qualidades de submodalidades associadas a essas crenças ou lembranças que as tornam desagradáveis ou dolorosas? Se houver imagens, elas são em movimento ou fixas? Coloridas ou em preto-e-branco? Luminosas ou escuras? Se houver palavras, são barulhentas ou silenciosas? De tom alto ou baixo? Rítmicas ou monótonas? No caso das sensações, elas são quentes ou frias? Rígidas ou suaves? Pesadas ou leves? Quais são os "sensíveis comuns" mais importantes? Onde ficam as imagens, sons, sensações, odores? Na frente da pessoa? Atrás? Acima? Abaixo? Há movimento? A pessoa está vivenciando as lembranças "em tempo presente" ou "em deslocamento temporal"?

O exame do *objetivo final* pressupõe o estabelecimento claro e seguro da forma básica do estado desejado que viria a substituir a ansiedade no contexto problemático de falar em público. O que a pessoa prefere sentir no lugar da ansiedade? De que maneira a pessoa saberia que não está ansiosa? Qual seria a diferença em termos de postura, padrão respiratório e movimento? De que maneira seria modificada a sensação interna da pessoa, suas imagens e o seu diálogo interno? Como mencionado anteriormente, a forma do objetivo desejado vai determinar o escopo e o nível do problema. Isto é, se o objetivo da pessoa é simplesmente sentir-se mais à vontade ao falar, então o escopo do problema necessariamente enfocará o nível das capacidades e comportamentos. Se o objetivo final da pessoa é ser professor ou político, o espaço-problema também incluirá questões relativas a crenças e identidade.

Para examinar os *efeitos* desejáveis é necessário identificar os objetivos a longo prazo e os resultados positivos do falar bem em público. Quais são as vantagens, recompensas e significados positivos de falar bem em público? Quais são as capacidades, atividades e projetos que se manifestam quando se fala bem em público? Que valores primordiais e crenças esta capacidade concretiza? De que maneira, ao se expressar bem em público, a pessoa poderá expressar melhor a sua identidade? Que sentimentos de satisfação, confiança e cooperação surgirão a longo prazo a partir de uma boa oratória em público? A pessoa poderá representar suas crenças, projeções e valores positivos em termos de sensações? Imagens? Palavras? Quais qualidades de submodalidades tornariam esses efeitos ainda mais desejáveis?

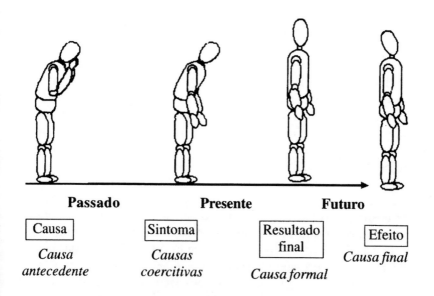

Colocação do Elemento SCORE do espaço-problema em uma Linha Temporal

Uma maneira de organizar a informação relativa ao modelo SCORE é colocando-a em uma linha temporal de maneira que a causa antecedente esteja posta no ponto da linha temporal que represente a estrutura temporal na qual o sintoma começou. O estado atual ou sintoma pode ser colocado em um local que represente a estrutura temporal atual ou presente. O resultado desejado será posto um pouco além do presente, num ponto que represente a estrutura temporal no futuro dentro da qual o resultado final deve ser atingido. E o efeito seria colocado em algum ponto além do resultado final. Isto pode ser feito mentalmente, no papel ou — como o diagrama sugere — utilizando pontos físicos. Uma das vantagens dos pontos físicos é que eles ajudam a estabelecer mais clara e facilmente as diferentes causas, mantendo-as separadas. E também possibilita o exame tangível e experimental do padrão fisiológico (postura, respiração, movimento etc.) associado a cada elemento.

A colocação dos elementos em uma linha temporal também facilita a identificação de questões e conflitos potenciais relacionados ao tempo e à percepção do que está "à mão" e do que está no "futuro". Assim, neste exemplo de ansiedade relacionado a falar em público, existe um tipo de dilema entre o que está "à mão" e o que é percebido como "desagradável" ou "doloroso" (falar diante de um grupo) e algo no futuro, considerado desejável ou "bom" (os efeitos positivos de falar em público). Geralmente nesses casos, algo no ambiente faz surgir uma "imagem" interna relacionada a várias experiências desagradáveis do passado (*"pois um certo número de lembranças constitui uma única experiência"*). Dado que a mente "calcula e delibera o que está por vir com referência ao que já está presente", a ansiedade é produzida pela projeção do reaparecimento dos problemas passados.

Se não houver representação do resultado final ou efeitos desejados, a pessoa provavelmente evitará falar em público. Se houver representação de um efeito e/ou resultado final desejado futuro, surge um conflito entre aquilo que é sentido como desagradável no presente e aquilo que é "decretado" como desejável e bom no futuro. A solução surge quando são encontrados os recursos adequados para lidar com o espaço-problema, por meio tanto da redução ou da transformação da sensação de desprazer relacionada ao momento presente como do enriquecimento ou intensificação do nível de desejabilidade do "bom" porvir.

O levantamento dos recursos depende da identificação das áreas de "espaço-solução". O espaço-solução depende das operações e das capacidades que podem ser mobilizadas, ainda não aplicadas à situação problemática para a) reduzir ou transformar as causas antecedentes e coercitivas ou o seu nível de influência, e b) favorecer o alcance do resultado final e seus efeitos desejados.

Os recursos relacionados à obtenção do resultado final e dos seus efeitos podem ser descobertos ou desenvolvidos a partir da estratégia de "indução" de Aristóteles. Em que outras situações capazes de gerar ansiedade, além do falar em público, a pessoa é capaz de atingir o seu resultado desejado? Em que outras situações a pessoa foi capaz de transformar a ansiedade em confiança? O que essas situações têm em comum? O que essas situações positivas têm em comum com a postura, o padrão respiratório ou o movimento da pessoa? Quais são os temas comuns em termos de crenças, sensações internas, imagem mental e diálogo interno?

Os recursos relativos a causas antecedentes e coercitivas podem ser descobertos aplicando-se os princípios de conversão de Aristóteles, para descobrir contra-exemplos. Por exemplo, depois de identificadas as causas coercitivas e antecedentes associadas ao sintoma, é possível identificar recursos potenciais pelos contra-exemplos e das exceções às regras que indicam que outros atributos e operações influenciam essas relações de causa e efeito. Por exemplo, se a ansiedade estiver associada ao tamanho do grupo, podemos perguntar se já houve uma ocasião em que a pessoa falou diante de um grupo deste tamanho *sem* sentir ansiedade? Qual era a diferença? Se o grupo fosse composto de amigos/crianças/animais, a pessoa ainda sentiria ansiedade? O que seria diferente? Que mudança de postura, padrão respiratório ou movimento tornaria difícil a pessoa manter a sensação de ansiedade, mesmo diante de muitas pessoas? Que mudanças de imagem mental ou diálogo interno (cor, distância, volume, localização etc.) reduziriam a ansiedade?

Os recursos encontrados por meio de contra-exemplos têm uma dupla vantagem à medida que o contra-exemplo exercerá influência tanto no nível do comportamento e capacidade quanto no nível da crença. Ou seja, como "exceção à regra" o contra-exemplo nos oferece operações e caminhos alternativos dentro do sistema que estamos administrando; porém, um contra-exemplo também coloca em questão a universalidade ou "rigidez" de algumas crenças limitadoras. Por exemplo, a afirmação "Grupos deste tamanho sempre me causam ansiedade", é uma crença e também uma afirmação sobre uma causa coercitiva real. Assim, os contra-exemplos não apenas aliviam essas coerções como abrem a possibilidade para novas crenças fortalecedoras.[7]

Um outro exemplo: suponhamos que se tenha descoberto que a ansiedade da pessoa está associada à lembrança de uma experiência humilhante no passado ao falar diante de um grupo. Podemos examinar áreas de possíveis recursos e espaços-solução para determinar os conhecimentos e aptidões que a pessoa passou a possuir que tornariam esta situação diferente agora? De que maneira a situação seria diferente se a pessoa tivesse este conhecimento ou capacidade naquele momento? Teria sido diferente se a pessoa soubesse, como agora, de maneira clara o objetivo final ou efeito desejado? De que maneira mudaria a percepção que a pessoa tem da lembrança, se ela fosse vivenciada "deslocando-se no tempo" ou "no tempo atual"? Quais mudanças de postura, padrão respiratório ou movimento teriam tido uma influência positiva sobre o resultado final da experiência passada? Que tipo de mudança de

---

7. Os contra-exemplos são um instrumento terapêutico poderoso que podem exercer influência até sobre a saúde física. Por exemplo, a técnica de alergia de PNL (Dilts, 1988 e Dilts, Hallbom & Smith, 1990) aplica esta estrutura para diminuir reações alérgicas.

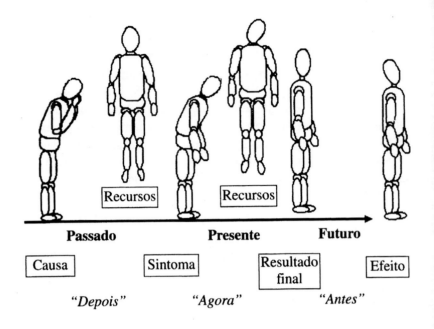

Recursos para um Espaço-Problema

imagem mental ou diálogo interno (cor, distância, volume, localização etc.) modifica o efeito emocional da lembrança?

A ativação ou a colocação de recursos dentro do espaço-problema pode ser atingido por meio 1) de algum processo em "tempo real", como a simulação ou interpretação de um papel, 2) da imaginação ou 3) do processo de associação ou ancoragem (por exemplo, um recurso pode ser associado a um objeto, símbolo ou mesmo toque específico, que poderá ser usado para ativar aquele recurso dentro do contexto da situação problemática).[8]

Embora tenhamos usado um exemplo pessoal como ilustração, este processo pode ser aplicado a quaisquer espaços-problema, como problemas de grupo ou de empresa, em que os sintomas sejam queda de motivação ou produtividade. Nesse tipo de exemplo, as causas antece-

---

8. A Programação Neurolingüística tem muitas técnicas para ativar e transferir recursos e capacidades. Além da "ancoragem", existem processos como "ponte ao futuro", "gerador de novos comportamentos", "padrão *swish* (assobio)" e muitos outros descritos em vários livros de PNL.

dentes podem incluir conflitos de função e problemas de comunicação. Para estabelecer os objetivos finais é necessário fixar objetivos específicos relacionados à motivação ou à produtividade. Os efeitos e causas finais incluem benefícios a longo prazo (aumento de lucratividade) e a busca da visão e missão do grupo ou da empresa. Os recursos podem incluir mudanças de tecnologia e procedimentos e a implantação de programas de treinamento e outros instrumentos de aprendizagem organizacional etc.

Resumindo, o processo inclui as seguintes etapas básicas:

1. Identificação do sintoma e das "causas coercitivas" relacionadas à manutenção do estado atual.
   Qual é o "sintoma" deste problema?
   Que exigências, relações, pressuposições e condições limítrofes (ou falta de limites) estão associadas com este sintoma?

2. Identificação das "causas antecedentes" relacionadas ao histórico e ao desenvolvimento do sintoma?
   Qual é a "causa" do sintoma neste problema?
   Que decisões, ações e acontecimentos passados contribuíram para criar o sintoma?

3. Identificação do objetivo desejado e das características formais fundamentais deste objetivo que serão a prova de que o objetivo foi atingido.
   Qual é a meta ou "objetivo desejado" que viria a substituir o sintoma?
   Quais são as percepções e pressuposições fundamentais que definem este objetivo? O que a pessoa deverá ver, ouvir ou sentir que a fará perceber que atingiu o seu estado desejado?

4. Identificação das "causas finais" ou efeitos desejados ao atingir o objetivo.
   Quais serão os efeitos a longo prazo após atingir o objetivo?
   Qual será o efeito de se atingir o objetivo? Quais são as metas, objetivos e alvos futuros que darão ao resultado final desejado significado, importância e propósito?

5. Identificação dos recursos que facilitarão atingir o efeito e o resultado final desejados, por meio do processo de indução, a fim de examinar a estrutura de outras situações bem-sucedidas.
   Que recursos ajudarão a atingir o resultado desejado?

Em outras situações ou contextos é possível atingir facilmente o efeito e/ou resultado final desejado? O que há de comum nessas situações?

6. Identificação dos recursos que vão ajudar a transformar causas coercitivas ou antecedentes e alterar a sua influência pela aplicação de princípios de "conversibilidade" para encontrar contra-exemplos.
   Que recursos ajudarão a influenciar e a transformar ou aliviar as restrições atuais ou as causas passadas?
   Em que situação ou contexto a causa ou situação negativa deixa de provocar o sintoma? Qual a diferença?

7. Ativação ou transferência de recursos apropriados dentro do contexto no qual o sintoma vem ocorrendo.

Implementação da Estratégia de Aristóteles no Exame e Organização de um Espaço-Problema

Foi mencionado anteriormente que a capacidade de Aristóteles de registrar e expressar suas idéias e descobertas era tão importante quanto a sua capacidade de criá-las. Esta aplicação combina as estratégias de Aristóteles com uma estratégia da PNL de composição e redação criativa (Dilts, 1983) como método para examinar, organizar e expressar os pensamentos relativos a um espaço-problema específico.

A estratégia de redação da PNL faz com que a pessoa elabore e enriqueça uma frase inicial utilizando palavras-chave ou "mensagens" para estabelecer idéias inter-relacionadas, usando o processo da associação. Por exemplo, um método para descobrir o que Aristóteles chamou de "o meio" inclui o uso de palavras conhecidas como "conectivos". Conectivos são palavras ou frases que ligam uma idéia a outra; como:

porque	*antes*	*depois*
enquanto	*sempre que*	*de forma que*
da mesma maneira que	*se*	*embora*

As idéias são relacionadas por esses "conectivos". Por exemplo, se disséssemos que "Aristóteles foi um gênio", e colocássemos em seguida a palavra "porque" isto nos levaria a identificar algum "termo intermediário" relacionado à nossa conclusão. Poderíamos dizer, por exemplo, "Aristóteles foi um gênio *porque* foi capaz de dar clareza e simplicidade a questões complexas". Este "termo intermediário" agora torna-se um primeiro termo e repetimos o processo dizendo: "Ele foi capaz de dar clareza e simplicidade a questões complexas *porque* desenvolveu estratégias efetivas de organização da sua experiência do mundo". Em seguida o processo é repetido: "Ele desenvolveu estratégias efetivas de organização da sua experiência do mundo, *porque* foi capaz de equilibrar a sua curiosidade infantil e a sua capacidade de pensar de maneira lógica".

Este processo continua seja a) durante um número arbitrário de vezes (quatro ou cinco vezes) ou b) até que se torne difícil fazer outras associações. Depois, reunimos o grupo de associações em um parágrafo, eliminando a palavra conectiva "porque" e colocando em letra maiúscula a primeira palavra de cada frase. O parágrafo do exemplo acima seria:

Aristóteles foi um gênio. Ele foi capaz de dar clareza e simplicidade a questões complexas. Ele desenvolveu estratégias efetivas para organizar a sua experiência do mundo. Ele foi capaz de equilibrar a sua curiosidade infantil com a sua capacidade de pensar de maneira lógica.

Diferentes conectivos nos levarão a pensar em termos de diferentes tipos de causas. Palavras como "enquanto" e "sempre que" nos levam a pensar em termos de "causas obrigatórias". Palavras como "antes" e "depois" provavelmente nos levarão a pensar em termos de "causas precipitantes". Uma frase como "de forma que" nos leva a pensar em termos de "causas finais"; enquanto uma palavra como "se" ou frases como "da mesma maneira que" nos levarão a pensar em termos de "causas formais". A palavra "embora" nos leva a descobrir potenciais restrições e contra-exemplos e nos ajuda a verificar a força das nossas premissas.

Por exemplo, ao tomar a afirmação inicial utilizada acima, "Aristóteles foi um gênio", aplicando porém a frase conectiva "de maneira que" teríamos uma cadeia associativa completamente diferente. Poderíamos dizer: "Aristóteles foi um gênio *de maneira que* a sabedoria da civilização grega foi expressa e preservada para as gerações futuras, *de maneira que* possamos continuar a reviver e a aplicar a sabedoria aos problemas e questões atuais, *de maneira que* as futuras gerações vivam em um melhor mundo, *de maneira que...*" etc. Ao aplicarmos o conectivo "se" teremos um caminho diferente: "Aristóteles foi um gênio *se* considerarmos a influência que alguém tem nas gerações futuras como indicação de genialidade, *se* valorizarmos contribuições a longo prazo mais do que sucessos a curto prazo, *se* formos capazes de calcular e refletir seriamente sobre o que está por vir, com referência ao que está presente, *se*..." etc.

Também é possível seqüenciar conectivos para estabelecer padrões associativos mais complexos. Por exemplo, poderíamos começar dizendo: "Aristóteles foi um gênio *da mesma forma que* Leonardo da Vinci foi um gênio". Depois poderíamos passar para outro tipo de conectivo, como "porque", para estabelecer as nossas idéias a respeito desta relação.

Também podemos direcionar as nossas associações a percepções que envolvam sistemas de representação sensoriais e estruturas temporais diferentes, acrescentando algumas mensagens extras após o conectivo. Por exemplo, ao acrescentarmos as palavras "porque eu vejo que" voltaremos a nossa atenção para a nossa perspectiva visual. O acréscimo das palavras "porque ele disse que" nos levará a outras perspectivas e modalidade de representação.

A tabela abaixo mostra uma lista de possíveis palavras que são conectivas, perspectivas e de sistema representacional que podem ser combinadas, usando este tipo de estratégia para explorar um espaço-problema.

Conectivo	Perspectiva	Sistema representacional e estrutura temporal	
porque	eu	vejo-vi-verei	que
depois	nós	olhamos-olharemos	como
enquanto	você	mostra-mostrou-mostrará	
sempre que	eles	ouvem-ouviram	
se	ele	soa-soou-soará	
embora	ela	diz-disse-dirá	
de forma que		sente-sentiu-sentirá	
da mesma maneira que		move-moveu-moverá	

A seguir indicamos a maneira de aplicar algumas das informações a respeito da estratégia de análise de Aristóteles, utilizando o método que acabou de ser descrito.

1. Ecolher um tema, assunto ou fenômeno a ser analisado ou "esclarecido" e identificar vários exemplos de referência.

Tema: *Gênio*
Exemplos: *Aristóteles, Leonardo da Vinci, Einstein.*
2. Examinar quais os pontos comuns de todos os exemplos escolhidos.

3. Criar quatro frases introdutórias, respondendo às quatro perguntas fundamentais de Aristóteles:

   Qual é a sua natureza?
      X é/são _____ .
   Quais são os seus atributos?
      X tem/têm (muitos) _____ .
   O que o causa ou o cria?
      _____ causa ou cria X.
   O que ele causa ou cria?
      X causa/cria _____ .

Por exemplo:
"*A genialidade é a capacidade de descobrir, criar ou representar relações e idéias fundamentais.*"
"*Os gênios são capazes de perceber muitas dimensões e níveis de um espaço-problema.*"
"*Estratégias cognitivas especiais, porém passíveis de serem aprendidas, causam a genialidade.*"
"*A genialidade torna possível encontrar novas idéias, traduzindo-as em algo concreto.*"

4. Verificar as premissas, aplicando as regras de conversão de Aristóteles e descobrir áreas em que existam possíveis contra-exemplos e exceções.
   P. ex. *É possível descobrir, criar ou representar relações e idéias fundamentais sem ser um gênio?*
   É possível ter a capacidade de perceber muitas dimensões e níveis de um espaço-problema sem ser um gênio?
   É possível ser um gênio sem possuir estratégias cognitivas especiais, porém passíveis de serem aprendidas?
   Seria possível descobrir novas idéias e transpô-las para a realidade, se não houvesse gênios?
5. Examinar as "causas" e "meios" relacionados às premissas, utilizando palavras de "alerta" como "porque" e escrevendo a associação que vem a cabeça. Continuar a utilizar o "alerta" após cada

resposta, da forma descrita acima, para suscitar idéias relacionadas ao assunto.

a) Para examinar as causas coercitivas é possível utilizar as conjunções *"enquanto"* ou *"sempre que"*.

b) Para examinar causas precipitantes é possível utilizar os advérbios *"antes"* ou *"depois"*.

c) Para examinar as causas formais, utiliza-se *"da mesma maneira que"* ou *"se"*.

d) Para examinar as causas finais é possível usar *"de maneira que"*.

e) Para examinar contra-exemplos e possíveis restrições, a fim de verificar a força das premissas de causa e efeito, é possível utilizar o advérbio *"embora"*.

É possível utilizar termos sensoriais como *"porque eu vejo"* ou *"depois que ele sentiu"* etc. a fim de examinar diferentes perspectivas e canais sensoriais.

6. Ler as frases e idéias escritas umas depois das outras, eliminando os conectivos. Se o que foi escrito não expressa de maneira adequada todas as suas idéias, repita o processo utilizando um outro conjunto de "palavras de alerta". Se estiver satisfeito com o fluxo de idéias, você poderá aprimorá-lo ou acrescentar outros elementos para criar um parágrafo e anotá-las.

7. Após ter examinado as quatro sentenças iniciais, talvez você deseje identificar outro conjunto de três exemplos que possua a mesma qualidade. Verifique o que há de comum nesses exemplos. Estabeleça as características semelhantes dos dois conjuntos de elementos comuns, a partir dos diferentes conjuntos de exemplos.

Encontrar o Sistema de Causas
Dentro do Espaço-Problema

Outra forma de aplicação deste método como meio de exame de causas potenciais e espaço-problema seria partir de um sintoma ou problema e, após o exame sistemático dos conectivos, estabelecer associações, pressuposições ou crenças relevantes. Por exemplo, se tivéssemos de escolher examinar o espaço-problema do sintoma de ansiedade relacionada a falar em público, poderíamos pedir que a pessoa partisse de uma afirmação do problema ou sintoma, tal como: "Fico ansioso quando falo diante de um grande grupo". Mantendo esta afirmação-problema, levaríamos a pessoa por meio de cada um dos conectivos, a fim de examinar o "espaço" total de causas relativas ao sintoma:

Fico ansioso quando falo diante de um grupo grande *porque* _____

Fico ansioso quando falo diante de um grupo grande *antes de* _____

Fico ansioso quando falo diante de um grupo grande *depois de* _____

Fico ansioso quando falo diante de um grupo grande *enquanto* _____

Fico ansioso quando falo diante de um grupo grande *sempre que* _____

Fico ansioso quando falo diante de um grupo grande *de forma que* _____

Fico ansioso quando falo diante de um grupo grande *se* _____

Fico ansioso quando falo diante de um grupo grande *embora* _____

Fico ansioso quando falo diante de um grupo grande *da mesma forma que* _____

Estruturas temporais, sistemas representacionais e perspectivas diferentes podem ser acrescentados para examinar cuidadosamente o espaço-problema. Ou seja, a partir do quadro indicado anteriormente é possível utilizar vários tipos de mensagem, como: "Fico ansioso quando falo diante de um grupo grande, *depois de ouvir que...*" ou "Fico ansioso quando falo diante de um grupo grande *porque eles parecem...*"

ou, ainda: "Fico ansioso quando falo diante de um grupo grande *da mesma forma que sinto que...*".

Este processo também pode ser repetido com a afirmação do resultado desejado, a fim de identificar potenciais efeitos desejados e causas finais. Assim, se a afirmação de resultado desejado for, "Quero me sentir bem e confiante quando falar diante de um grupo grande", a pessoa manteria esta afirmação, repetindo o conjunto de conectivos:

Quero me sentir bem e confiante quando falo para um grupo grande

porque _____
antes _____
depois _____
enquanto _____
sempre que _____
de forma que _____
se _____
embora _____
da mesma maneira que _____

Os recursos podem ser identificados alterando-se levemente a afirmação de resultado final desejado e repetindo o processo. Em vez de dizer, "Quero me sentir bem e confiante quando falar diante de um grupo grande", a pessoa poderá dizer:

Posso me sentir (e me sentirei) bem e confiante quando me dirigir a um grupo grande

porque _____
antes _____
depois _____
enquanto _____
sempre que _____
de forma que _____
se _____
embora _____
da mesma maneira que _____.

Também neste caso, o quadro indicado anteriormente pode ser usado para examinar estruturas temporais, sistemas de representação e perspectivas diferentes, e rever de maneira mais cuidadosa o estado desejado e os possíveis "espaços de solução".

Pelo uso desses "lembretes" verbais, a sofisticação e a força da estratégia de Aristóteles podem ser aumentadas e aplicadas a questões e problemas do dia-a-dia. O método é tão simples que até uma criança pode utilizá-lo. Na verdade, venho desenvolvendo aplicações desta estratégia para ajudar crianças e adultos a desenvolver técnicas de redação criativa e de resolução de problemas.[9] As aplicações colocam as palavras de "advertência" nos lados de um cubo especialmente criado para este fim. Este cubo pode então ser virado, revelando as palavras-chave em uma seqüência específica. Este método tem sido usado com sucesso para ensinar crianças e adultos que têm dificuldade em escrever e também para liberar e aperfeiçoar as técnicas de escritores médios.

Resumo

Neste capítulo, aplicamos processos de PNL para micro, macro e metamodelagens ao estudo e uso das estratégias aristotélicas para alcançar os "princípios fundamentais". Examinamos a maneira como Aristóteles utilizou as metaestratégias das perguntas básicas e o processo de "raciocínio indutivo" para analisar a estrutura básica de vários "espaços-problema" e, em seguida, expressar essa estrutura sob a forma de "silogismos" verbais.

No nível das macroestratégias utilizadas por Aristóteles, examinamos a maneira como ele procurou determinar a influência das causas formais, causas antecedentes, causas obrigatórias e causas finais nos mecanismos dos fenômenos biológicos e inorgânicos. Também examinamos os seus pontos de vista na função da percepção temporal e diferentes tipos de percepção temporal e também alguns dos métodos aristotélicos de avaliação da profundidade e da "universalidade" das suas próprias conclusões, pressuposições e premissas.

Em nível micro, revimos o modelo aristotélico da mente (ou psique) e a função dos cinco sentidos no processo mental. Examinamos as perspectivas de Aristóteles a respeito do mecanismo e significação da memória, imaginação e o processo fundamental de associação. Tam-

---

9. Available from Text Blox Inc. de Santa Cruz, Califórnia. Ver Posfácio para mais informações.

bém examinamos as idéias de Aristóteles sobre a influência de características específicas e qualidades da experiência sensorial e o papel importante dos "sensíveis comuns" no raciocínio. Ao utilizar certos padrões de linguagem como instrumento de modelagem subjacente aos padrões cognitivos, indicamos a microestrutura da estratégia mental de Aristóteles.

Ao sintetizar a informação a partir desses vários exames em um "mapa" instrumental, revimos algumas técnicas e métodos de aplicação das estratégias de Aristóteles, combinando-os com alguns princípios e processos da PNL. Apresentei um método de definição de "espaço-problema" e estou atualmente procurando novos espaços de solução, utilizando o modelo SCORE e ainda outro incluindo o uso de palavras-chave e "lembretes" verbais especiais para descobrir, organizar e expressar novas áreas de um espaço-problema e seus recursos e soluções potenciais.

Além do que aprendemos a respeito de Aristóteles, também apresentamos a maioria das diferenciações e modelos básicos de PNL, incluindo os modelos SOAR, TOTS, modelo ROLE e SCORE. O modelo SOAR fornece as "metadistinções" básicas de "espaço-problema", "estados" e "operadores". O modelo TOTS indica as distinções básicas relacionadas ao ciclo contínuo básico de *feedback* que constrói as nossas macroestratégias em termos dos nossos objetivos, indícios e escolhas de operações. O modelo ROLE fornece as distinções essenciais de modelagem da microestrutura cognitiva de estratégias, incluindo os sistemas representacionais e suas interligações de orientação com outros processos mentais, assim como seus efeitos dentro da estratégia. O modelo SCORE indica os elementos básicos para definir o espaço-problema e obter recursos apropriados e espaços de solução adequados.

Nos próximos capítulos, continuaremos a rever e aplicar os métodos aristotélicos ao nosso estudo das estratégias de outros gênios que vamos examinar. Com os métodos de Aristóteles, talvez possamos chegar a algumas premissas e princípios fundamentais universais que nos ajudarão ainda mais a entender a natureza prática da estratégia da genialidade.

Bibliografia do Capítulo 1

Aristóteles. Britannica Great Books. Encyclopedia Britannica Inc., Chicago, Ill., 1979.

The Encyclopedia Britannica. Encyclopedia Britannica Inc., Chicago, Ill., 1979.

The Great Psychologists: Aristotle to Freud. Watson, R., J.B. Lippincott Co., Nova York, NY, 1963.

"Toward a Unifying Theory of Cognition". M. Waldrop. *Science*, Vol. 241, July 1988.

"SOAR: An Architecture for General Intelligence". Laird, J.E., Rosenbloom, P., and Newell, A. *Artificial Intelligence,* 33:1-64, 1987.

"Chunking in SOAR; The Anatomy of a General Learning Mechanism". Laird, J.E., Rosembloom, P., e Newell, A. *Machine Learning,* 1:11-46, 1986.

Plans and the Structure of Behavior. Miller, G., Galanter, E., e Pribram, K. Henry Holt & Co., Inc., 1960.

Principles of Psychology. William James. Britannica Great Books, Encyclopedia Britannica Inc., Chicago, Ill., 1979.

The Structure of Magic Vol. I & II. Grinder, J. and Bandler, R. Science and Behavior Books, Palo Alto, CA, 1975, 1976.

Neuro-Linguistic Programming: The Study of the Structure of Subjective Experience, Volume I. Dilts, R., Grinder, J., Bandler, modelo ROLE, DeLozier, J. Meta Publications, Capitola, CA, 1980.

Frogs into Princes, Bandler, R. e Grinder, J. Real People Press, Moab, Utah, 1979. (Publicado no Brasil, pela Summus Editorial, sob o títrulo *Sapos em príncipes*, em 1982.

Using Your Brain. Brandler, Richard. Real People Press, Moab, Utah, 1984. (Publicado no Brasil pela Summues Editorial em 1987 sob o título *Usando sua mente* — as coisas que você ainda não sabe,

The Syntax of Behavior. Grinder, J. & Dilts, R.. Metamorphous Press, Portland, OR, 1987.

Change Your Mind. Andreas, S., Andreas, C. Real People Press, Moab, Utah, 1987. (Publicado no Brasil pela Summus Editorial, em 1991, sob o título *Transformando-se* — Mais coisas que você ainda não sabe que não sabe.

Time Line Therapy. James, TOTE, Woodsmall, W. Meta Publications, Capitola, CA, 1987.

Imagined Worlds: Stories of Scientific Discovery. Andersen, P., e Cadbury, D. Ariel Books, Londres, 1985.

Tools for Dreamers: Strategies for Creativity and the Structure of Invention. Dilts, R.B., Epstein, T., Dilts, R.W. Meta Publications, Capitola, CA., 1991.

Applications of Neuro-Linguistic Programming. Dilts, R.. Meta Publications, Capitola, CA., 1983.

Organizations in Action. Thompson, J.. McGraw Hill Inc., Nova York, NY, 1967.

Beliefs: Pathways to Health anda Weel-Being. Dilts, R., Hallborn, T. e Smith, S. Metamorphous Press, Portland, OR, 1990. (Publicado no Brasil pela Summus Editorial em 1993 sob o título *Crenças* — Caminhos para a saeude e o bem-estar.)

Sir Arthur Conan Doyle de
Sherlock Holmes

2

SHERLOCK HOLMES
DESCOBRINDO OS MISTÉRIOS DO GÊNIO

Esboço do Capítulo 2

- **Sherlock Holmes: um exemplo da aplicação da estratégia da genialidade**

- **A Metaestratégia de Holmes e a "grande corrente da vida"**

- **As Microestratégias de observação, inferência e dedução de Holmes**

- **A macroestratégia de Holmes para descobrir as "causas antecedentes"**

- **Níveis de pistas e inferências**

- **Implementando a estratégia de Holmes**
  Observação e dedução
  Exercício de calibração
  Como detectar fraudes
  Observação das pistas microcomportamentais associadas a estratégias cognitivas: o Modelo BAGEL

- **Conclusão**

- **Bibliografia e Referências do Capítulo 2**

Sherlock Holmes

Um Exemplo da Aplicação da Estratégia da Genialidade

A identificação do processo mental de uma pessoa parece muito com o trabalho de um detetive. Isto se torna ainda mais verdadeiro com as pessoas que não estão fisicamente presentes ou que já faleceram. Temos de trabalhar com pistas deixadas por essas pessoas em suas obras escritas e nos produtos ou expressões do seu pensamento. E é necessário retroceder a partir dessas pistas para deduzir a estrutura dos processos mentais que as produziram.

Temos razões para incluir Sherlock Holmes, de *Sir* Arthur Conan Doyle, nesta série. Antes de mais nada, por se tratar de uma personagem de ficção, Holmes representa um bom exemplo do objetivo da identificação de estratégias da genialidade: modelar um processo mental excepcional e aplicá-lo a contextos diferentes daquele no qual ele foi inicialmente desenvolvido. Conan Doyle (1859-1930) modelou os métodos e maneirismos do grande detetive a partir de um dos seus professores da faculdade de medicina, o dr. Joseph Bell, de Edimburgo. Conan Doyle admirava tanto as capacidades de detecção e diagnóstico de problemas médicos do seu professor que ele passou a fantasiar sobre como os processos deste "detetive" médico poderiam ser aplicados ao trabalho real de detetive. O resultado foi Sherlock Holmes.

A popularidade e a atração de Sherlock Holmes vêm da maneira como ele raciocinava. O que o torna especial é a estratégia de abordagem de um problema — a capacidade de observar, pensar e — talvez o mais importante — estar consciente dos seus próprios processos de tal forma que conseguia descrevê-los e explicá-los a outra pessoa. Conan Doyle conseguiu ser capaz de captar profundamente o processo mental do seu professor e aplicá-lo aos contextos excepcionais e interessantes que compõem as aventuras de Sherlock Holmes.

Assim, embora a personagem Sherlock Holmes e suas aventuras sejam fictícias, o seu processo mental é verdadeiro. O fato de ele ser imaginário apenas indica o ponto em que uma estratégia específica pode ser aplicada a várias áreas de conteúdo, sejam elas reais ou simuladas. É importante lembrar que esse estudo das estratégias cognitivas da genialidade não diz respeito à realidade objetiva e, sim, à rica experiência subjetiva. Este exame da genialidade diz respeito à estrutura dos nossos modelos internos de mundo e não à natureza objetiva do mundo. Na verdade, a maior parte dos atos de genialidade empurra ou alarga os limites percebidos dos nossos modelos existentes da realidade.

Em outro nível, a área particular da genialidade de Holmes é uma metáfora para a tarefa de descobrir os mistérios dos processos mentais da genialidade. Utilizando as ferramentas de modelagem cognitiva da Programação Neurolingüística, estamos tentando ser uma espécie de Sherlock Holmes da mente. Neste sentido, a sua maneira de abordar problemas pode nos ajudar a entender os princípios e técnicas úteis para pôr em prática essa tarefa. Ao mesmo tempo, também estamos tentando ser um Dr. Watson e anotar o que descobrimos e vivenciamos.

A Metaestratégia de Holmes e "A Grande Corrente da Vida"

No primeiro livro de Holmes, *Um estudo em vermelho*, Conan Doyle nos dá uma pista a respeito da metaestratégia por meio da qual Holmes via o problema-espaço no qual ele trabalhava. Watson está visitando Holmes pela primeira vez e escreve:

Eu apanhei uma revista em cima da mesa e tentei passar o tempo lendo-a, enquanto meu companheiro mastigava silenciosamente a torrada. Um dos artigos tinha uma marca feita com lápis no título e naturalmente comecei a ler. O título levemente ambicioso era "O livro da vida" e tentava demonstrar o quanto um homem observador pode aprender com o exame profundo e sistemático de tudo o que passa à sua frente. Pensei que era uma mistura impressionante de absurdo e audácia. O raciocínio era fechado e intenso, porém as deduções me pareceram exageradas e inacreditáveis. O autor afirmava que a partir de uma expressão momentânea, o movimento de um músculo ou de um olhar podia determinar os pensamentos mais íntimos de uma pessoa. A mentira, segundo ele, era uma impossibilidade para uma pessoa treinada a observar e a analisar. As suas conclusões eram tão infalíveis quanto muitas das proposições de Euclides. Tão surpreendente pareciam ser os resultados aos que não conheciam o método, que até eles aprenderem os processos pelos quais ele conseguia obter os resultados indicados, ele seria considerado, sem dúvida, um necromante.

"A partir de uma gota d'água", diz o autor, "uma pessoa lógica pode inferir a possibilidade de um Atlântico ou de um Niágara sem ter visto ou ouvido um ou outro.

Portanto, toda a vida é uma imensa corrente, cuja natureza é conhecida sempre que vemos um dos seus elos. Como todas as outras artes, a ciência da dedução e da análise só pode ser adquirida através de longo e paciente estudo e a vida não é longa o suficiente para permitir a nenhum mortal atingir a maior perfeição nela.[1]

O artigo, como Watson veio a descobrir, fora escrito por Sherlock Holmes. O título *O livro da vida* sugeria que, como todos os gênios, Holmes colocava seus esforços dentro da estrutura de uma missão incessante e ambiciosa para descobrir mais sobre os profundos princípios expressos no fenômeno da vida. Holmes vê a "vida" como um sistema interligado, uma "imensa corrente, cuja natureza é conhecida quando vemos um único elo". Cada parte do sistema traz dentro de si informações sobre todas as outras partes do sistema — de certa forma como um holograma, no qual a imagem completa espalha-se por todos os pedaços. Esta crença parece ser uma parte importante da estratégia de investigação de Holmes. A forma de "análise e dedução" de Holmes é uma expressão da sua convicção de que uma parte de qualquer sistema expressa o conjunto total. Como ele afirmou:

"O raciocinador ideal deveria, a partir do momento em que vê um único fato com todas as suas conseqüências, deduzir a partir deste fato não apenas toda a corrente de eventos que o levou até ele, mas também todos os resultados que dele advêm."[2]

A afirmação de Holmes segundo a qual uma "expressão momentânea, um movimento muscular ou um olhar" podem nos mostrar os pensamentos mais íntimos da pessoa é bastante importante para o nosso estudo. A implicação desta afirmação é que mesmo no caso de comportamentos que parecem triviais existem pistas que indicam como e o que a pessoa está pensando. Holmes diz que esta habilidade é uma técnica que pode ser aprendida e estudada, mas que para alguém não familiarizado com esses métodos pareceria que a pessoa que os desenvolveu era um mágico ou um necromante. Em seu artigo, Holmes dá alguns conselhos sobre como adquirir esta habilidade.

Antes de examinar os aspectos morais e mentais do assunto que apresenta as maiores dificuldades, que o estudioso comece por aprender a resolver os pro-

---

1. *A Study in Scarlet.*
2. *The Five Orange Pits.*

blemas mais elementares. Que ele, ao encontrar outra pessoa, aprenda com um único olhar a conhecer a história do homem, o seu trabalho e a profissão que exerce. Mesmo que pareça pueril, este exercício afina as faculdades de observação e ensina a pessoa onde olhar e o que procurar. Através das unhas, das joelheiras, das calosidades do dedo indicador e do polegar, da sua expressão, das dobras da camisa — cada uma dessas coisas revela a profissão do homem. Que todas elas deixem de iluminar o estudioso competente é praticamente inconcebível.[3]

Holmes nos dá a primeira indicação dos elementos-chave da sua estratégia, ao descrever o exercício de observação. A macroestrutura da sua estratégia inclui o processo de coleta de alguns elementos menos importantes para formar uma Gestalt. Ao observar uma série de detalhes como unhas, joelheiras, calosidades do dedo indicador e do polegar, expressão do olhar, abotoaduras etc., Holmes é capaz de inferir o que indicam esses elementos "todos juntos". Embora a maioria das pessoas ignore detalhes ou, ao contrário, fique submersa por eles, Holmes é capaz de dar um passo atrás e ver o que eles indicam como um todo. Ele é capaz de inferir as características da floresta, olhando as árvores.

Sistemas de pistas "unidas" para formar uma conclusão

A propósito, Holmes afirmou que *"há muito criei um axioma segundo o qual as pequenas coisas são infinitamente as mais importantes"*,[4] e que este método *"baseava-se na observação de pequenas*

---

3. *A Study in Scarlet.*
4. *A Case of Identity.*

insignificâncias"[5] concluindo que *"para uma grande mente, nada é pequeno".*[6]

É interessante que Holmes sugira a observação dos "outros seres humanos" como o ponto de partida para desenvolver as técnicas que levarão à compreensão da "grande corrente" da vida. Embora a genialidade de Holmes seja geralmente relacionada à solução de crimes e mistérios, é importante lembrar que a sua capacidade procede da técnica adquirida pelo "domínio dos problemas mais elementares" — a observação das pessoas. Como Holmes explica a Watson:

"A observação é minha segunda personalidade. Você pareceu surpreso quando eu lhe disse, em nosso primeiro encontro, que você viera do Afeganistão."
"Alguém deve ter lhe contado."
"Nada disso. Eu sabia que você veio do Afeganistão. Graças ao longo hábito o meu raciocínio fluiu tão suavemente que cheguei à conclusão sem ter consciência das etapas intermediárias. No entanto, houve várias. Meu raciocínio foi o seguinte: 'Eis um cavalheiro que parece médico, mas que tem um certo ar militar. Portanto, deve ser um médico militar. Ele acabou de chegar de um país tropical, pois seu rosto está moreno, cor que não é natural, pois os pulsos são brancos. Ele passou por dificuldades e doenças, como indica claramente o seu olhar cansado. Seu braço esquerdo foi machucado e parece meio rígido. Em que país tropical teria um médico militar inglês passado por tantas dificuldades e ferido o seu braço? Sem dúvida, no Afeganistão.' Este raciocínio inteiro não durou mais do que um segundo."[7]

Neste caso, Holmes dá uma descrição mais específica de alguns dos microaspectos da sua estratégia e nos oferece outra indicação da natureza da sua genialidade — sua capacidade de estar consciente e reconstruir as "etapas intermediárias" do seu "raciocínio". O comentário de Holmes de que "Um hábito antigo faz com que o meu raciocínio flua tão suavemente que posso chegar a conclusões sem estar consciente das etapas intermediárias", indica um dos maiores problemas da identificação das estratégias da genialidade — os processos mentais básicos tornam-se tão habituais e tão sutis que ocorrem fora da percepção consciente.

Em outras palavras, *quanto mais desenvolve a capacidade de fazer algo bem, menos a pessoa está consciente da* maneira específica *como o faz.* Quando estão cumprindo uma tarefa, as pessoas concentram-se

---

5. *The Boscombe Valley Mystery.*
6. *A Study in Scarlet.*
7. *A Study in Scarlet.*

naquilo que estão fazendo e não nos sutis processos mentais que as levam a fazer aquilo. Assim, grande parte do comportamento efetivo é caracterizado como "competência inconsciente". Embora isto reduza a quantidade de esforço consciente para atingir o objetivo desejado, fica difícil descrever para os outros a maneira de desenvolver o mesmo nível de competência. Além do mais, geralmente as pessoas minimizam as etapas críticas do seu raciocínio, por considerá-las "triviais" ou "óbvias" demais, sem se aperceberem de que essas sensações, palavras ou imagens aparentemente pouco importantes, por eles consideradas óbvias, são exatamente os elementos necessários para que a pessoa possa saber desempenhar esta estratégia mental.

A capacidade de Holmes de estar consciente do seu próprio processo mental é chamada de *metacognição*; e deve ser diferenciada de "autoconsciência". Ao contrário da autoconsciência, a metacognição não advém de um "eu" separado, que julga e interfere no processo que está sendo observado. A metacognição inclui apenas a percepção das etapas dos processos mentais. Assim como o demonstra Holmes, a metacognição geralmente atinge a consciência somente *depois* que o processo mental foi completado.

O valor da metacognição é — ao tornar a pessoa consciente da maneira como está pensando — permitir a validação ou a correção constante das estratégias mentais. Na verdade, Holmes afirmou que a sua genialidade era *"apenas bom senso sistematizado"*.[8] Para usar uma analogia com a informática, a maior parte do tempo o usuário de computador não vê e não se preocupa com os programas que utiliza para desempenhar uma função na máquina. Mas, quando queremos melhorar o funcionamento do computador, "consertar um problema" ou traduzir o programa para outro tipo de computador, é necessário observar e entender o conjunto de instruções do programa.

O que aprendemos a partir da descrição feita por Holmes é que o processo abrange "raciocínio" e observação. Ele não apenas observa um conjunto de detalhes, tirando deles uma conclusão. Ao contrário, ele faz inferências a partir das relações criadas de combinações de observações. Ou seja, ele não olha simplesmente a cor de pele da pessoa e deduz que ela estava num país tropical. Ele olha a relação entre o tom do seu rosto e a cor dos seus pulsos e infere que não se trata da cor natural da pele e, a partir daí, chega à conclusão de que a pessoa esteve em um país tropi-

---
8. *The Blanched Soldier.*

cal. Aliás, ele não chega à conclusão a partir da observação em si, e sim de um conjunto de inferências deduzidas pela interligação de algumas observações. Essas inferências partem da observação de detalhes ambientais e comportamentais, que levam a uma conclusão.

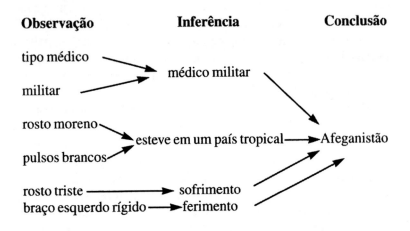

Inferências a partir de um conjunto de observações

O processo de fazer uma inferência a partir da percepção de um conjunto de detalhes era chamado por Holmes de "observação", que é diferente do ato de apenas perceber os detalhes. Como ele disse para Watson: *"Você vê, porém não observa"*.[9] Em *Um estudo em vermelho*, Holmes demonstra e descreve mais uma vez alguns dos microaspectos da sua estratégia quando deduz corretamente a origem de um homem que veio vê-lo como cliente, a quem nunca havia visto antes.

Como você conseguiu deduzir que [ele era um sargento aposentado dos fuzileiros navais]?
Mesmo do outro lado da rua já consegui ver uma grande tatuagem de âncora nas costas da mão. Isso me lembrou o mar. Mas ele tinha um porte militar e usava suíças. Isso me lembrou a marinha. Era um homem que transpirava autoconfiança e um certo ar de autoridade. Talvez você tenha observado a maneira como ele

---
9. *A Scandal in Bohemia*.

mantinha a cabeça e segurava a bengala. Um homem de meia-idade, firme e respeitável — todos esses fatos levaram-me a acreditar que ele tinha sido sargento.[10]

Neste exemplo, mais uma vez vemos Holmes fazendo a ligação entre observações, a fim de poder inferir e reunir essas inferências para chegar a uma conclusão. Este processo representa um exemplo do que pode ser chamado de *"raciocínio convergente"* — ou seja, as inferências são ligadas e sintetizadas, passando-se do geral ao particular, a fim de criar um resultado único.

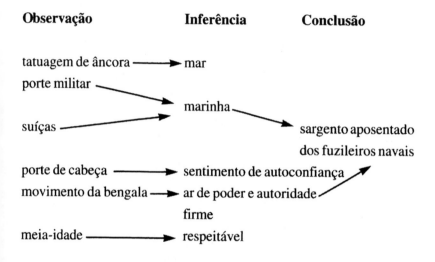

A conclusão a partir da observação e da inferência

As Microestratégias de Observação, Inferência e Dedução de Holmes

É claro que a capacidade de Holmes exige mais do que a simples observação de detalhes. Como ele mesmo afirma, trata-se de algo mais do que ver. Ele "deduz" as conclusões relacionando observações e inferências entre si. Tanto no exemplo com o sargento dos fuzileiros navais quanto com o seu primeiro encontro com Watson, Holmes pro-

---

10. *A Study in Scarlet.*

cura as pistas a partir das quais ele pode inferir as características gerais da pessoa (um senhor mais velho era da marinha e Watson era um médico militar), para depois combiná-las com outras observações e inferências mais específicas, a fim de chegar a uma conclusão (por exemplo, o senhor mais velho tinha um ar de autoridade e autoconfiança e Watson tinha vivido em um país tropical e tinha sido ferido).

Para tanto, Holmes combina dois processos: 1) observar e dar sentido a detalhes percebidos externamente e 2) sintetizar um conjunto de significados para compor uma conclusão. Ele afirmou que não existe *"nenhuma combinação de eventos para os quais a sabedoria do homem não possa conceber uma explicação."*[11]

No livro *The Sign of Four*, Holmes claramente distingue e descreve a relação entre duas microestratégias de *observação e dedução*.

Mas você falou agora de observação e dedução. Sem dúvida uma deve pressupor a outra, em algum nível.

"Ora, não necessariamente", ele respondeu, inclinando-se voluptuosamente na poltrona e soltando no ar grandes baforadas do cachimbo. "Por exemplo, a observação me mostra que você esteve hoje de manhã na agência dos correios da rua Wigmore, mas a dedução me leva a saber que você mandou um telegrama de lá."

"Correto!", disse eu. "Correto em ambos os pontos! Mas confesso que não vejo como você chegou a essa conclusão. Foi um impulso da minha parte e não o mencionei a ninguém."

"É muito simples", ele observou, rindo do meu ar de surpresa — "tão absurdamente simples que uma explicação torna-se supérflua; mas pode servir para definir os limites da observação e da dedução. A observação me indica que você tem uma pequena quantidade de lama vermelha na parte interna do sapato. Do lado oposto da agência dos correios da rua Wigmore a pavimentação foi retirada e jogaram por cima um pouco de terra. É difícil não pisar nela ao entrar na agência. A terra é feita com uma tintura avermelhada que, acho, não é encontrada em nenhum outro lugar das vizinhanças. Até aí é observação. O resto é dedução."

"E como você deduziu o telegrama?"

"Ora, eu sei que você não escreveu uma carta, já que fiquei sentado com você a manhã inteira. Também vejo que você tem vários selos e muitos cartões-postais na sua escrivaninha. Por que iria aos correios, a não ser para enviar um telegrama? Se eliminarmos todos os outros fatores, aquele que resta deve ser o verdadeiro."[12]

---

11. *The Valley of Fear.*
12. *The Sign of Four.*

Em termos de PNL, a microestratégia de observação de Holmes inclui a interligação de uma característica, que vem do seu ambiente externo atual, a lembranças internas. Isto é feito a partir da comparação das características daquilo que Holmes vê no seu ambiente externo com características de situações e eventos lembrados. No exemplo acima, a característica é a cor da lama.

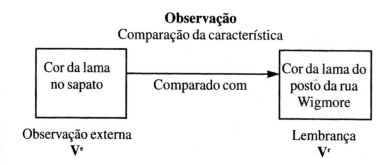

A microestratégia de observação de Holmes

No modelo neurolingüista, este é um aspecto significativo da estratégia de Holmes. Em PNL, é feita uma distinção entre a forma e o conteúdo da experiência. Os sapatos e a lama são exemplos de conteúdo — os objetos da nossa percepção. A cor é uma qualidade formal que pode ser aplicada a vários conteúdos. A cor é a característica formal pela qual Holmes é capaz de associar e ligar a sua experiência sensorial atual a outras experiências que lhe venham à lembrança.

Para observar, Holmes confia claramente no sistema de representação visual. A cor é uma das várias características da visão que já identificamos previamente como "submodalidade". Cada um dos nossos sistemas de representação sensoriais registra objetos e eventos em termos dessas características. Além da cor, a nossa visão, por exemplo, registra tamanho, forma, luminosidade, localização, movimentos etc. O sistema de representação auditivo percebe o som em termos de características, como volume, tom e cadência. O sistema cinestésico representa as sensações em termos de intensidade, temperatura, pressão, textura, e assim por diante.

Ao contrário da maioria das pessoas, quando Holmes está observando ele presta atenção às qualidades mais formais daquilo que está observando do que ao conteúdo da sua observação (os "objetos incidentais dos sentidos"). Embora as submodalidades possam ser, de certa forma, consideradas "detalhes", elas não são apenas uma parte menor da experiência, e sim uma característica mais abstrata e formal do objeto que está sendo observado. Ao extrair as características principais, e usando-as como base de uma busca na memória, Holmes está receptivo a uma maior variedade de associações do que alguém que simplesmente enxerga a "lama".

A descrição que Holmes nos oferece da sua microestratégia de dedução indica que se trata basicamente de um "processo de eliminação". Enquanto a estratégia de observação de Holmes pressupõe a ligação de uma percepção específica a outros contextos e eventos por meio de características compatíveis, a sua estratégia de dedução volta-se para reduzir as possibilidades potenciais sugeridas pela observação, a fim de chegar a uma única conclusão.

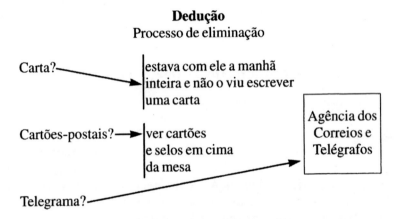

Dedução
Processo de eliminação

A microestratégia de dedução de Holmes

Ele chega a esta dedução imaginando ou inferindo os outros efeitos que um caminho específico teria sobre o ambiente e depois confirmando a presença ou ausência desses efeitos. A fim de postar uma carta, Watson teria de ter escrito uma carta. Se Watson tivesse ido enviar um cartão-postal, ele teria levado consigo os que estavam na escrivaninha.

Como diz Holmes a Watson:

"Se você puder afirmar, por exemplo, que um crime foi cometido por um homem que estava fumando cigarros indianos, com certeza o campo de pesquisa fica

mais restrito. Para o olho experiente, existe tanta diferença entre a cinza negra de um Trichinopoly e a cinza esbranquiçada de um cigarro comum como entre uma couve e uma batata."
"Você tem uma tendência extraordinária para as minúcias", eu observei.
"Dou valor à sua importância."[13]

O processo de dedução de Holmes parece basear-se no sistema de representação visual. Ele usa as lembranças visuais ou observações externas que parecem estar ligadas por afirmações verbais ou perguntas. Ele não menciona sensações ou emoções, como parte da estratégia. Ao contrário, ele afirma: *"Usei a minha cabeça, não o meu coração,"*[14] e também diz que *"as qualidades emocionais são antagônicas ao raciocínio claro"*.[15]

As descrições feitas de Holmes por Watson *"olhando para o teto com olhos sonhadores e fixos"*,[16] enquanto estava pensando profundamente também refletem as pistas comportamentais associadas à visualização na PNL. Os olhos voltados para cima e fora de foco são considerados uma "pista de acesso" visual clássica, em termos de PNL. Esta postura indicaria um processamento visual interno profundo.

A Macroestratégia de Holmes para Descobrir as "Causas Antecedentes"

A partir das informações que reunimos sobre as microestratégias de observação e inferência de Holmes, podemos formar uma idéia geral da sua macroestratégia básica. Parece que Holmes tinha uma estratégia altamente desenvolvida para descobrir o que Aristóteles chamava de causas "antecedentes" ou "precipitantes" — decisões, ações e eventos passados que influenciam o estado atual de uma coisa ou evento, por meio de uma corrente linear de "ação e reação".

As etapas essenciais da macroestratégia de identificação de causas antecedentes de Holmes parecem ser:

1. O uso da observação para determinar o efeito dos eventos no contexto.

---

13. *The Sign of Four.*
14. *The Illustrious Client.*
15. *The Sign of Four.*
16. *The Adventure of the Cardboard Box.*

2. O uso da inferência para determinar os possíveis comportamentos que poderiam levar a esses efeitos no ambiente.
3. O uso da dedução para reduzir os possíveis caminhos do comportamento a uma única probabilidade.

Como indica Holmes,

"Tenho uma antiga máxima: quando se elimina o impossível, o que sobra — mesmo que pareça improvável — deve ser verdade."[17]

Em termos de PNL, Holmes isola algumas características principais do *estado atual* de um evento (por exemplo, a cor da lama no sapato de Watson) e as usa para fazer inferências a respeito de um possível *estado anterior* (ou seja, Watson esteve na agência dos correios da rua Wigmore porque a cor da lama é a mesma). Depois, ele imagina possíveis combinações de *operações comportamentais* que poderiam ter provocado o surgimento do estado anterior (o envio de uma carta, cartões-postais ou de um telegrama). Em seguida, ele usa outra observação para confirmar ou rejeitar os vários caminhos comportamentais possíveis (Watson não escrevera uma carta naquela manhã e os cartões-postais ainda estavam na escrivaninha).

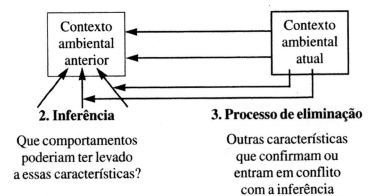

O diagrama de Holmes da estratégia básica de dedução

---

17. *The Berye Coronet.*

No entanto, existe uma parte muito importante da sua estratégia que Holmes nunca menciona — como ele determina o que chamaríamos de *espaço-problema* dentro do qual trabalhar. O espaço-problema é definido pelas partes do sistema considerado relevante para o problema. O que consideramos o espaço do problema vai determinar o tipo de estados que devemos examinar e definir. A fim de estabelecer uma inferência sobre o estado anterior, é necessário fazer *pressuposições* sobre o espaço-problema no qual se está operando. A definição e as pressuposições a respeito do espaço-problema influenciarão e serão influenciadas por um número de elementos-chave da solução do problema:

1. A interpretação do significado de um input *ou evento*

Interpretações sob a forma de inferências ou conclusões incluem a ligação e a adaptação de um evento ou *input* específico dentro de outras estruturas. Por exemplo, para que Holmes pudesse concluir que Watson esteve no Afeganistão depois de ter inferido que Watson era um médico militar bronzeado e ferido, ele teria de ter algum conhecimento dos eventos mundiais contemporâneos — sobretudo as campanhas militares britânicas mais recentes. Holmes não teria tirado a mesma conclusão no mundo de hoje, se se encontrasse com um médico britânico ferido e bronzeado. Da mesma forma, para que Holmes pudesse achar que Watson era do "tipo médico" com um "ar militar" e também reconhecer as "suíças" no sargento aposentado da Marinha, ele tinha de ligar a sua observação a algumas pressuposições. Muitas das inferências de Holmes são baseadas em pressuposições a respeito de hábitos e atitudes culturais e conhecimento sobre o contexto. A dificuldade neste caso é que as pressuposições serão válidas apenas dentro de um escopo histórico e social bastante limitado. Isto pode tornar a interpretação do significado das pistas e dos eventos sujeita a variação potencial. Como Holmes mesmo indicou: "*Os indícios circunstanciais são muito traiçoeiros. Eles podem indicar diretamente uma coisa, mas se modificarmos um pouco nosso ponto de vista veremos que eles indicam de maneira totalmente descomprometida algo bastante diferente.*"[18]

---

18. *The Boscombe Valley Mystery.*

2. Minúcia e exatidão do estudo do espaço-problema

Como todo mundo deve fazer pressuposições para dar significado a algo, podemos perguntar: "Como minimizar os problemas criados por pressuposições inadequadas ou interpretações errôneas?" Holmes parece aplicar as pressuposições corretas de maneira mais constante do que seus colegas. Como ele consegue? Uma resposta indica a maneira conscienciosa de se avaliar todo o espaço-problema. Em seus comentários sobre os indícios circunstanciais, Holmes parte do princípio de que existem múltiplas perspectivas que podem ser assumidas. A perspectiva é um elemento-chave do espaço-problema. Outro são as estruturas temporais. Perceber eventos a partir de diferentes estruturas temporais pode modificar as implicações que elas têm. Talvez uma das razões que faz com que Holmes tenha mais sucesso do que seus colegas e concorrentes é que ele simplesmente cobre de maneira mais completa as estruturas temporais e perspectivas possíveis que poderiam fazer parte de um espaço-problema específico. Nas palavras de Holmes: *"Testamos e continuamos a testar até que um deles tenha uma base convincente."*[19]

3. A ordem na qual são examinados os elementos e as características do problema

A seqüência na qual as observações e inferências são feitas também pode influenciar as conclusões tiradas — especialmente quando algumas inferências estão sendo feitas a partir de outras. Algumas delas só são possíveis quando outras inferências já tiverem sido feitas. Quando Holmes usa a expressão "corrente de pensamentos", ele indica um tipo de seqüência na qual existe uma dependência lógica entre cada um dos elementos. Assim como indica Holmes: *"Quando um fato parece estar se opondo a uma longa corrente de deduções, invariavelmente isto é uma prova de que é possível apresentar outra interpretação"*. A seqüência está implícita no conceito de uma "estratégia". Já identificamos a macrosseqüência do processo de Holmes na primeira observação, seguida pela inferência e depois pela dedução. Em um nível mais micro, Holmes parece inicialmente prestar atenção a pistas que lhe forneçam informação contextual e depois detalhar as ações ou eventos que aconteceram naquele contexto.

---

19. *The Blanched Soldier.*

4. Prioridade às características e aos elementos do problema

Embora Holmes goste de "minúcias", ele não dá a elas o mesmo valor. Além da seqüência, a prioridade ou ênfase dada a várias pistas ou elementos determina a sua influência na formação de uma inferência ou conclusão. Como diz Holmes: *"É da maior importância na arte da dedução ser capaz de reconhecer, a partir de um certo número de fatos, quais são incidentais e quais são vitais."*[20] De maneira clara, Holmes enfatiza a importância de diferentes pistas, dependendo de sua percepção da importância que elas têm em relação àquilo que ele está investigando. Por exemplo, algumas pistas dão mais indicações sobre o caráter da pessoa, enquanto outras dão mais informações sobre os comportamentos recentes, enquanto outras dão mais prioridade à determinação do ambiente no qual a pessoa esteve recentemente.

5. Conhecimento adicional sobre o problema a partir de fontes externas ao espaço-problema

As pressuposições usadas para dar significado a pistas e características geralmente derivam da informação que surge do conhecimento de um problema específico, a partir das estruturas ou fontes que não estão diretamente relacionadas ao espaço-problema. Holmes utilizava não apenas o conhecimento sobre padrões culturais e acontecimentos externos mas também conhecimento relativamente obscuro, e, às vezes, esotérico, para fazer inferências e tirar conclusões. Como ele disse: *"A abertura de espírito é um dos pontos essenciais da nossa profissão e a interligação de idéias e os usos oblíquos do conhecimento muitas vezes são de interesse extraordinário"*.[21]

6. Nível de envolvimento da fantasia e da imaginação

Outra fonte de conhecimento que se origina fora de um espaço-problema específico é a imaginação. Holmes geralmente utilizou a sua imaginação para fazer inferências, afirmando que seus métodos eram

---

20. *The Naval Treaty.*
21. *The Valley of Fear.*

baseados em uma *"mistura de imaginação e realidade"*[22] e que ele empregava *"o uso científico da imaginação"*.[23] Por exemplo, no caso de *Silver Blaze*, Holmes consegue localizar um cavalo de raça perdido imaginando o que um cavalo faria se estivesse nos campos ingleses e depois procura confirmação do cenário imaginário no ambiente real. Ele diz a Watson: *"Veja o valor da imaginação... Imaginamos o que poderia ter acontecido, agimos a partir daquela suposição e vimos que tínhamos razão"*.[24] O uso da imaginação por parte de Holmes parece ser um processo complementar à dedução. Enquanto a solução do problema baseada na dedução emprega as observações para eliminar possíveis caminhos, a solução do problema baseada na imaginação emprega as observações para confirmar um possível cenário.

Em geral, a macroestratégia de Holmes liga as observações particulares a um certo número de estruturas tanto dentro como fora do escopo do espaço-problema que ele está examinando.

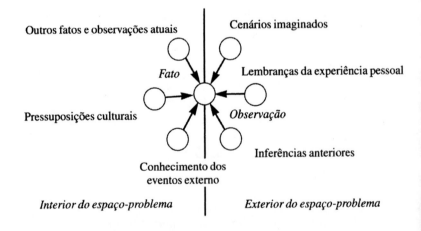

A macroestratégia de Holmes de exame de um espaço-problema

---

22. *The Problem of Thor Bridge.*
23. *The Hound of the Baskervilles.*
24. *Silver Blaze.*

Assim, é criado um espaço-problema enriquecido que dá prioridade e significado a observações e inferências. Em seguida, Holmes sintetiza esta informação em uma única conclusão, confirmada por outras observações ou grupo de suposições, que, por sua vez, são reduzidas a uma simples possibilidade pelo processo da eliminação. Holmes enfatizou a importância desta última etapa ao indicar que com freqüência: *"De maneira insensível, a pessoa começa a distorcer os fatos para que eles se enquadrem às teorias, ao invés de criar teorias para se adaptarem aos fatos."*[25]

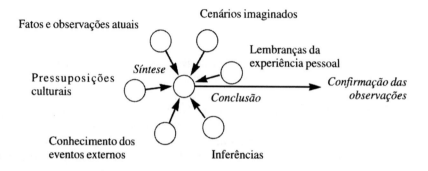

Síntese da informação de um espaço-problema, para chegar a uma conclusão

Um bom exemplo desta estratégia está no livro *Sign of Four*, no qual Holmes é capaz de deduzir várias conclusões sobre o irmão de Watson a partir do exame do relógio.

"Ouvi você dizer que é difícil uma pessoa usar um objeto pessoal diariamente sem nele deixar a impressão da sua individualidade, de tal maneira que uma pessoa experiente pode, olhando para o objeto, tirar conclusões. Bem, tenho aqui um relógio que chegou às minhas mãos recentemente. Você teria a delicadeza de me dar uma opinião sobre o caráter ou hábitos do seu antigo proprietário?"
...Ele balançou o relógio, olhou fixamente o mostrador, abriu a parte detrás e examinou o mecanismo primeiro com olhos nus e depois com uma poderosa lente convexa. Não pude deixar de sorrir ao ver o seu olhar humilde quando finalmente fechou o estojo e mo devolveu.

---

25. *A Scandal in Bohemia*.

"Não há praticamente nenhuma informação", observou ele. "O relógio foi limpo recentemente, o que elimina a maioria dos fatos sugestivos."
"Você tem razão", respondi. "Ele foi limpo antes de me ser enviado."
"Embora insatisfatória, a minha pesquisa não foi inteiramente em vão", observou, olhando para o teto com um olhar fixo e sonhador. "Sujeitando-me a uma possível correção de sua parte, penso que o relógio pertencia ao seu irmão mais velho, que o herdou do seu pai."
"Imagino que você tenha deduzido isso das iniciais H.W. nas costas do relógio?"
"Isso mesmo. O W. sugere o sobrenome. A data do relógio é de quase cinqüenta anos atrás e as iniciais estão tão envelhecidas quanto o relógio: portanto foi feito para a geração anterior à nossa. As jóias geralmente são herdadas pelo filho mais velho e também normalmente este filho mais velho tem o mesmo nome que o pai. Seu pai já morreu, se não me engano, há muitos anos. Portanto, este relógio estava com o seu irmão mais velho."
"Até agora, está certo", disse eu. "Que mais?"
"Ele era um homem de hábitos não muito higiênicos — muito sujo e pouco cuidadoso. Ele herdou um bom dinheiro, mas jogou pela janela as suas chances, viveu algum tempo na pobreza, com curtos intervalos de prosperidade e, finalmente, entregando-se à bebida, ele morreu. Isto é tudo o que pude deduzir."
Pulei da cadeira e comecei impacientemente a andar pela sala sentindo profunda amargura.
"Não esperava isso de você, Holmes", disse eu. "Não posso acreditar que tenha descido a este nível. Você descobriu a história do meu infeliz irmão e agora finge deduzir este conhecimento. Não acha que vou acreditar que conseguiu deduzir tudo isso olhando este velho relógio! Isto é indelicado da sua parte e, para falar francamente, tem um certo toque de charlatanismo."
"Meu caro doutor", disse ele delicadamente, "aceite as minhas mais profundas desculpas. Observando o assunto como um problema abstrato, esqueci que era tão pessoal e doloroso para você. No entanto, asseguro-lhe que nem sabia que você tinha um irmão até o momento em que me entregou este relógio."
"Então como, em nome de tudo o que é mais sagrado, você teve conhecimento desses fatos? Eles estão corretos em todos os detalhes."
"Ah, foi por sorte. Eu só pude dizer a média da probabilidade. Não achava que ia ser tão correto."
"Mas não foi apenas adivinhação?"
"Não, não: eu nunca adivinho. É um ato terrível — um destruidor das faculdades lógicas. Isto pode parecer estranho porque você não seguiu o meu raciocínio nem observou os pequenos fatos dos quais dependem amplas inferências. Por exemplo, comecei declarando que o seu irmão não era muito cuidadoso. Quando você observa a parte inferior do invólucro do relógio pode ver que não apenas está manchado em dois lugares diferentes, como também está cortado e arranhado por ter sido colocado junto a outros objetos rígidos, como moedas

ou chaves, no mesmo bolso. Portanto, não é nada demais presumir que um homem que trata um relógio de tal valor de maneira tão descuidada não pode ser um homem cuidadoso. Também não seria uma inferência absurda dizer que um homem que herda um artigo de tal valor deve ter sido beneficiado em outros respeitos também."
Eu acenei com a cabeça para mostrar que estava seguindo o seu raciocínio.
"É muito comum na Inglaterra que os penhoristas, ao receberem um relógio, marquem os números do recibo com um alfinete na parte inferior do estojo. É melhor do que uma etiqueta, pois não há perigo de extravio do número. Com a lente de aumento, vejo quatro desses números no alfinete interior do estojo. Trata-se de uma inferência — de que seu irmão estava geralmente com pouco dinheiro. Inferência secundária — ele passava por períodos de prosperidade ou não teria podido recuperar o relógio. Por fim, peço a você que olhe dentro da placa interior que contém o buraco da fechadura. Veja os vários arranhões ao redor do buraco — marcas onde a chave escapuliu. Que homem sóbrio teria feito tantos arranhões? Mas você nunca verá o relógio de um bêbado sem eles, porque ao dar corda à noite ele deixa esses traços por causa da mão trêmula. Qual é o mistério em tudo isso?"[26]

Neste exemplo, Holmes demonstra como sintetiza associações a partir de várias estruturas para elaborar uma caracterização do infeliz irmão de Watson. Holmes junta informações contextuais a pressuposições culturais e lembranças pessoais, para fornecer um rico espaço no qual dar significado a detalhes aparentemente triviais que observou no relógio.

Níveis de Pistas e Inferências

A estratégia de Holmes de inferência de características comportamentais e de personalidade a partir de um objeto de propriedade do irmão de Watson fornece alguns paralelos interessantes com o objetivo de determinar as estratégias mentais dos gênios a partir das pistas que eles nos deixaram. Ao modelar uma pessoa, existem diferentes aspectos, ou níveis, dos vários sistemas e subsistemas nos quais a pessoa opera, que podem ser examinados. Podemos ver o *ambiente* geográfico e histórico no qual a pessoa vivia — *quando* e *onde* a pessoa exercia a sua atividade. Podemos examinar suas ações e *comportamentos* específicos — *o que* a pessoa fazia fisicamente naquele ambiente. Também podemos

---

26. *The Sing of Four.*

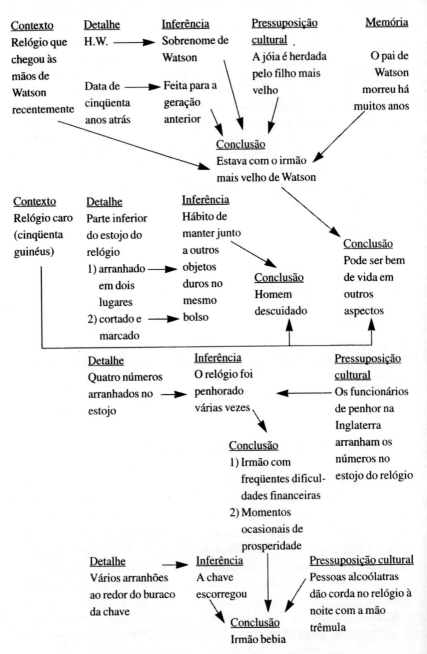

Síntese das informações contextuais e pressuposições culturais para estabelecer conclusões

examinar as estratégias cognitivas e intelectuais e as *capacidades* por meio das quais a pessoa selecionava e orientava suas ações no seu ambiente — *como* ela gerava esses comportamentos naquele contexto.

Poderíamos ainda examinar as crenças e valores que motivaram e formaram as capacidades e estratégias mentais que a pessoa desenvolveu para atingir metas comportamentais no seu ambiente — *por que* a pessoa fez o que fez daquela maneira, naquele momento e local. Poderemos ainda ir mais longe e examinar a imagem ou identidade que a pessoa expressa por meio das suas crenças, capacidades e ações no ambiente em que se encontrava — isto é, o *quem* por trás do por quê, do como, do quê, do onde e do quando.

Holmes parece ter sido um mestre em estabelecer e aplicar as interligações entre esses níveis. Grupos de pistas deixadas no ambiente nos indicam comportamentos que podem tê-las causado. Grupos de comportamentos são pistas a respeito das capacidades e dos processos cognitivos que produzem e orientam esses comportamentos. Mapas e estratégias cognitivas são pistas a respeito de crenças e valores que os

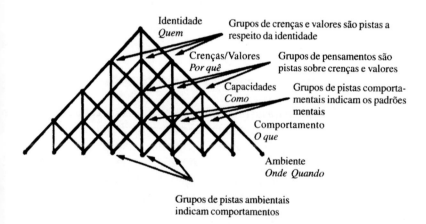

Relação entre os diferentes níveis de pistas

formam e motivam. Grupos de crenças e valores fornecem pistas sobre a identidade e personalidade mais profunda.

Por exemplo, no caso do relógio de Watson, Holmes junta as pistas ambientais mínimas deixadas no objeto com pressuposições culturais e contextuais, a fim de inferir que comportamentos causaram aquelas pistas. Em seguida, ele sintetiza essas pistas comportamentais com outras pressuposições culturais, a fim de convergir para uma conclusão a respeito das condições mais profundas que provocaram esses comportamentos.

Ambiente	Comportamento	Capacidades	Crenças e Valores
Pistas	Causas	Condições	Motivos
<u>Onde Quando</u>	<u>O quê</u>	<u>Como</u>	<u>Por quê</u>
Parte inferior do estojo do relógio 1) marcas em dois locais e 2) cortes e marcas	Hábito de manter o relógio junto a outros objetos duros no mesmo bolso	Falta de cuidado	
Quatro números riscados no estojo	Relógio colocado várias vezes em lojas de penhor	Falta de dinheiro freqüente Prosperidade ocasional	
Muitos riscos ao redor do buraco da chave	Chave escorregava	Dado à bebida	

Exemplos de níveis de pistas e inferências

Todavia, Holmes pára no nível do "como". Ele não é capaz de deduzir as crenças ou senso de identidade que podem ter criado as condições psicológicas subjacentes ao comportamento do irmão de Watson. E seu nível de compreensão dos processos psicológicos por detrás dos comportamentos é muito superficial. Claro que Holmes não era psicólogo. Como detetive ele tinha de se concentrar nos aspectos comportamentais concretos dos casos. A maioria dos exemplos das histórias de Holmes refere-se à descoberta de comportamentos que deixaram traços no ambiente, em vez de estratégias cognitivas.

Ainda assim, Holmes afirmou que "uma expressão momentânea, um tremor de músculo ou um olhar" pode nos dar indícios dos "pensamentos mais íntimos" da pessoa. No livro *The Adventure of the Cardboard Box*, Holmes nos dá um exemplo poderoso da aplicação dos métodos demonstrando um "raciocínio" de Watson. Em vez de inferir ações comportamentais (causas antecedentes) a partir de pistas ambientais, ele infere processos cognitivos (causas finais) a partir de grupos de pistas comportamentais.

Ao descobrir que Holmes estava muito absorto para conversar, deixei de lado o jornal e, afundando na cadeira, comecei a divagar. De repente, a voz do meu companheiro interrompeu os meus pensamentos:
"Você tem razão, Watson", disse ele. "Parece um modo absurdo de decidir uma disputa."
"Realmente absurdo!" exclamei, e depois ao me dar conta que ele tinha repetido o meu mais íntimo pensamento, sentei na cadeira e olhei para ele profundamente surpreso.
"O que é isso, Holmes?", gritei. "Isto vai além de qualquer coisa que eu pudesse ter imaginado."
Ele riu com vontade da minha perplexidade.
"Você se lembra", disse ele, "que quando eu li para você, há pouco tempo, uma passagem dos esquetes de Poe, em que um indivíduo lógico segue os pensamentos não expressos do seu companheiro, você ficou inclinado a tratar a questão como um mero tour-de-force do autor. Quando observei que eu constantemente fazia a mesma coisa, você expressou incredulidade."
"Oh, não!"
"Talvez não verbalmente, meu caro Watson, mas certamente com as sobrancelhas. Portanto, quando o vi jogar no chão o jornal e começar a estabelecer uma corrente de pensamentos, fiquei muito feliz em ter a oportunidade de ter acesso a ela, para lhe mostrar que eu estava em rapport com você."
Mas eu ainda não estava satisfeito. "No exemplo que você leu para mim" disse eu, "o indivíduo lógico tirou suas conclusões a partir das reações do homem que ele observava. Se bem me recordo, ele passou por cima de umas pedras, olhou para as estrelas, e assim por diante. Mas como fiquei sentado tranqüilamente na minha poltrona, que pistas poderia eu ter dado a você?"
"Você está sendo injusto consigo mesmo. As feições são um meio pelo qual o homem expressa as suas emoções, e as suas são servos fiéis."
"Você quer dizer que você leu o meu raciocínio a partir das minhas feições?"
"Suas feições e sobretudo os olhos. Talvez você possa se lembrar de como começou a divagar?"
"Não, não posso."
"Então vou dizer a você. Após ter jogado no chão o jornal, que foi a ação que me chamou a atenção, você ficou durante cerca de meio minuto com um olhar perdido no espaço. Depois, seus olhos fixaram a fotografia recém-emoldurada do general Gordon e vi, pela mudança no seu rosto, que o raciocínio tinha começado. Mas isto não foi muito longe. Seus olhos voltaram-se para o retrato não emoldurado de Henry Ward Beecher, que fica em cima dos seus livros. Depois você olhou para a parede e é claro que o significado ficou evidente. Você estava pensando que se o retrato fosse emoldurado iria cobrir o espaço vazio e fazer par com a fotografia de Gordon que ali está."
"Você me seguiu de maneira maravilhosa!", exclamei.

"Até este ponto eu não poderia ter-me enganado. Mas então os seus pensamentos voltaram-se para Beecher e você olhou a fotografia de maneira fixa como se estivesse estudando o caráter das feições dele. Depois, você parou de franzir os olhos, mas continuou a olhar e seu rosto ficou pensativo. Você estava se lembrando dos incidentes da carreira de Beecher. Eu estava consciente de que você não poderia fazer isso sem pensar na missão que ele assumiu para o Norte no momento da Guerra Civil, pois lembro-me de que você expressou sua indignação apaixonada pela maneira com a qual ele foi recebido pelos mais turbulentos dos nossos contemporâneos. Você ficou tão chateado que eu sabia que não poderia pensar em Beecher sem lembrar daquele incidente. Quando, alguns momentos depois, vi seus olhos afastarem-se do retrato, suspeitei que agora você estivesse pensando na Guerra Civil e quando observei seus lábios apertados, seus olhos brilhantes e suas mãos fechadas, tive certeza de que você estava pensando realmente na bravura demonstrada por ambos os lados, naquela luta desesperada. Então, mais uma vez, seu rosto ficou triste; você balançou a cabeça. Estava pensando na tristeza, no horror e na perda inútil de tantas vidas. Sua mão foi em direção ao seu ferimento e um sorriso surgiu em seus lábios, o que demonstrou que passara a pensar no lado ridículo deste método de resolver questões internacionais. Neste momento, concordei com você que era realmente absurdo e fiquei contente em ver que todas as minhas deduções haviam sido corretas".[27]

Aqui vemos Holmes aplicando os seus métodos de observação e dedução para decifrar sutis pistas comportamentais, a fim de descobrir processos cognitivos mais profundos que geram esses comportamentos. Mais uma vez, Holmes combina grupos de observações com pressuposições, contexto e memória para encontrar um significado mais profundo em ações aparentemente triviais; cada passo da seqüência de inferências fornece o contexto para a sua próxima inferência. Entretanto, em vez de começar com as pistas deixadas no ambiente e derivar o comportamento que as provocou, Holmes consegue enfocar grupos de pistas comportamentais e inferir os processos mentais que as causaram. Ele foi capaz de deslocar para um nível superior o enfoque da sua estratégia.

Implementando a Estratégia de Holmes

O resultado básico da modelagem é que somos capazes de aplicar o que aprendemos para desenvolver os processos que descobrimos a partir do nosso modelo, em nós mesmos e nos outros. Vejamos como pode-

---

27. *The Adventure of the Cardboard Box.*

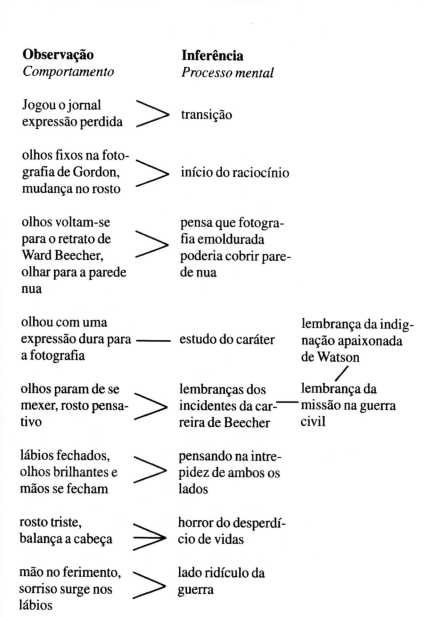

Leitura de um "raciocínio" por meio de pistas físicas

mos desenvolver e implantar algumas das técnicas e estratégias de Sherlock Holmes em nossa vida diária.

A estratégia de Holmes basicamente inclui a sintetização de um conjunto de pistas comportamentais e ambientais a fim de tirar uma conclusão do conjunto. Este processo compreende um certo número de elementos-chave e subcapacidades, que abrange:

Observação — Comparação das características das pistas ambientais de um contexto com características de outros contextos.

Pressuposição — Conhecimento ou crenças pressupostas sobre a estrutura mais ampla ou "espaço-problema" no qual alguma pista está ocorrendo. As pressuposições determinam o significado de uma pista.

Inferência — Imaginar o tipo de ações que poderiam ter produzido as pistas ambientais examinadas dentro do espaço-problema pressuposto.

Dedução — Eliminação ou confirmação de possíveis ações, por meio de outras pistas que confirmem ou não cada possibilidade.

Metacognição — Estar introspectivamente consciente do próprio processo mental e manter sob controle o "raciocínio" que o levou às suas conclusões.

Observação e Dedução

A fim de começar a pensar como Holmes, faz sentido partir da sua sugestão, observar alguém e tentar "aprender com um olhar a distinguir a história do homem e a profissão ou comércio ao qual ele pertence". Holmes sugere pistas como "as unhas dos dedos da mão", "as joelheiras", "as calosidades do indicador e do polegar", "a expressão", "as abotoaduras" etc., afirmando que "cada uma dessas coisas revela a profissão do homem".

Como exercício, imagine que você é Sherlock Holmes e acredita que "a vida é uma grande corrente, cuja natureza passamos a conhecer sempre que vemos um único elo". Quando conhecer alguém pela primeira vez, seja no escritório, em uma festa, em uma conferência ou em qualquer outro tipo de reunião, veja se consegue saber algo da história pessoal ou profissão desta pessoa antes que lhe contem. Você pode exercitar-se numa esquina de rua, no aeroporto ou em qualquer outro lugar público e observar as pessoas. Reúna as suas observações e inferências e chegue a uma conclusão sobre a profissão ou a história da pessoa. Depois, verifique a exatidão da sua suposição com a própria pessoa ou com alguém que a conheça.

Lembre-se de que Holmes geralmente reunia grupos de pistas para fazer as suas inferências. Ele também partia das características gerais e depois chegava às especificidades. Portanto, procure várias pistas que possam acrescentar.

Talvez seja bom utilizar as pistas para inferir hábitos de comportamento e da história pessoal e depois combinar essas inferências com outras pistas para chegar à conclusão sobre a profissão da pessoa. Por exemplo, talvez seja interessante fazer a inferência de que uma pessoa que usa óculos bifocais talvez precise movimentar-se entre a leitura e a observação de pessoas. Depois, pode-se combinar esta inferência com outras pistas para delimitar ainda mais as suas conjecturas. Depois de ter feito uma inferência, pense em que outras pistas a acompanham e verifique os detalhes que possam confirmar ou eliminar uma possibilidade particular. Por exemplo, em que profissões uma pessoa *não* poderia usar óculos bifocais.

Na verdade, se você achar muito difícil determinar especificamente a profissão de alguém, pode começar pela eliminação de profissões. Isto é, talvez você seja capaz de determinar rapidamente que uma pessoa não é policial, militar ou músico. E isto será mais rápido e quase tão valioso quanto a identificação positiva da profissão da pessoa.

Se não conseguir identificar a profissão da pessoa, infira o que puder sobre o seu passado ou história. Ela é casada? Destra ou canhota? Qual é a sua nacionalidade? Onde ela esteve recentemente?

Lembre-se de que o contexto, as pressuposições culturais, a memória pessoal, a imaginação etc. têm uma função importante na determinação do significado de várias pistas. Antes de começar este exercício, será útil fazer uma lista de pressuposições e avaliar o contexto que está observando. A partir do contexto, por exemplo, que tipo de *background* profissional você provavelmente encontrará? Também podem existir vários padrões culturais que não apenas o ajudarão a interpretar as suas observações, mas indicarão o enfoque inicial a ser dado. Por exemplo, em muitas sociedades ocidentais, uma pessoa que usa uma aliança de ouro no dedo anular da mão esquerda é casada; pessoas destras geralmente usam o relógio no punho esquerdo e as canhotas no punho direito, e assim por diante. Pode haver padrões culturais ainda mais específicos.

Por exemplo, há diferenças de hábitos de vestuário para os executivos de vendas na Grã-Bretanha, nos Estados Unidos, na Itália ou na Alemanha. Amplie o seu "espaço-problema" o máximo que puder. Pense no tipo de pistas que poderiam lhe indicar se a pessoa é médica, advogada, contadora, empresária, trabalhadora da construção civil, vendedora, musicista, policial ou militar de folga etc. Holmes indica algumas categorias gerais nas suas recomendações de possíveis pistas:

"As unhas dos dedos da mão" e "as calosidades do dedo indicador e do polegar" e a "expressão" entram na classe de características comportamentais e físicas associadas a uma profissão específica. Existe alguma característica de comportamento específica que seja culturalmente associada às diferentes profissões enumeradas acima? Dentro do seu contexto cultural, por exemplo, um médico teria um andar diferente do de um técnico em eletrônica? Tipos específicos de postura, tom de voz e vocabulário podem ser característicos de algumas profissões. Que tipo de material de leitura levam consigo os diferentes profissionais? Que parte do jornal eles normalmente estariam lendo? Qual o papel da idade nas várias profissões?

As "abotoaduras" e as "joelheiras" entram na categoria de padrões e características de vestuário e o resultado da profissão da pessoa na sua maneira de vestir. Em primeiro lugar, qual é o tipo de roupas que as pessoas das diferentes profissões usariam, ou deixariam de usar, além dos uniformes de certas profissões? Que tipos de pessoas usariam calças jeans ou roupas de alta costura? Que tipo de relógio, óculos, penteados, gravatas ou prendedores de gravatas, anéis, fivelas de cintos, sapatos, alfinetes de gravata, maquiagem ou jóia poderiam dar pistas? Um executivo do departamento de vendas em viagem carregaria uma pasta simples, por exemplo. Em segundo lugar, de que forma as atividades típicas da pessoa dentro da sua profissão afetam a maneira de se vestir? Uma pessoa que trabalha sentada o dia inteiro e encosta o cotovelo na mesa talvez tenha a parte da roupa mais usada neste local.

É necessário também procurar detalhes que sejam contrários ao contexto ou a padrões culturais típicos. Como disse Holmes: *"A singularidade é quase invariavelmente uma pista"*.[28] Por exemplo, um adulto que não esteja usando uma aliança na mão esquerda, porém carrega um bebê, pode ser um pai ou mãe solteiro, ou um parente ou ainda ter uma profissão relacionada ao cuidado de crianças.

---

28. *The Boscombe Valley Mystery.*

Indiferentemente da exatidão da sua suposição, desenvolva uma *metacognição* do seu processo mental, seguindo o raciocínio que o levou à conclusão. Use a tabela a seguir como orientação.

Observações		Pressuposições		Inferências	Conclusão
Detalhes ambientais	Detalhes comportamentais	Contextuais	Culturais		

Após ter feito as observações e deduções, volte às pistas ambientais e comportamentais observadas e combinadas na sua inferência. Observe em que ordem as combinou e o grau de prioridade dada a cada uma delas. Observe também as pressuposições contextuais e culturais para interpretar essas pistas. Veja se consegue recordar as lembranças ou cenários imaginados durante o processo mental para criar, confirmar ou eliminar possibilidades.

Se você chegou a uma conclusão parcialmente correta, reviva o processo mental para determinar as inferências que foram legítimas e as que ficaram longe da realidade. Se observar uma pista que possa ser considerada especial, como uma peça de roupa ou um tipo de penteado, sem que possa inferir na decisão, anote-a para poder descobrir o que significa mais tarde.

Como segunda etapa deste exercício, peça a uma pessoa conhecida que lhe empreste um objeto que ganhou ou herdou, e pertenceu a outra pessoa durante muito tempo e veja o que consegue descobrir sobre o antigo proprietário.

Exercício de Calibração

A PNL oferece maneiras específicas de desenvolver algumas das capacidades de observação de Holmes, sobretudo em relação a pessoas. Um processo básico de PNL é conhecido como "calibração". É uma maneira de usar uma *"expressão momentânea, um movimento muscular ou um olhar"* para poder conhecer "os pensamentos mais íntimos" de uma pessoa. Este processo faz a interligação entre as pistas comportamentais e as reações emocionais e cognitivas internas. Peça a um amigo para fazer esse exercício junto com você.

1. Peça ao seu amigo para pensar em algum conceito que ele ache que conhece e entende.
2. Observe atentamente a fisiologia do seu amigo, como se, durante um instante, você fosse Sherlock Holmes. Observe os movimentos oculares, expressões faciais, ritmo respiratório etc.
3. Peça agora ao seu amigo para pensar em algo confuso e pouco claro.
4. Mais uma vez, observe cuidadosamente os olhos e as feições do seu amigo. Observe qual a diferença entre os padrões das feições.
5. Agora peça ao seu amigo para escolher entre um dos conceitos e pensar nele de novo. Observe suas feições. Você poderá ver traços de um dos conjuntos de características associadas à compreensão ou à confusão.
6. Diga o que acha e depois verifique se está correto ou não, perguntando ao seu amigo.
7. Peça ao seu amigo para pensar em outros conceitos que ele considere confusos ou fáceis de entender e veja se pode adivinhar qual a categoria do conceito em que ele está pensando. Confirme a sua conjectura, verificando com o seu amigo.
8. Para testar sua capacidade, explique um conceito qualquer ao seu amigo e veja se ele o compreendeu ou se está claro ou confuso, observando apenas as suas feições.

Mais uma vez, use esta oportunidade para desenvolver a metacognição. Avalie quais foram as pistas e o tipo de raciocínio que o levaram a tomar decisões.

Como Detectar Fraudes

Segundo Holmes, a fraude era "uma impossibilidade no caso de uma pessoa treinada para observar e analisar". O exercício seguinte combina a capacidade de observação com a habilidade analítica e um pouco de imaginação. Experimente este exercício com um amigo.

1. Peça a ele para esconder uma moeda em qualquer uma das mãos e tentar, propositadamente, enganá-lo sobre a mão em que está a moeda.
2. Você poderá fazer cinco perguntas ao seu parceiro, para determinar em que mão a moeda está. O seu parceiro deve responder a todas as perguntas, mas não precisa dizer a verdade.
3. Depois das cinco perguntas você deve adivinhar em que mão acha que a moeda está. O seu parceiro depois abrirá ambas as mãos para você ver a resposta.

Imagine que você é Sherlock Holmes e pode usar suas capacidades de observação e de "calibração" para ver através do logro do seu parceiro como se você fosse um "detector de mentiras" humano. A melhor maneira de fazer isto é pela observação das pistas sutis inconscientes associadas às respostas "afirmativas" e "negativas". Geralmente é uma boa idéia estabelecer a calibração *antes* que o seu parceiro se aperceba do que você está fazendo. Por exemplo, quando estiver explicando o exercício, pergunte: "Você está entendendo as instruções?" ou "Acha que precisa esclarecer alguma coisa antes de começarmos?". Como seu parceiro não está tentando enganá-lo neste momento, você poderá ver as pistas associadas com as respostas congruentes "afirmativas" ou "negativas".

Preste muita atenção às pistas das quais o seu parceiro provavelmente não estará consciente ou não pode manipular conscientemente. Por exemplo, se você for um observador atento poderá ver as respostas sutis como mudança de cor de pele, dilatação da pupila ou leves modificações de padrão respiratório etc. Um princípio útil a ser aplicado é o que chamo de "regra do meio segundo", ou seja, qualquer resposta dada meio segundo depois da pergunta provavelmente não foi mediada pela percepção consciente da outra pessoa. Portanto, concentre a atenção no primeiro meio segundo da resposta. Lembre-se de que as pessoas serão capazes de inferir o que você vai perguntar, antes mesmo que você termine de fazer a pergunta. Por exemplo, se você perguntar: "Você está segurando a moeda na mão direita?", no momento em que você tiver dito a palavra "segurando", é possível que o seu parceiro inconscientemente saiba que a próxima palavra será mão. Conscientemente, entretanto, o seu parceiro provavelmente vai esperar até que a frase tenha sido completada antes de tentar mascarar a resposta. Assim você pode começar a observar as suas reações antes mesmo de terminar a frase.

Lembre-se de que Holmes ampliava continuamente o espaço no qual operava para além do contexto imediato aceito. Além de observar a congruência das reações do seu parceiro às perguntas, verifique as mãos dele para ver se você identifica qual delas está sutilmente mais apertada. Você pode enriquecer o espaço-problema ainda mais e aumentar as suas chances de obter uma resposta congruente estabelecendo associações que estão fora do contexto atual. Assim como Holmes, você pode utilizar pressuposições culturais perguntando: "A moeda está na mão com a qual você segura o garfo?". Você também poderá utilizar qualquer lembrança, como: "A moeda está na mão com a qual você abriu a porta?" ou "Você está segurando a moeda com a mesma mão com que eu a estava segurando quando a dei a você?". Como a pessoa terá de orientar parte da sua atenção para pensar nas experiências nas quais você está se referindo, as suas chances de obter uma resposta inconsciente inicial, ainda não filtrada pela atenção consciente, serão maiores.

Você também poderá tentar fazer metaperguntas — perguntas a respeito da resposta que a pessoa lhe deu. Por exemplo, depois que o seu parceiro respondeu, pergunte: "Você acabou de me dizer a verdade?" ou "Devo acreditar naquilo que você acabou de responder?". Da mesma maneira, não observe apenas a reação inicial não-verbal à pergunta, observe também a reação do seu parceiro à resposta que ele dá. Geralmente as pessoas reagem às suas próprias respostas em uma situação que envolva tanta autoconsciência quanto este exercício o faz. A resposta secundária pode confirmar ou entrar em conflito com a resposta inicial.

Observação das Pistas Microcomportamentais Associadas a Estratégias Cognitivas: o Modelo BAGEL*

Outra aplicação das estratégias de Holmes é a combinação do que é conhecido como o modelo BAGEL em PNL. Em *The Adventure of the Cardboard Box,* Holmes foi capaz de "*seguir os pensamentos não-expressos do seu companheiro*" pela inferência de uma seqüência de processos mentais, após observar os grupos de pistas microcomporta-

---

* BAGEL: B = *body posture* (postura corporal); A = *non-verbal auditory cues* (pistas auditivas não-verbais); G = *gestures* (gestos); E = *eye movements* (movimentos oculares); L = *language patterns* (padrões de linguagem). (N. do T.)

mentais que os acompanhavam. A capacidade de observar pistas comportamentais que revelam os processos cognitivos internos é uma técnica básica da PNL e um componente essencial do nosso próprio estudo da estratégia da genialidade.

Holmes comentou com Watson que uma pessoa pode "ler" o "pensamento" da outra a partir das feições *"e principalmente dos olhos"*. O modelo BAGEL identifica um certo número de tipos de pistas comportamentais, entre elas as feições físicas e os olhos, associadas aos processos cognitivos — em particular, os ligados aos cinco sentidos. As letras que compõem o nome BAGEL identificam as categorias principais de padrões comportamentais.

A letra "B" significa postura corporal. A postura corporal é uma influência importante e reflete os processos internos. Por exemplo, a maioria das pessoas achará difícil ser criativo se mantiver a cabeça para baixo e os ombros caídos. Se adotarmos esta fisiologia veremos que é difícil sentir-se inspirado. A PNL descobriu que quando as pessoas estão visualizando elas têm, geralmente, uma postura ereta. Quando as pessoas estão escutando, geralmente inclinam-se um pouco para trás com os braços cruzados ou a cabeça levemente inclinada para o lado. Quando as pessoas estão sentindo emoções, geralmente elas inclinam-se para a frente e respiram mais profundamente. Essas pistas não vão necessariamente indicar se o sentimento é positivo ou negativo; apenas que a pessoa está tendo acesso a eles. Portanto, uma pessoa pode sentir-se muito à vontade e ter a mesma postura que geralmente é adotada por alguém que está deprimido.

A letra "A" refere-se a tipos de pistas auditivas não-verbais. Por exemplo, a cadência e o tom de voz podem ser uma pista muito forte. Quando as pessoas estão visualizando, a tendência é que elas falem mais rápido, com um tom de voz mais elevado. Quando as pessoas estão tendo acesso a seus sentimentos, geralmente ficam com a voz mais baixa e mais lenta. Esses tipos de padrões vocais podem afetar o estado mental das pessoas. Por exemplo, se alguém disser em uma voz baixa e lenta, "Agora eu quero que você observe este movimento complexo cuidadosamente", provavelmente as pessoas vão preferir dormir a observar. Por outro lado, se alguém disser "Muito bem, gente! Relaxem e fiquem à vontade!" de maneira rápida e com um tom de voz elevado, a pessoa pode vivenciar um tipo diferente de incongruência. A cadência e o tom de voz podem servir como pista para disparar processos cognitivos. A atenção ao sentido da audição é geralmente provocada por mudanças melódicas de voz e flutuações de tom, tempo e ritmo.

A letra "G" refere-se a gestos. Geralmente, a pessoa gesticula para o órgão que está mais ativo para ela naquele momento. Ela pode tocar ou apontar para os olhos quando está tentando visualizar algo ou quando está tendo um *insight*. As pessoas gesticulam em direção aos ouvidos quando estão falando sobre algo que ouviram ou que estão tentando ouvir. Da mesma forma, as pessoas tocam a boca quando estão pensando de maneira verbal (como na escultura *O Pensador* de Rodin). Quando as pessoas tocam o estômago ou o tórax isto geralmente indica um sentimento.

A letra "E" significa movimentos oculares. Os padrões de movimentos oculares são uma das pistas microcomportamentais mais interessantes e que mais se associam à PNL. Já foi dito que "Os olhos são a janela da alma". Em PNL, os olhos são considerados a janela da mente. A direção do olhar da pessoa pode ser uma pista importante. Olhos para cima geralmente acompanham a visualização. Como eu disse antes, as descrições de Holmes quando ele *"olhava para o teto com olhos sonhadores e sem brilho"* descreve a pista de acesso clássica da visualização interna dentro do modelo da PNL. O movimento horizontal dos olhos geralmente tem a ver com a escuta. Os olhos para baixo acompanham um sentimento. A posição dos olhos para a esquerda geralmente indica uma lembrança, enquanto o movimento para a direita indica imagina-

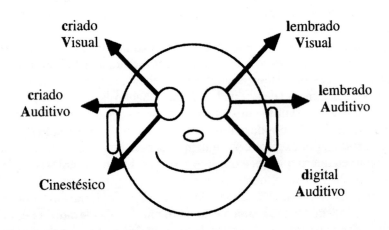

Relações básicas entre as posições dos olhos e os processos cognitivos (para uma pessoa destra)

150

ção. Essas pistas, resumidas no diagrama abaixo são examinadas em profundidade em muitos dos livros de PNL.

A letra "L" refere-se aos padrões de linguagem. Como vimos no último capítulo sobre Aristóteles, as pessoas geralmente dão pistas sobre o seu processo mental pela linguagem. Por exemplo, alguém pode dizer: "Eu realmente *sinto* que alguma coisa está errada". Esta afirmação indica uma modalidade sensorial diferente (cinestésica) daquela da pessoa que diz: "Não gostei do que ouvi a respeito desta idéia" (auditivo); "Alguma coisa está me dizendo para tomar cuidado" (verbal) ou "Isto tudo é muito claro para mim" (visual). Cada afirmação indica o envolvimento cognitivo de uma modalidade sensorial diferente.

Pode ser muito valioso do ponto de vista prático aprender a observar esse tipo de pistas. Na verdade, para que sejam efetivas, muitas das técnicas de PNL baseiam-se na observação dessas pistas. Elas podem fornecer informações importantes sobre a maneira de pensar de outra pessoa — mesmo quando a pessoa não tem consciência disto. Além de ser um auxílio importante no processo da modelagem, elas são um instrumento de comunicação importante e poderoso, que pode ser usado por terapeutas, empresários, professores, advogados, vendedores etc., para entender (ou ler) melhor as pessoas com as quais estão interagindo.

A fim de desenvolver essa capacidade, repita o exercício descrito anteriormente no qual você "calibrou" as pistas não-verbais do seu parceiro, relativas aos estados de confusão e de compreensão. Peça ao seu parceiro que se lembre de exemplos de conceitos ou idéias por ele compreendidos ou que os confundem e siga os seus "pensamentos não expressos" pela observação de pistas microcomportamentais identificadas pelas distinções do modelo BAGEL, utilizando o quadro da p.152. Observe o que você pode dizer a respeito das modalidades de representação ativadas pelo seu parceiro com respeito aos diferentes conceitos de assuntos.

Depois você poderá conversar com o seu parceiro sobre os diferentes conceitos ou assuntos e escutar o tipo de padrões lingüísticos que ele usa ao se referir àqueles tópicos ou conceitos variados. Se o seu parceiro utilizar palavras como "É meio *confuso*" ou "Não estou *conseguindo ver muito bem*", provavelmente ele está tentando visualizar. Se, por outro lado, ele diz: "Não consigo *pegar* o sentido", ele está utilizando o sistema de representação cinestésico para tentar entender, e assim por diante.

Outra maneira de desenvolver este nível de acuidade observacional é pela observação das estratégias de memória das pessoas ou das suas estratégias de decisão. Por exemplo, quando você explica o caminho a alguém, fala um número de telefone ou passa adiante uma informação a ser memorizada, observe as pistas microcomportamentais que elas usam no processo de passar esta informação para a memória.

	Estado 1 "Confusão"	Estado 2 "Compreensão"
Postura		
Posição dos olhos		
Respiração		
Micromovimentos		

Quadro de comparação das pistas não-verbais associadas a diferentes estados mentais

De que maneira a postura corporal modifica-se ou ajusta-se? A pessoa fica sentada ereta? Inclina-se para trás? Para a frente? Se você estiver dando uma orientação, uma pessoa cinestesicamente orientada pode literalmente movimentar o corpo em diferentes direções e gesticular enquanto está ouvindo.

A pessoa emite ruídos inconscientes "Hmmm..." ou mexe a boca como se estivesse subvocalizando? Uma pessoa verbalmente orientada pode repetir as orientações ou informações várias vezes.

A pessoa faz algum tipo de gesto? Quais? Ela toca alguma parte do rosto? Da cabeça? Do corpo?

Preste bastante atenção aos olhos da pessoa e aos seus movimentos oculares. Enquanto ela está pensando ou se lembrando, em que direção movimentam-se os olhos? Para cima? Para os lados? Para baixo? O que isto lhe diz sobre o que ela está pensando? Se a pessoa olhar para cima e para a direita, por exemplo, ela pode estar construindo um mapa visual daquilo que você está dizendo. Se ela encostar no rosto e olhar para baixo e para a esquerda, provavelmente está verbalizando internamente ou repetindo aquilo que você acabou de dizer.

Que tipo de padrão lingüístico a pessoa demonstra quando comenta ou esclarece a informação de que deve se lembrar? Ela pede que você repita a informação? Que você escreva? Que você mostre em um livro ou em um mapa? Assim como Holmes fez com Watson, talvez você queira tentar "entrar" no pensamento de outra pessoa para demonstrar que está em *rapport* com ela. Por exemplo, se a pessoa estiver olhando para cima e parece estar lutando, você pode dizer. "Você tem razão, eu não fui claro o suficiente". Ou então, se a pessoa olhar para os lados, você pode perguntar: "Você acha que eu devo repetir mais devagar?" Se a pessoa olhar para baixo e para a direita e franzir a sobrancelha, você pode dizer algo como: "Se você estiver se sentindo 'esmagado' pelo volume de informações, posso retomar desde o início".

Você pode treinar da mesma maneira observando as estratégias de decisão inconscientes dos outros. Se estiver em uma refeição com um grupo de pessoas, por exemplo, observe as pistas microcomportamentais enquanto elas decidem escolher o cardápio. Muitas vão tentar visualizar a refeição. Outras vão verificar o seu sistema cinestésico para determinar aquilo que lhes "cai bem". Outras ainda vão querer discutir os itens do cardápio, antes de escolher. Embora esses detalhes possam inicialmente parecer triviais ou "minúcias", eles podem fornecer informações importantes sobre as pessoas. O processo cognitivo inconsciente pelo qual a pessoa decide o que comer a partir de um cardápio pode refletir outros aspectos importantes das estratégias de decisão e do caráter da pessoa.

Esses são tipos de capacidade que a PNL ajudou professores e psicólogos a desenvolverem a fim de ajudar de maneira prática pessoas que passam por dificuldades e desafios reais — tais como crianças com distúrbios de aprendizado. Como exemplo, se observarmos as pessoas que não têm problema com a ortografia, invariavelmente elas olham para cima e para a esquerda (memória visual), quando estão lembrando da grafia de uma palavra. As pessoas que sentem dificuldade em escrever corretamente as palavras, por exemplo, aquelas que têm dislexia, não conseguem visualizar as palavras e quase nunca olham para a esquerda quando estão tentando se lembrar de como escrever corretamente. Pela observação e treinamento de crianças para ajudá-las a desenvolver a estratégia cognitiva adequada e as pistas comportamentais úteis, a pessoa pode ajudá-las a fazer grandes progressos em muitas técnicas de aprendizagem básicas.

Os livros *Tools for Dreamers, Skills for the Future* e *PNL Volume I* fornecem vários exercícios e métodos que ajudam a desenvolver a capacidade de eliciar e observar esse tipo de estratégias cognitivas.

Sem dúvida, em nossas próximas descobertas da genialidade, as pistas comportamentais do modelo BAGEL combinadas às estratégias de observação e de Holmes serão uma fonte importante de informação sobre as estratégias utilizadas pelas pessoas que estamos estudando.

Conclusão

Embora sendo uma personagem de ficção, Sherlock Holmes deu forma a um processo mental que é autêntico e excepcional. Mediante o estudo das estratégias e dos padrões associados com este processo mental, podemos identificar e desenvolver técnicas úteis que terão aplicações importantes e poderosas na "vida real".

Bibliografia e Referências do Capítulo 2

The Complete Sherlock Holmes. Sir Arthur Conan Doyle. Doubleday & Company, Inc., Graden City, NY, 1979.

The Encyclopedia Sherlockiana. Jack Tracy. Avon Books, Nova York, NY, 1979.

Encyclopedia Britannica. Encyclopedia Britannica Inc., Chicago, Ill., 1979.

Tools for Dreamers: Strategies for Creativity and the Structure of Invention. Dilts, R.B., Epstein, T., Dilts, R W. Meta Publications, Capitola, CA, 1991.

Neuro-Linguistic Programming: The Study of the Structure of Subjective Experience, Volume I. Dilts, R., Grinder, J., Bandler, R., DeLozier, J. Meta Publications, Capitola, CA, 1980.

Plans and the Structure of Behavior. Miller, G., Galanter, E. e Pribram, K., Henry Holt & Co., Inc., 1960.

"SOAR: An Architecture for General Intelligence" Laird, J.E., Rosenbloom, P. e Newell, A. *Artificial Intelligence,* 33:1-64, 1987.

Skills for the Future. Dilts, R. com Bonissone, G. Meta Publications, Capitola, CA, 1993.

Walt Disney

3

WALT DISNEY
O SONHADOR, O REALISTA, O CRÍTICO

Esboço do Capítulo 3
- **Walt Disney e as três fases da criatividade**
  Microanálise de Disney, o sonhador
  Microanálise de Disney, o realista
  Microanálise de Disney, o crítico
- **Resumo da estratégia de criatividade de Disney**
  Padrões de metaprograma
  Fisiologia e ciclo criativo de Disney
- **Aplicações da estratégia de criatividade de Disney**
  Exemplos da instalação do ciclo de criatividade de Disney
  Transcrição da demonstração
- **Processo de aprendizagem em equipe: "storyboarding",* perspectivas múltiplas de idéia e espaços-problema**
- **Conclusão**

---

* *Storyboard:* prancha que contém uma série de esquetes de cenas ou tomadas de um filme. (N. do T.)

Walt Disney

E as Três Fases da Criatividade

A capacidade de Walt Disney de ligar a sua criatividade inovadora a uma estratégia empresarial bem-sucedida e a um apelo popular permitiram-lhe criar um império no campo do lazer que permanece décadas após sua morte. Disney (1901-1966) incorpora a capacidade de criar uma organização bem-sucedida baseada na criatividade. Ele representa o processo de transformar fantasias em expressões tangíveis e concretas. De certa forma, o meio de expressão escolhido por Disney, o filme de animação, caracteriza o processo fundamental de todo gênio criativo: a capacidade de pegar algo que existe apenas na imaginação e dar a este algo uma existência física que influencia diretamente, de maneira positiva, a experiência das outras pessoas. Isto foi algo que Disney conseguiu fazer de maneira profícua e por diferentes meios.

Durante a sua vida, além da Disneylândia e dos estágios iniciais da Walt Disney World, ele produziu, diretamente ou como produtor executivo, e armazenou na biblioteca da sua empresa 497 filmes de curta-metragem, 21 filmes de animação, 56 filmes de longa-metragem, 7 episódios de programas de "A vida como ela é", 330 horas do Mickey Mouse Club, 78 emissões de meia hora de Zorro e 330 horas de outros *shows* de televisão.

A atratividade simples porém internacional das personagens de Disney, dos seus filmes de animação, dos seus filmes de longa-metragem de ação e dos seus parques de diversão demonstram uma capacidade ímpar de perceber, sintetizar e simplificar princípios básicos porém bastante sofisticados. Disney também foi responsável por um grande número de inovações empresariais e técnicas importantes no campo da animação e do cinema em geral.

Os instrumentos e distinções da PNL possibilitam criar mapas explícitos das estratégias mentais bem-sucedidas de pessoas que têm talentos especiais, como Walt Disney. A PNL examina a maneira como as pessoas organizam seqüencialmente e usam capacidades mentais fundamentais como a visão, a audição e a sensação para organizar e agir no mundo ao seu redor. Um dos mais importantes elementos da genialidade ímpar de Disney era a sua capacidade de explorar algo a partir de várias *posições perceptivas*. É possível entender melhor esta parte importante da estratégia de Disney a partir do comentário feito por um dos seus animadores, segundo o qual: "*...existiam três Disneys diferentes: o sonhador, o realista e o crítico. Era impossível dizer qual desses três ia participar das reuniões*".[1]

Isto não apenas nos revela muito a respeito de Disney, mas também a respeito da estrutura da criatividade. A criatividade como processo total inclui a coordenação desses três subprocessos: o sonhador, o realista e o crítico. O sonhador sem o realista não consegue transformar idéias em expressões tangíveis. O crítico e o sonhador sem o realista vivem em conflito permanente. O sonhador e o realista podem criar, mas talvez não cheguem a um alto nível de qualidade sem o crítico. O crítico ajuda a avaliar e a refinar os produtos da criatividade. Conheço o exemplo curioso de um empresário que se gabava das suas capacidades mentais inovadoras, porém não possuía o ponto de vista realista e crítico. As pessoas que trabalhavam com ele costumavam dizer: "Ele tem uma idéia por minuto... e algumas delas são até boas".

A questão é que a criatividade inclui a síntese de diferentes processos ou fases. O sonhador é necessário para a criatividade a fim de formar novas idéias e metas. O realista é necessário para a criatividade como uma forma de transformar essas idéias em expressões concretas. O crítico é necessário para a criatividade como um filtro e um estímulo para apurar cada vez mais.

Sem dúvida, cada uma dessas fases representa uma estratégia mental separada — estratégias que, com freqüência, entram em conflito ao invés de darem apoio umas às outras. É claro que precisamos examinar melhor a maneira como Disney usava e coordenava a sua imaginação (o *sonhador*), traduzindo metodicamente essas fantasias em forma tangível (o *realista*) e aplicava o seu julgamento (o *crítico*).

Microanálise de Disney, o Sonhador

Nas palavras do "sonhador" Disney: "*Minha empresa tem sido uma aventura formidável, uma viagem infinita de descoberta e exploração no reino da cor, do som e do movimento*".[2] Na qualidade de sonhador, Disney tinha um interesse intenso e apaixonado pelo processo da criatividade.

---

1. Thomas, F. & Johnson, O. *Disney Animations; The Illusion of life*. Abbeyville Press, Nova York, NY, 1981, p. 379.
2. Disney, W. "Growing Pains" (1941), reproduzido em *SMPTE Journal*, July 1991, pp.547-50.

A descrição da fisiologia de Disney no momento em que ele estava pensando criativamente mostra um retrato clássico do microcomportamento ou "pistas de acesso" associadas a uma profunda fantasia visual. Por exemplo, segundo um dos seus assessores:

Quando Walt estava pensando profundamente ele abaixava uma das sobrancelhas, franzia os olhos, deixava o queixo cair e ficava olhando fixamente para um ponto no espaço e mantinha esta postura durante algum tempo... Nada o tirava deste estado...[3]

Esta descrição se aplica facilmente a um sujeito hipnotizado durante uma alucinação positiva. A qualidade de transe hipnótico atribuída ao comportamento de Disney enquanto estava "sonhando", segundo a descrição acima, indica a profundidade com que ele voltava inteiramente a sua neurologia e a sua atenção ao processo de criatividade. Este tipo de qualidade "hipnótica", reminiscência das descrições feitas por Watson a respeito de Sherlock Holmes que "*olhava para o teto com olhos fixos e sonhadores*", já foi observada em muitos outros gênios criativos.

A caricatura que vemos na p. 161 da "expressão típica" de Disney, feita por Thomas e Johnson (1983), confirma ainda mais a observação citada acima. Se examinarmos a imagem como se fôssemos Sherlock Holmes tentando ler os "pensamentos mais íntimos" de Disney, vemos que a imagem mostra Disney olhando para cima e para a direita. Segundo o modelo da PNL, isto indica que ele está fantasiando ou criando imagens visuais internas (V^c). Normalmente, a posição ocular indica o sistema "principal" ou sistema de informação, que a fantasia visual é o enfoque básico de Disney. Existem também descrições de Disney inclinando-se para a frente e apoiando-se nos cotovelos, numa postura considerada orientada para a sensação (cinestésica) (C^i). O fato de a imagem também o mostrar tocando com a mão esquerda o seu rosto é significativa. Em PNL este gesto é conhecido como a "posição de telefone" e acompanha a verbalização interna (A^d), indicando que Disney está usando pelo menos três sistemas sensoriais de representação simultaneamente.

Isto nos dá uma informação importante sobre a modelagem da criatividade impressionante de Disney: o processo de ligação conhecido como cinestesia — literalmente "*a sintetização dos sentidos*". A cineste-

---

3. Thomas, F. & Johnson, O. *Disney Animations; The Illusion of life*. Abbeyville Press, Nova York, NY, 1981, p. 379.

sia ocorre quando alguém sobrepõe dois ou mais sentidos, por exemplo, quando sente aquilo que está vendo, ou vê imagens dos sons etc. Este processo de ligação dos sentidos está muito presente no processo de criação mental de Disney e provavelmente foi a base de muitas das suas inspirações criativas. Ao descrever o filme *Fantasia*, Disney afirmou:

Caricatura da "expressão mais típica" de Disney, feita por um animador

Pegamos a música e visualizamos as histórias e imagens sugeridas por aquela música à nossa imaginação. É como se pudéssemos ver um concerto.[4]
Quando ouvi a música vi imagens na minha mente... aqui estão as imagens.[5]

---

4. Disney, W. "Growing Pains" (1941), reproduzido em *SMPTE Journal*, July 1991, pp.547-50.
5. Culhane, J. *Walt Disney's Fantasia*. Harry N. Abrahms Inc., Nova York, NY, 1983, p.29.

Do ponto de vista da PNL Disney está descrevendo uma seqüência estratégica na qual:
1. As informações auditivas externas (A^e) da música causam diretamente
2. imagens internas criadas (V^c) pelo processo de cinestesia.

Então, Disney...

3. transformava essas fantasias em imagens externas (V^e) pelo processo da animação.

Disney revela a inclusão de outro sistema de representação ao afirmar:

Existem coisas naquela música (Tocata e Fuga em Ré menor *de Bach*) *que o público não vai compreender até que vejam na tela as coisas que representam a música. Aí, eles vão sentir a profundidade que existe na música.*[6]

Neste caso, Disney está indicando que "ver" algo é "compreendê-lo", mais uma vez confirmando que a sua estratégia de representação básica é orientada visualmente. Ele também está indicando que ver algo permite que a pessoa "sinta" a sua profundidade. Com isso temos a indicação de que Disney também possuía fortes ligações entre a visão e a sensação.

Segundo Aristóteles, a capacidade de Disney de sobrepor os sentidos era o resultado dos "sensíveis comuns" — qualidades perceptivas compartilhadas por todos os sentidos. Os sensíveis comuns permitem que a informação seja transferida entre os diferentes sistemas de representação sensorial. Eles incluem características como *movimento, intensidade, localização, número* etc., que podem ser percebidas por mais de uma modalidade sensorial.

A estrutura e o impacto da criatividade e da imaginação geralmente são determinadas pelo estabelecimento de ligações entre os sentidos. Por exemplo, a história da arte visual pode ser vista em um nível muito geral como sendo a história da expressão de estados sensoriais internos através de uma cinestesia com as várias características visuais ou "submodalidades" (ou seja, cor, forma, foco etc.). Na Renascença, a profundidade era a submodalidade principal; para Rembrandt, tratava-se da direção e da luminosidade da luz; para os impressionistas como Van Gogh tratava-se da cor e da textura; e para artistas modernos

---

6. Ibid, p.36.

trata-se da distorção das formas etc. Quando Disney afirmou "Podemos fazer muitas coisas com a cor que nem um outro meio pode", o elemento principal do seu processo criatividade era o movimento.

Ao escolher o movimento, Disney estava trabalhando com um sensível comum e uma submodalidade visual. Isto lhe permitia atingir uma profundidade de expressão ainda maior. Precisamos apenas comparar os resultados do seu estúdio com outros para ver de que maneira o seu uso do movimento como "sensível comum" fez tal diferença. Vejamos o comentário que ele fez para os seus animadores:

Sugiro que vocês se concentrem mais na caricatura, com ação; não apenas no desenho de uma personagem que se pareça com algo, mas passar para a personagem os movimentos e ações da pessoa que você está tentando transpor. Lembrem-se, toda a ação deve ser baseada naquilo que a personagem representa.[7]

Aqui, Disney está afirmando claramente que o objetivo da animação não é copiar algo que já possamos ver externamente, mas expressar algo interno pela qualidade do movimento. O que fez com que Disney fosse o melhor do seu ramo, o que tornou os seus filmes de animação clássicos intemporais e fez dele um sucesso internacional foi a sua capacidade de extrair a essência de algo através do seu movimento e traduzi-la em imagens visuais — em vez de apenas fazer com que os seus filmes de animação *"parecessem com alguma coisa"*.

Talvez o enfoque de Disney na qualidade de movimento fosse também uma metáfora para a sua própria personalidade criativa — o "sonhador" que existia nele. Como ele dizia:

É o estresse, o desafio e a necessidade que fazem com que um artista cresça e se ultrapasse.[8]
Não consigo ficar parado. Tenho sempre de estar explorando e experimentando. Nunca estou satisfeito com o meu trabalho. Fico ressentido com as limitações da minha imaginação.[9]

---

7. Finch, C. *The Art of Walt Disney*. Harry N. Abrahms Inc., Nova York, NY, 1973, p.155.
8. Disney, W. "Growing Pains" (1941), reproduzido em *SMPTE Journal*, July 1991, pp.547-50.
9. Thomas, F. & Johnson, O. *Disney Animation; The Illusion of Life*. Abbeyville Press, Nova York, NY, 1981, p.25.

E, embora tenha atingido grande sucesso financeiro também, os sonhos de Disney não eram motivados por este tipo de reforço monetário externo. Como ele afirmava:

A única forma que encontrei para fazer esses filmes é trabalhando com animadores — parece impossível fazê-lo com contadores.[10]
Dinheiro — ou melhor, a falta dele para levar adiante as minhas idéias — pode me preocupar, mas não me empolga, o que me empolgam são as idéias.[11]

Resumindo, o sistema de representação mais importante de Disney como Sonhador era a sua visão. Mas não necessariamente voltada apenas para imagens específicas de objetos. Ele usava a qualidade do movimento como um "sensível comum" para sobrepor outros sentidos na imagem e enxergar padrões e formas subjacentes. A respeito de uma pergunta sobre o futuro, ele disse:

O que eu vejo adiante é nebuloso demais para ser descrito. Mas parece grande e luminoso.
É disto que eu gosto nesta atividade, a certeza de que há algo sempre maior e mais empolgante logo adiante; e a incerteza do resto.[12]

Disney, o Sonhador, era um visionário. Ele viu a grande imagem e acreditou que ela era possível. Vejamos a declaração profética que ele fez sobre o futuro da sua arte e indústria em um artigo escrito em 1941:

Para o futuro próximo, posso prometer um efeito tridimensional em nossas personagens de animação. A inspiração e vitalidade no lápis dos nossos animadores serão levadas à tela dentro de pouco tempo através da eliminação do processo que utiliza tinta. Então, o nosso meio passará a ser peculiarmente adaptável à televisão e acho que já é possível transmitir imagens em cores. Que perspectiva interessante, devo dizer! E, desde Fantasia, *temos razões para esperar que grandes compositores vão criar diretamente para o nosso meio assim como o fazem agora para o balé e a ópera.*
Esta é a promessa dos próximos anos. Além disso, está o futuro que hoje não podemos ver. Nós, os últimos pioneiros e os primeiros modernos, não viveremos para ver este futuro concretizado. Ficamos felizes em participar da construção das suas bases.[13]

---

10. Ibid., p. 159.
11. Ibid., p.186.
12. Disney, W. "Growing Pains" (1941), reproduzido em *SMPTE Journal*, July 1991.
13. Ibid.

Microanálise de Disney, o Realista

Tão importante quanto a sua capacidade de sonhar era a prática que Disney tinha de transformar seus sonhos em realidade. O fato de ele abranger todos os seus sentidos durante o processo criativo fez com que os produtos da sua criatividade ficassem fortes e atraentes. Como comentou um dos seus assistentes: *"Branca de Neve existia na cabeça de Disney como algo muito real e (...) ele estava determinado a que ela chegasse às telas da maneira como ele a concebera"*.

Assim como Leonardo da Vinci, Disney parecia ter um comprometimento intenso para compreender visualmente a natureza profunda daquilo que ele estava examinando, e dizia: *"A animação pode explicar o que quer que a mente do homem possa conceber"*. E assim como Leonardo da Vinci, Disney parece ter decidido ser tão realista quanto sonhador:

Nosso trabalho deve ter uma base fatual para que haja sinceridade.[14]
Sinto de maneira definitiva que não podemos criar coisas fantásticas baseadas na realidade, a não ser que, antes de mais nada, conheçamos a realidade.[15]
Quando levamos em consideração o novo projeto, realmente o estudamos... não apenas a idéia superficial, mas tudo a seu respeito.[16]

Sem dúvida, assim como Leonardo da Vinci, Disney sentiu que para ser realmente inventivo era necessário criar um ciclo contínuo de *feedback* entre o sonhador e o realista.

Na animação o que importa é aquilo que desenhamos, não apenas a capacidade de desenhar. Não se trata apenas de desenhar o objeto, temos de pensar nele e dar-lhe personalidade. Conheci a técnica antes do momento que eu deveria conhecê-la. Eu precisava de mais vida. É necessário aprender a desenhar.
No estúdio já tivemos uma escola de arte. Reuníamos todas as artes... Eu tive quatro instrutores, de composição, de vida, de anatomia e de locomoção — o estudo da ação e da reação. Era necessário para este meio. O problema é que [os animadores] queriam todos desenhar imagens belíssimas. E eu queria a locomoção, não a estática. É como colocar a mão diante dos olhos: os dedos alongam-se, e quando algo pára — uma mulher pára — a saia continua. Quan-

---

14. Thomas, F. & Johnson, O. *Disney Animation; The Illusion of Life*. Abbeyville Press, Nova York, NY, 1981, p.62.
15. Ibid., p.71.
16. Ibid., p.47.

do um camundongo pára, a sua cauda dá voltas. Eu dedicava todo o meu tempo aos artistas, até eles melhorarem.[17]

Para que algo se torne tangível e real são necessários instrumentos e desenvolvimentos técnicos. Disney sempre manteve-se atualizado sobre o progresso técnico do seu tempo, afirmando:

A nossa profissão cresceu a partir dos progressos técnicos. Se esse progresso técnico parasse um dia, seria necessário preparar a oração fúnebre para o nosso meio. Nós, artistas, nos tornamos muito dependentes dos novos instrumentos e refinamentos que nos foram dados pelos técnicos... Não há limite para o crescimento contínuo do nosso meio, se os técnicos continuarem a nos fornecer instrumentos novos e melhores.[18]

A estratégia básica, e o seu maior trunfo como realista, era a capacidade de segmentar e ordenar em seqüência os seus sonhos, transformando-os em pedaços de tamanho administrável. Na verdade, Disney foi o inovador do processo do *storyboarding* (um processo agora usado pela maioria das grandes companhias cinematográficas). Na sala onde eram criadas as histórias (a sala do sonhador) Disney havia colocado uma parede onde qualquer pessoa podia apresentar sua idéia ou sugestão. Um dia, logo depois que mandou pintar a parede, ele entrou e um grupo de animadores tinha colocado imagens em toda a superfície da parede. Após recuperar-se do choque inicial, Disney observou que ele conseguia seguir o fluxo da história olhando a seqüência das imagens. Então colocou um quadro e cortiça em todas as paredes da sala e criou o chamado "storyboarding" como forma primária de desenvolvimento de idéias.

Uma *storyboard* é como um índice visual — trata-se de uma série de desenhos fixos que representam a seqüência de eventos que são primordiais para a história do filme. O *storyboarding* é, essencialmente, uma extensão do processo de animação em larga escala. A animação acontece por intermédio de um projeto que inclui o desenho de imagens fixas que representam os eventos mais importantes de um movimento. Esses desenhos são feitos pelo animador-chefe. Depois de definidos os segmentos principais, cada um dos desenhos ligados a essas "marcas"

---

17. McDonald, J. *The Game of Business*. Doubleday, Garden City, Nova York, NY, 1974, pp.170-71.

18. Disney, W. "Growing Pains" (1941), reproduzido em *SMTPE Journal*, July 1991, pp.547-50.

pictóricas é preenchido pela segunda equipe de animação. Disney simplesmente ampliou este processo de segmentação e ordenação por seqüência, levando-o a um nível mais amplo — tornando-se um tipo de "meta-animador".

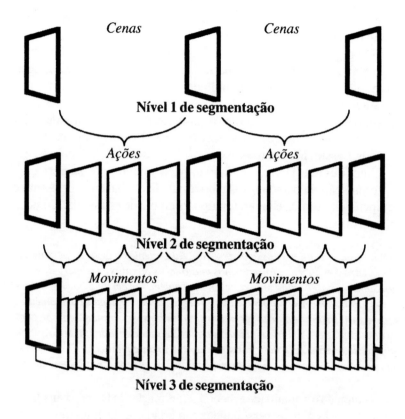

Figura 2 Processo de animação/*storyboarding*

O processo de *storyboarding*, que é uma maneira muito poderosa de organização e planejamento, pode ser aplicado a qualquer nível do procedimento de criação de filmes cinematográficos. Ele pode ser aplicado a segmentos que vão dos detalhes menores da animação de um movimento de uma personagem (32 imagens individuais por segundo), até um evento ou ação na cena, passando pela cena em si e até a ordenação por seqüência do filme todo.

Eu já trabalhei com filmes de animação e é uma maneira especial de vivenciar o mundo — segmentando cada segundo em 32 imagens separadas. A percepção e apreciação do movimento aumenta de maneira espetacular. Quando observamos uma borboleta ou um pássaro bater as suas asas e voar, percebemos o que deve ter sentido Leonardo da Vinci quando começou a desvendar os segredos do vôo ao observar o movimento dos pássaros.

Do ponto de vista da estratégia, o processo do *storyboarding* de seqüência e segmentação das partes críticas necessárias para chegar a um resultado específico não é limitado à criação de um filme, mas pode ser usado para qualquer tipo de planejamento. Ele pode ser usado para diagramar e organizar um projeto empresarial, um seminário de treinamento, um livro, uma sessão de aconselhamento, um programa de computador, e assim por diante.

Sem dúvida, Disney é famoso, basicamente, por sua criação e representação de personagens e histórias. Isto é bastante diferente da competência técnica e inclui um tipo diferente de estratégia. Como ele mesmo disse:

Tínhamos um técnico à nossa disposição. Aprendemos a criar as personagens de maneira convincente. Aprendemos muito sobre ângulos de câmera e de cenário. Sabíamos algo sobre tempo e cronometragem. Porém uma boa história, em nossa profissão, é algo imponderável. Parece que dependemos basicamente de sorte e inspiração. Ela deve ser muito simples para ser contada em setecentos ou oitocentos pés. Além do mais, deve ter uma qualidade indefinível do que chamamos de charme. Ela deve ser simples, universal e muitas outras coisas que não podemos expressar com palavras mas podemos sentir intuitivamente.[19]

A atração e a qualidade especial da animação de Disney vêm de uma estratégia pela qual as personagens são criadas e ilustram um segundo aspecto importante da sua estratégia de criatividade. Disney foi capaz de *se* associar a suas personagens, assumir sua *persona* e observar o mundo a partir do seu ponto de vista. Em linguagem de PNL, a isto chamaríamos de capacidade de passar à "segunda posição" (DeLozier e Grinder, 1987). A "primeira posição" inclui a visão, a audição e a sensação de um evento a partir do seu próprio ponto de vista. Já a "segunda posição" pressupõe a visão, a audição e a sensação de um evento da posição perceptiva de outra pessoa, incluindo-se aí os seus valores, convicções e emo-

---

19. Ibid.

ções. Por exemplo, vamos imaginar que estamos em uma esquina observando uma pessoa andar de bicicleta. Se continuarmos em nossa "primeira posição" de observador, vendo a pessoa andar de bicicleta, estaríamos observando a pessoa por nossos próprios olhos. Na "segunda posição" estaríamos nos colocando no ponto de vista da pessoa na bicicleta, sentados no assento, olhando para as mãos no guidão etc. Já a" terceira posição" seria a da pessoa que se vê como aquela que está observando outra pessoa andar de bicicleta, a partir de um ponto de vista mais distante, dissociado (como uma câmera registraria a situação).

Disney parecia ter a capacidade excepcional de assumir a "segunda posição". Como lembra um dos seus animadores:

A voz de Mickey quase sempre era dublada por Walt Disney e ele sentia as falas e a situação de maneira tão complexa que não conseguia parar de gesticular e de mexer com o corpo enquanto lia os diálogos.[20]

Ao se associar ao ponto de vista perceptivo das suas personagens, Disney sentia os motivos e comportamento dessas personagens imaginárias de maneira mais íntima. Isso também aumentava a sua criatividade, fazendo com que ele descobrisse de maneira espontânea o modo como uma personagem agiria em uma situação qualquer, em vez de tentar deduzi-la analiticamente.

Na verdade, o processo de passar para a segunda posição e de cinestesia de Disney estimulam uma forma mais espontânea de criatividade, na qual novas idéias são geradas, umas depois das outras (como no exemplo do livro do Gênesis analisado no início deste volume). Segundo um dos animadores de Disney:

Ele não sonhou um sonho completo, grande; ele foi criando, à medida que seguia o seu caminho. Cada coisa que ele fazia sugeria outra coisa, algo novo, algo que nunca tinha sido tentado antes, algo que o público gostaria de ver.[21]

Além de ser uma parte importante da estratégia de criatividade, este processo de associação física das personagens também parece ter um papel importante na capacidade de Disney como "realista". Se pudermos

---
20. Thomas, F. & Johnson, O. *Disney Animation; The Illusion of Life*. Abbeyville Press, Nova York, NY, 1981, p.77.
21. Ibid., p.186.

incorporar algo ou representar, estamos começando a torná-lo tangível e real e é mais fácil para os outros vivenciar concretamente o sonho.

Em resumo, Disney, o realista estava mais voltado para a sensação e a ação do que para a visão. O realista é orientado para o futuro, mas opera em uma perspectiva de curto prazo maior do que a do sonhador, agindo "como se" a visão de longo prazo fosse atingível e utiliza aproximações sucessivas a fim de "segmentar para baixo" o sonho, transformando-o em realidade. Assim como disse Disney:

[A animação é] um meio cujos limites potenciais estão ainda muito no futuro... No caso do passado, as únicas conclusões importantes que posso tirar é que o público vai pagar para assistir algo de qualidade e o futuro vai cuidar de si mesmo se, a cada dia, crescermos um pouquinho...
[O nosso sucesso] foi construído a partir de trabalho árduo e entusiasmo, integridade de objetivos, devoção ao nosso meio, confiança no futuro e, acima de tudo, por um crescimento diário constante no qual nós todos simplesmente estudávamos o nosso ofício e aprendíamos.[22]

A combinação de sonhador e realista permite que alguém tenha um impacto verdadeiro no mundo. Disney acreditava que estava fazendo algo além de simplesmente criar desenhos animados. Durante o trabalho do seu filme de animação, ambicioso e inovador, *Fantasia* (um filme que é tão popular hoje quanto há cinqüenta anos, na época em que foi lançado), Disney disse aos seus animadores:

Este não é o "meio do desenho animado". Temos mundos a serem conquistados aqui.[23]

De fato, o grande satírico político inglês e também criador de desenhos animados, David Low, fez um formidável elogio a Disney ao afirmar:

Eu não sei se ele desenha uma linha sequer. Ouvi dizer que em seus estúdios ele emprega centenas de artistas para fazerem o trabalho. Mas presumo que a direção, a meta constante de melhorar na nova expressão, a resolução dos problemas em uma escala ascendente objetivando novas aspirações que vão além dos

---

22. Disney, W. "Growing Pains" (1941), reproduzido em *SMTPE Journal*, July 1991, pp.547-50.
23. Culhane, J. *Walt Disney's Fantasia*. Harry N. Abrahms Inc., Nova York, NY, 1983, p.198.

sucessos comerciais, sejam dele. Trata-se da direção de um artista verdadeiro. Isto faz de Disney não um desenhista, mas um artista que usa o cérebro, a figura mais importante da arte gráfica desde Leonardo da Vinci.[24]

Microanálise de Disney, o Crítico

Por causa do comprometimento intenso de Disney com o seu trabalho, o seu julgamento crítico sobre ele também era intenso. Na verdade, as avaliações de Disney eram tão intensas que seus animadores apelidaram a sala de projeção na qual o seu trabalho era mostrado pela primeira vez de "a sala de transpiração":

Os animadores viam Disney nas reuniões sobre a história do filme onde ele colocava tudo como deveria ser e depois de novo na sala de transpiração onde eles lhe mostravam as cenas da forma como a tinham animado.[25]

Enquanto Disney, o sonhador, ficava empolgado e estimulado pelas idéias, Disney, o crítico, tinha critérios diferentes.

Ele queria que todos trabalhassem tanto quanto ele e que fossem tão interessados e empolgados sobre o que faziam quanto ele. Ele nunca poupava sentimentos porque seu interesse estava no produto e não na pessoa que tinha tido a melhor idéia ou que tinha feito uma sugestão ruim ou aquela que esperava ser elogiada. Estávamos todos no mesmo barco e a pessoa que queria agir sozinha, desenvolvendo uma idéia não aprovada por Disney, estava querendo confusão e a obtinha.[26]

O "crítico" avaliava o produto do fruto do trabalho do realista de maneira crítica. O enfoque do crítico passava da criatividade espontânea do sonhador e da organização e do exame do realista para a qualidade do resultado final. Da sala de transpiração, novas idéias e desenvolvimentos inovadores não eram consideradas de alto valor, como o eram para o sonhador e o realista. Ali dava-se importância ao "produto".

---

24. McDonald, J. *The Game of Business*. Doubleday, Garden City, NY, 1974, pp.170-71.
25. Thomas, F. & Johnson, O. *Disney Animation; The Illusion of Life*. Abbeyville Press, Nova York, NY, 1981, p.84.
26. Ibid., p.86.

Na verdade, o estúdio de Disney foi o primeiro a dedicar tempo e dinheiro para filmar os desenhos iniciais em preto-e-branco e avaliá-los antes que eles passassem para a produção final. Como comentou Disney:

Acho surpreendente que tivéssemos sido o primeiro grupo de animadores, pelo que eu saiba, a ter a possibilidade de estudar o seu próprio trabalho e corrigir os erros antes de chegar à tela... Cada pé de animação bruta era projetado na tela para ser analisado e cada pé era desenhado e redesenhado até que pudéssemos dizer. "Isto é o melhor que pudemos fazer". Tínhamos nos tornado perfeccionistas e como nada é perfeito neste ramo estávamos constantemente insatisfeitos.[27]

Aparentemente, Disney aprendeu a importância de ser um crítico pela experiência — principalmente o fracasso financeiro inicial do seu projeto de sonho, *Fantasia*. Segundo o seu irmão Roy:

Depois de Branca de Neve [Walt] queria fazer dois filmes de animação por ano. Não podíamos agüentar isto. Tínhamos crescido como cogumelos e operávamos de maneira pouco econômica. A guerra, e depois a sobrecarga e um erro de estudo mercadológico nos jogou no chão. Todas as pessoas criativas são tão concentradas naquilo que fazem que não gostam de pensar no mercado e Walt foi este tipo de pessoa até aprender a lição. Depois ele ficou muito consciente dos estudos de mercado. Ele aprendia rápido.[28]

Como Disney mesmo dizia:

Fico mais feliz quando o que fazemos agrada a muitas pessoas. O público é o nosso cliente. O respeito que criamos junto ao público é algo que estabelecemos e imbuímos em nossa organização. Nós criamos uma história. Qualquer escritor que quer se esconder dentro de um buraco é estúpido. Ele não vai ter um quadro de som, ele não vai ter nenhuma idéia nova. Eu não me escondo em nenhum buraco. Eu falo, balanço e mudo de opinião.[29]

Há um caso interessante sobre Disney que ilustra alguns elementos importantes da estratégia cognitiva do seu "crítico". Logo antes da

---

27. Disney, W. "Growing Pains" (1941), reproduzido em *SMTPE Journal*, July 1991, pp.547-50.
28. McDonald, J.. The Game of Business. Doubleday, Garder City, NY, 1974, pp.220-45.
29. Ibid.

abertura da corrida, *Piratas do Caribe*, na Disneylândia, Disney estava fazendo uma inspeção de última hora nas cenas ao longo do caminho. Ele não estava satisfeito com uma das cenas que mostravam Nova Orleans e achava que algo importante estava faltando que tornaria a corrida mais autêntica, mas não conseguia descobrir o que era. Muito esforço havia sido feito em cada detalhe da cena e os seus desenhistas estavam desesperados. Parecia que o crítico estava com a corda toda.

Finalmente, Disney reuniu o maior número de pessoas que podia, incluindo o pessoal de manutenção e os funcionários da cadeia de alimentação. Ele pediu a todos que passassem à "segunda posição" — isto é, imaginassem que eram uma das personagens da cena, participando daquilo que estava realmente acontecendo. Sistematicamente, Disney levou cada uma das pessoas presentes pelas etapas do sistema de representação sensorial e perguntava: "Acha que está bem?" Ele despendeu tempo e dinheiro em fantasias autênticas e decoração e copiou os prédios do bairro francês de Nova Orleans, incluindo as decorações de ferro forjado. "Isto soa bem para você?", ele perguntava. Fora instalado um moderno estúdio de alta tecnologia de áudio com várias pistas de som, cada uma delas cronometrada e colocada para oferecer os sons de música, vozes, barcos e até animais. Depois passou a perguntar: "Você sente que isto está certo?". Depois ele controlou e ajustou a temperatura e a umidade para que ela fosse exatamente igual à de uma noite abafada de Nova Orleans. Depois Disney perguntou: "Os odores estão corretos?". Ele criou uma configuração elaborada com a qual podia infundir e interligar odores de comida bastante temperada da região com os odores de pólvora, musgo e salmoura. Depois de verificar tudo, ele ainda achava que algo estava faltando. "O que é?", Disney se perguntava. Por fim, um jovem que estava varrendo perto de uma das portas disse: "Bom, senhor Disney. Eu cresci no sul e o que me surpreende é que em uma noite dessas de verão deveria ter vaga-lumes." O rosto de Disney se iluminou. "É isso aí!", ele disse. O rapaz recebeu uma boa gratificação e Disney importou vaga-lumes vivos, a um alto preço, até conseguir criar um esquema para imitá-los.

O fato de o rapaz ter recebido uma gratificação ressalva a importância da característica do crítico. Os críticos não são apenas negativos e destrutivos. O objetivo do crítico é assegurar que algo obedece a certos critérios. O crítico pode responder de maneira muito positiva quando esses critérios são obedecidos. Na verdade, a reação positiva do crítico freqüentemente oferece maior motivação do que quando ela vem do realista ou do sonhador. Todos esperam que o sonhador seja uma pessoa que dê incentivos, mas quando o crítico diz que nossas idéias são boas sabemos que elas realmente o são.

Geralmente, o crítico na verdade é o responsável por estimular novas idéias, como vemos na narrativa de Disney sobre a origem da sua idéia da Disneylândia:

Eu tive a idéia da Disneylândia pouco antes da guerra. Eu estava visitando todos os parques de diversão. Minha esposa disse: "Se você for a outro parque de diversão não vou acompanhá-lo... Esses lugares nunca são limpos...". E minha mulher se recusou a me acompanhar. Não havia nada para os pais fazerem a não ser comer junto com os esquilos.[30]

Já que eram as idéias que o empolgavam e o estimulavam, Disney, o Crítico, continuamente levava os outros que estavam ao seu redor a serem mais criativos, dizendo que *"Todos têm de contribuir ou então eles vão se tornar apenas funcionários"*.[31] De acordo com os seus colaboradores:

Walt Disney sentia que todas as idéias já tinham sido pensadas, que todas as gags e todas as histórias já tinham sido escritas — a questão era saber como utilizar o material de maneira a poder expressar o seu próprio trabalho. Assim ele nunca se importava de onde vinham essas idéias.[32]

Na verdade, Disney foi um dos primeiros a instituir e administrar um sistema de incentivos apenas para a criatividade — ao contrário da produtividade externa.

Disney criou um sistema de bonificações pelo qual qualquer pessoa que sugerisse uma gag *que fosse usada em um filme recebia cinco dólares e cada pessoa que dava uma idéia que formasse a base de um desenho animado inteiro recebia cem dólares.*[33]

Como na época estávamos em plena depressão econômica nos Estados Unidos, esse dinheiro era um verdadeiro incentivo. Aliás, esse

---

30. Ibid.
31. Thomas, F. & Johnson, O. *Disney Animation; The Illusion of Life*. Abbeyville Press, Nova York, NY, 1981, p.188.
32. Ibid, p.153.
33. Finch, C. *The Art of Walt Disney*. Harry N. Abrahms Inc., Nova York, NY, 1973, pp.170-71.

sistema de bonificações não se limitava aos autores e animadores. Nele estavam incluídas todas as pessoas que trabalhavam no estúdio, inclusive os funcionários da jardinagem e da manutenção. Já que o seu trabalho dizia respeito à criatividade, Disney queria fazer da criatividade um negócio.

Na verdade, o que realmente é surpreendente é que Disney instituiu de maneira bem-sucedida os princípios da "qualidade total" e da "organização que aprende" quase cinqüenta anos antes de eles se tornarem populares. O movimento pela qualidade total e pela aprendizagem dentro da organização que aprende havia surgido à medida que avanços acelerados e métodos de administração, tecnologia e controle tornaram claro que a capacidade de aprender, tanto em nível empresarial quanto individual, é uma necessidade constante se as organizações quiserem sobreviver e ser bem-sucedidas. As empresas e outros sistemas sociais haviam começado a se aperceber de que a aprendizagem efetiva deve ser um processo progressivo orientado para metas que exijam organização e esforço constante para se manterem. A organização que aprende de maneira efetiva é aquela que ajuda o processo de aprendizagem em todas as áreas — aquela que incentiva a *aprendizagem do aprendizado*. Isto exige uma compreensão e valorização básica do processo de aprendizagem. Uma organização em que o aprendizado é efetivo precisa dar apoio não apenas aos alunos e professores mas a qualquer pessoa que esteja envolvida no contexto de aprendizagem da empresa.

Segundo Peter Senge (1990) existem cinco "disciplinas" que precisam ser colocadas em prática por todos os funcionários da empresa para que ela realmente se torne uma "organização que aprende":

1. Conscientização e exame de pressuposições e mapas mentais.
2. Obter e incentivar maestria pessoal.
3. Desenvolvimento da visão e criação do futuro.
4. Incentivo da aprendizagem em equipe.
5. Desenvolvimento da capacidade de raciocínio sistêmico.

Parece que Disney intuitivamente procurou desenvolver e dar apoio a todas essas disciplinas por intermédio da sua estratégia do equilíbrio entre o sonhador, o realista e o crítico. Segundo ele:

Investimos o dinheiro de novo na empresa e um programa de expansão amplo para produção de filmes de longa-metragem e a proteção do nosso novo prestígio através do aumento constante da qualidade.

Talvez Pinóquio *não tivesse o mesmo lado emocional que* Branca de Neve, *porém era superior do ponto de vista técnico e artístico. Isto mostrava que não apenas havíamos crescido do ponto de vista artístico, mas também do ponto de vista financeiro e físico, um crescimento que é apenas importante à medida que acrescenta qualidade aos nossos produtos, a longo prazo.*
Na verdade, o nosso estúdio havia se tornado mais uma escola do que uma empresa. Nós estávamos crescendo como artesãos, através do estudo, da autocrítica e da experimentação. Desta forma, as possibilidades inerentes do nosso meio eram escavadas e trazidas à luz. A cada ano que passava podíamos lidar com uma quantidade maior de histórias, tentar coisas com as quais não sonhávamos no ano anterior. Eu afirmo que isto não trata de genialidade, nem é mesmo excepcional. É a maneira como se deve construir uma empresa saudável — com suor, inteligência e amor pelo trabalho.[34]

Resumo da Estratégia de Criatividade de Disney

Talvez a descrição mais abrangente da forma como o sonhador, o realista e o crítico de Disney operam em conjunção uns com os outros esteja incluída na declaração de Disney, segundo a qual:

O homem que cria histórias deve enxergar na sua própria mente como cada segmento da história será colocado. Ele deve sentir cada expressão, cada reação. Ele deve se distanciar o suficiente da história para poder ter um segundo olhar... vendo se existe alguma fase morta... vendo se as personalidades são interessantes e atraentes para o público. Ele também deve tentar ver que aquilo que as suas personagens estão fazendo seja interessante.[35]

A primeira parte da descrição enfoca a interação entre o sonhador e o realista. Fica claro que o segundo olhar é do campo do crítico.
Certamente, a afirmação define três pontos de vista diferentes.

1. O "sonhador" — visão, primeira posição, história completa:
   "O homem que cria histórias deve enxergar na sua própria mente como cada segmento da história será colocado."

---

34. Disney, W. "Growing Pains" (1941), reproduzido em *SMTPE Journal*, July 1991, pp.547-50.
35. Thomas, F. & Johnson, O. *Disney Animation; The Illusion of Life*. Abbeyville Press, Nova York, NY, 1981, p.367.

2. O "realista" — sentimento e ação, segunda posição, associado, movimentando-se:
"*Ele deve* sentir *cada expressão, cada reação.*"
3. O "crítico" — terceira posição, distante:
"*Ele deve se distanciar o suficiente da história para poder ter um segundo olhar...*"
   a. História completa:
   "Vendo *se existe alguma fase morta...*"
   b. Personagens individuais:
   "Vendo *se as personalidades são interessantes e atraentes para o público.*"
   c. Comportamentos específicos das personagens:
   "*Ele também deve tentar ver que aquilo que as suas personagens estão fazendo seja interessante.*"

O "segundo olhar" de Disney dá o que ele chama de dupla descrição do evento. Essa dupla descrição nos fornece informações importantes que poderiam ter sido deixadas de lado em outro ponto de vista. Assim como as diferenças de ponto de vista entre os nossos dois olhos nos dão uma dupla descrição do mundo que nos rodeia, permitindo-nos a percepção da profundidade, a dupla descrição de Disney a respeito das suas criações serve para lhes acrescentar um elemento de profundidade.

O que é de particular interesse na PNL é que este "segundo olhar" inclui uma referência específica a estar "distante o suficiente". Se estivéssemos muito próximos seríamos influenciados pelas outras posições perceptivas. Da mesma forma, estaríamos influenciando-as também. Se o crítico estiver próximo demais do sonhador, ele vai inibir os sonhos.

Resumindo, o processo de sonho criativo de Disney ocorre basicamente pela imaginação visual, mas também inclui a sobreposição e sintetização dos sentidos. O criador enfoca a grande imagem com a atitude de que qualquer coisa é possível.

O processo de "realização" dos sonhos de Disney aconteceu por sua associação física com as personagens dos sonhos e pelo processo de *storyboarding* da segmentação do sonho em partes. O realista age "como se" o sonho fosse possível e concentra-se na formulação de uma série de aproximações de ações sucessivas exigidas para concretizar o sonho.

O processo de avaliação crítica de Disney inclui a separação de si mesmo do projeto e um distanciamento, adotando "o segundo olhar" do ponto de vista do público ou do cliente. O crítico tenta evitar problemas e assegurar a qualidade aplicando de maneira lógica diferentes níveis de critérios e verificando de que maneira a idéia ou plano mantém-se em vários cenários de "como se".

Padrões de Metaprograma

Em um nível macro, os tipos de processos cognitivos associados ao crítico, realista e sonhador de Disney estão relacionados ao que é chamado em PNL de padrões de "metaprograma". Os padrões de metaprograma são descrições de várias formas nas quais um "espaço-problema" ou elementos de um espaço-problema podem ser abordados.

Assim como com outras distinções da PNL, a pessoa pode aplicar o mesmo padrão de metaprograma, sem levar em consideração o conteúdo ou o contexto. Da mesma forma, não se trata de distinções de "tudo ou nada" e podem ocorrer concomitantemente em proporções variadas.

Por exemplo, ao abordar um problema a pessoa pode enfatizar estar indo em direção a algo ou fugindo de algo ou um coeficiente de ambos. Portanto, o problema pode ser abordado em vários níveis de "pró-atividade" e "reatividade".

O tamanho do segmento relaciona-se ao nível de especificidade ou generalidade com o qual a pessoa ou grupo está analisando um problema ou espaço-problema. As situações podem ser analisadas em termos que variam níveis de detalhe (microssegmentos de informação) e generalidades (macrossegmentos de informação).

Situações problemáticas podem ser examinadas com referência a estruturas temporais de longo, médio e curto prazos; e dentro do contexto do passado, presente ou futuro. A estrutura temporal dentro da qual um problema ou resultado desejado é examinado pode influenciar amplamente a maneira como é interpretado e abordado. Pode haver soluções de longo e curto prazo.

Algumas pessoas procuram soluções mais na História do que no futuro. Um bom exemplo é a diferença entre o ex-líder soviético Mikhail Gorbachev e o povo que tentou tirá-lo do poder antes da queda da União Soviética. Um estava tentando preparar-se para o futuro enquanto os outros tentavam preservar o passado.

Problemas e resultados desejados podem ser considerados com relação à conclusão de uma *tarefa*, ou em relação a questões envolvendo *relacionamento* como "poder" e "afiliação". A questão de equilíbrio de enfoque com respeito à tarefa e relacionamento é obviamente importante com relação à solução do problema, no caso de profissionais. Para se concretizar uma tarefa, devem-se enfatizar objetivos, procedimentos ou escolhas. Devem-se abordar as questões de relacionamento com ênfase no ponto de vista de si mesmo, dos outros ou de contexto (a empresa, o mercado etc.) em vários níveis.

Um problema pode ser examinado pela comparação de similaridades (*equiparação*) ou diferença (*diferenciação*) dos elementos do problema. No nível de grupo isto se relaciona a encontrar um contexto ou a incentivar a adversidade.

As estratégias de abordagem de problemas podem enfatizar várias combinações de visão, ação, lógica ou emoção. Os padrões microcognitivos em nível individual podem ser expressos em termos de um estilo de pensamento geral no nível macro ou no nível de grupo. A visão, a ação, a lógica e a emoção são expressões mais gerais da visualização, do movimento, da verbalização e da sensação.

Diferentes estilos e abordagens de solução e problema são caracterizados por vários grupos e seqüências de padrões de metaprograma, com coeficientes variados. A abordagem pode incluir 80% de enfoque no relacionamento e 20% na tarefa, e 70% de ênfase nas considerações a longo prazo e 30% nas considerações a curto prazo. Outras pessoas podem enfatizar a tarefa até 90%, e pensar mais em termos de considerações a curto prazo.

Os vários grupos de padrões de metaprogramas cobrem claramente diferentes áreas do espaço-problema. Neste sentido, não existem metaprogramas certos ou errados. Ao contrário, a sua efetividade em relação à solução do problema relaciona-se à habilidade de aplicá-los a fim de cobrir o espaço necessário para lidar de maneira adequada com o problema.

Em nível de macroestratégia, as diferentes fases da estratégia de Disney podem ser caracterizadas por grupos particulares de padrões de metaprograma, além da estrutura cognitiva de nível micro.

Em geral, a fase do sonhador tende a ser orientada para o futuro a longo prazo. Pensa-se em termos do quadro mais amplo e de segmentos mais avantajados, a fim de gerar novas alternativas e escolhas. O seu nível básico de enfoque é a geração do conteúdo ou o "quê" do plano ou idéia. Em termos aristotélicos, o sonhador cuida das "causas finais".

A fase Realista é mais orientada para a ação, indo em direção ao futuro, operando em estruturas temporais mais curtas do que a do sonhador. O realista volta-se mais para procedimentos ou operações. O seu nível primário de enfoque é saber "como" implementar o plano ou idéia. O realista cuida das coisas "formais" e "precipitantes".

A fase Crítica inclui a análise lógica do caminho a fim de descobrir o que poderia dar errado e o que deveria ser evitado. A fase Crítica leva em consideração as questões de longo e curto prazo, procurando fontes potenciais dos problemas tanto no passado como no futuro. Seu nível primário de enfoque é o "por que" do plano. O crítico cuida das causas "coercitivas".

O quadro abaixo resume os padrões principais de metaprograma associados à estratégia criativa de Disney.

	Sonhador	Realista	Crítico
	o que	*como*	*por que*
Preferência de representação	Visão	Ação	Lógica
Abordagem	Em direção a	Em direção a	Distanciando-se
Estrutura temporal	Longo prazo	Curto prazo	Longo/curto prazos
Orientação temporal	Futuro	Presente	Passado/futuro
Referência	Interno/individualidade	Externo/ambiente	Externo/outros
Modo de comparação	Simetria	Simetria	Assimetria

Fisiologia e Ciclo Criativo de Disney

Assim como em outros processos cognitivos, a fisiologia é um fator importante na criatividade e na habilidade de planejar de maneira efetiva. Existem pistas comportamentais de nível micro e macro que acompanham os estados de Sonhador, Realista e Crítico e que podem ajudar a entrar mais efetivamente no "estado mental" necessário para criar uma idéia ou plano poderoso.

Por exemplo, pense naqueles momentos em que você está "sonhando" ou nos estágios iniciais do planejamento ou criação, quando existem muitas opções e escolhas. Que tipo de pistas comportamentais você considera mais significativas para o seu processo de "sonhador"? Como é a sua postura? Você se movimenta? Como você orienta a sua cabeça e olhos?

Pense como você fica quando está "concretizando" uma idéia ou "sonho". Que tipos de pistas comportamentais você considera mais significativas para o seu processo de realização?

Como você fica quando está pensando de maneira "crítica" e avaliando o seu plano? Que tipo de pistas comportamentais você considera mais significativas para o seu processo mental "crítico"?
Qual dos três tipos de estilos mentais — Sonhador, Realista ou Crítico — lhe parece mais natural?
A partir das descrições do comportamento de Disney e da modelagem de várias pessoas diferentes que são muito efetivas em atingir esses estados, foram estabelecidas as seguintes generalizações sobre padrões-chave de fisiologia associados a cada um dos estilos mentais que compõem o ciclo criativo de Disney:

Sonhador: Cabeça e olhos para cima. Postura simétrica e relaxada.
Realista: Cabeça e olhos para a frente ou levemente inclinados. Postura simétrica e levemente inclinada para a frente.
Crítico: Olhos para baixo. Cabeça inclinada e voltada para baixo. Postura angular.

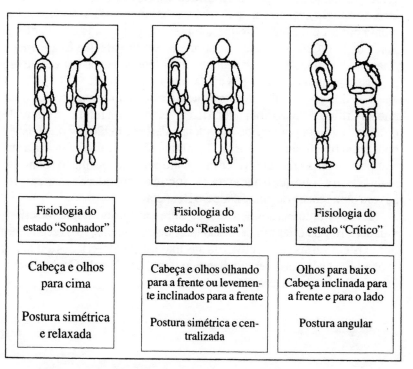

Padrões de pistas físicas associadas ao sonhador, realista e crítico

Aplicações da Estratégia de Criatividade de Disney

As ferramentas e características da PNL podem ser usadas para modelar os padrões cognitivos específicos usados por pessoas excepcionais como Walt Disney, de tal maneira que tais padrões possam ser transferidos a outras pessoas. Um dos objetivos da PNL é criar um mapa operacional e explícito das estratégias internas de pessoas bem-sucedidas como Walt Disney. Com a PNL é possível sintetizarmos nossa informação sobre as estratégias mentais criativas de Disney em técnicas que podem ser usadas por quem quer que deseje empregar alguns dos processo criativos que contribuíram para a genialidade de Disney.

Todos já possuem dentro de si o Sonhador, o Realista e o Crítico. Infelizmente, o que na maioria das vezes acontece é que o Sonhador e o Crítico começam a brigar. Em uma reunião de negócios típica, é possível ter o Sonhador, o Realista e o Crítico. Em vez de funcionar dentro de uma estratégia organizada, o Sonhador diz uma coisa, o Crítico argumenta contra e o Sonhador tem uma reação polarizada contra ele. O Sonhador e o Crítico passam a entrar em conflito até que finalmente o Realista diz: "Nosso tempo acabou". E aí temos o caos em vez de um processo no qual as estratégias ajudam-se mutuamente.

Um dos grandes problemas é que o Crítico não apenas critica o sonho. O Crítico critica o Sonhador. Dizer: "Esta idéia é idiota", é diferente de "Você é idiota por ter tido esta idéia". Parte da razão por que Disney conseguia funcionar de maneira tão efetiva é que ele não criticava a sua equipe ou a si mesmo, ele criticava o plano para transformar o sonho em realidade. Eu acho que o que evita o Crítico e o Sonhador de ficarem presos em uma reação de polaridade é o Realista.

É importante estruturar a relação entre esses dois estágios de criatividade, a fim de criar um processo harmônico. A solução é reconhecer que existem várias perspectivas da mesma coisa — descrições duplas ou triplas — é necessário ter um plano do ponto de vista do Crítico e também do Realista, sem esquecer o do Sonhador.

Exemplos da Instalação do Ciclo de Criatividade de Disney

Nesta seção vamos examinar o processo de instalação. Após ter identificado uma estratégia efetiva, a próxima questão é: *"Como instalá-la de maneira que funcione automática e naturalmente?"*.

Sonhador

Primeiro, sabemos a partir do que Disney disse que temos um "espaço de visão" do Sonhador. Conhecemos alguns dos microaspectos do Sonhador. Ele tenta visualizar a Gestalt. E, a partir dos princípios básicos da PNL, sabemos que a visão estará associada a uma fisiologia particular — lembrem-se da caricatura de Walt Disney desenhada pelo animador: ele estava olhando para cima e à direita.

Realista

Depois, queremos estabelecer o Realista. E, como sabemos, a microestratégia do Realista inclui:
1. A identificação com as personagens do sonho e
2. A segmentação do sonho em um grupo de etapas ou *"storyboard"*.

Crítico

Por fim, temos o Crítico. O Crítico vai necessitar se distanciar o suficiente do sonho e do plano para dar uma boa "segunda olhada" no sonho. Não apenas esse distanciamento vai ajudar o Crítico a ver o quadro completo como também vai impedir que, estando perto demais, ele interfira.

As seguintes etapas descrevem uma técnica de aumento da criatividade pessoal que utiliza os elementos básicos da estratégia de criatividade de Disney:

1. Estabelecer uma localização neutra ou "Metaposição" e selecionar três localizações físicas, rotulando-as:
   (1) Sonhador
   (2) Realista
   (3) Crítico
2. Ancorar a estratégia adequada em cada uma das localizações físicas. Usar a Metaposição para se certificar de que o estado fisiológico associado com cada estado mantém-se "puro".

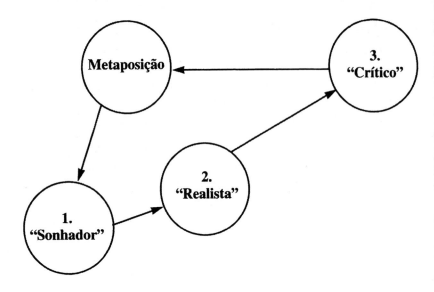

Figura 3 Ciclo criativo de Disney

a. Pense em um momento em que você foi capaz de sonhar de maneira criativa ou fantasiar novas idéias, sem nenhuma inibição; dê um passo até aquele local (1) e reviva a experiência.
b. Identifique um momento em que você foi capaz de pensar de maneira muito realista e estabelecer um plano específico para colocar uma idéia de maneira efetiva em ação; vá até a posição (2) e reviva a experiência.
c. Pense em um momento em que você foi capaz de criticar um plano de maneira construtiva — isto é, oferecer crítica construtiva e positiva enquanto localiza os problemas. Certifique-se de que a localização é bem distante das outras, de forma a não interferir. Vá até a localização (3) e reviva a experiência.

3. Escolha um objetivo que deseja atingir e vá até o local do sonhador. Visualize-se atingindo este objetivo como se você fosse uma personagem em um filme. Permita-se pensar a respeito de maneira livre e desinibida.

4. Vá até o local do realista, associe-se ao "sonho" e sinta-se nas posições de todas as personagens relevantes. Depois, veja o processo como se fosse um *storyboard* (uma seqüência de imagens).

5. Vá até a posição do crítico e descubra se algo está faltando ou é necessário. Depois, transforme as críticas em perguntas usando "como", a serem feitas ao sonhador.

   a. Lembre-se de que o crítico deve criticar o plano, e não o realista ou o sonhador.

   b. Geralmente é útil fazer com que o crítico reconheça os elementos do plano que são satisfatórios, antes de começar a fazer perguntas.

6. Volte para a posição do sonhador, para criar acréscimos, alternativas e soluções criativas, para responder às perguntas feitas pelo crítico. Se essas perguntas parecem muito duras ou difíceis de serem respondidas sem ter acesso ao estado crítico, passe à Metaposição antes de voltar ao local do sonhador. Talvez seja interessante reformular as perguntas do crítico a partir da Metaposição.

7. Depois de ter repetido várias vezes este ciclo, pense de maneira consciente em algo que gostaria de desfrutar e que faz bem, mas continue a movimentar-se entre as várias posições do sonhador, do realista e do crítico. Isto vai promover o raciocínio lateral e a gestação inconsciente.

8. Continue a repetir as *etapas 4, 5 e 6* até que o seu plano adapte-se a cada posição de maneira congruente.

Transcrição da Demonstração

R.D.: Conhecemos algumas das etapas da estratégia de Disney. Também queremos fazer aparecerem algumas das suas etapas naturais. A instalação inclui tanto o acompanhamento quanto a orientação. Quem gostaria de ser o sujeito da demonstração?
(Uma pessoa se apresenta.)
Comecemos pela primeira etapa. Estabeleça um local para o seu sonhador.
Deixe de lado qualquer conteúdo. Queremos estabelecer os estados sem conteúdo. Queremos que você primeiro focalize apenas o processo. Assim, eu gostaria que você relembrasse um momento em que foi capaz de sonhar livremente, quando a sua mente conseguia cobrir uma quantidade incrível de

espaço, não se importando se era real ou não. Na verdade, o que é fantástico é que se trata de um tipo de escapada para um mundo de fantasia, fora do mundo real. Temos o seu próprio mundo que você conseguia estabelecer.
Então vá até o local — vivencie o estado.
(*X vai até o local, corpo ereto porém relaxado, olhos fixos à frente*)
E talvez para aumentar ainda mais, levante a sua cabeça e olhos um pouco. Assim, o seu olhar vai ficar mais amplo. Quando sentir que realmente conseguiu incorporar o estado saia da localização.
(*X sorri e hesita antes de sair do local*)

R.D.: (*Para o grupo*) Às vezes as pessoas não querem sair daquele espaço!
(*Para X*) Neste ponto aqui, um pouco atrás do local do sonhador, gostaria que pensasse em um tempo em que estava planejando algo, criando algo concreto, da melhor maneira que podia. Agora você é um realista e pensa: "O que deve ser feito para que isto possa acontecer?" "Que etapas me farão atingir o objetivo?".
É importante usar esta microestratégia para identificar o realista porque algumas pessoas confundem o realista com o crítico. E, acreditem, o crítico não é realista. Ele pode "viajar" tanto quanto o sonhador. "Isto *poderia dar errado*, aquilo *poderia dar errado*."
Quando você está sendo realista você está dando um passo para o futuro pelas etapas que levam ao sonho e criando um plano de ação para essas etapas.
(*Para X*) Entre naquele estado de espírito e vá até o local do realista.
(*X vai até o espaço do realista, corpo levemente inclinado para a frente, os olhos olhando para a frente porém levemente para baixo*)
E quando tiver uma sensação boa deste local saia dele.
(*Para o grupo*) Como eu faço programação de computador, conheço bastante esse estado. Começa-se a planejar uma coisa e em seguida, quando nos apercebemos, já são cinco horas da manhã!
(*Para X*) Agora, eu quero que você encontre neste local um espaço que esteja a meia distância entre o local do sonhador

e o do realista. Aqui é que vamos colocar o crítico. A importância física é importante. Como disse Disney: "Tenho de me distanciar e dar uma segunda olhada... para que possa ver da mesma maneira como o público veria". É bom poder julgar algo como se não fosse idéia sua.
Em geral o crítico é bastante auditivo e orientado para regras. Se você consegue criticar as idéias de outras pessoas, pode usar isto para criticar as suas.
Talvez também seja bom pensar do ponto de vista do seu pior crítico. Se você está trabalhando em um projeto, digamos criando um programa de treinamento, sugiro que se coloque do ponto de vista da pessoa que você acha que resistirá mais ao seu projeto. Descubra quem é o seu pior crítico porque, se aquela pessoa não conseguir achar nenhum problema no seu plano, então trata-se de um plano bastante sólido.
O que eu quero que você faça agora é o seguinte: examine de maneira aguçada e fria, igual a quando você foi extremamente crítico. Isto não significa ser negativo. E depois vá até o local do crítico.
(X vai até o local do crítico, inclinado levemente para o lado, cabeça para baixo, mão no queixo)
Muito bem, agora saia desse espaço e volte para a sua metaposição.
Agora temos os nossos três espaços. Aliás, você sempre poderá usar estratégias extras para melhorar a localização.
Por exemplo, se você se encontra na posição de sonhador, poderá usar uma metáfora, uma imagem de alguém que foi bem-sucedido e modelar essa pessoa e até fingir que você é Walt Disney.
"Como Walt Disney reagiria a este problema?"
"Qual seria a abordagem de Leonardo da Vinci?"
Talvez você prefira simplesmente sonhar a respeito da primeira etapa em vez do plano completo. Mas sugiro que mantenha uma visão ampla do assunto. Geralmente, as pessoas não conseguem levar uma idéia adiante não porque não consigam pensar nela o suficiente e sim porque não adquirem uma visão ampla o suficiente.
(Para X) Agora quero que pense no conteúdo da idéia ou problema no qual trabalhou. É possível indicar a área geral? É algo pessoal?

X: Tem a ver com a minha metáfora de como as coisas acontecem.

R.D.: Em outras palavras, é uma questão pessoal. Qual é o seu objetivo?

X: Encontrar outro problema, de que eu gostasse mais e que incluiria mais tolerância.

R.D.: Então, vamos começar por aqui. Primeiro vá até o local do sonhador e pense em um mundo milagroso onde existiriam todas essas coisas tão sedutoras que você seria atraído para elas. Como se você tivesse uma varinha de condão que pudesse transformar o mundo da maneira como desejar.

(*Para o grupo*) Agora vejo algo que pode ser significativo. Esta fisiologia não estava presente da primeira vez (*X segura o queixo com a mão*). Vi esta fisiologia quando você estava no local do crítico.

(*Risos*)

É aqui que a PNL pode ser muito útil. Agora saia e dê as boas-vindas ao seu crítico, mas diga a ele que poderá expressar-se mais tarde. Volte ao local e incorpore o sonhador.

(*X volta ao local com a fisiologia do sonhador*)

Aqui temos este espaço, veja o conjunto total, como ele é?

Você já possui essa espécie de tolerância sedutora.

Talvez você possa ter uma metáfora ou até mesmo uma fantasia, algum tipo de visão.

Isto não tem a ver com a solução de um problema e sim com uma visão. Assim você não tem de verificar se a visão vai dar certo ou não; simplesmente tenha esta visão.

Você pensou em algo?

(*X balança a cabeça*)

Pegue esta visão, vá até o local do realista e pergunte-se: "O que aconteceria se isto fosse real?" Quais são as etapas necessárias para manifestar esta visão? Quais são as personagens envolvidas? Por exemplo, se existirem diferentes lados em você, como eles interagiriam? Seria, por exemplo, como o Mickey Mouse e o Pateta? Ou talvez mais como Indiana Jones? (*Alguns risos na sala*) Mas não é necessário que seja uma metáfora.

Você não tem de ter um filme completo. Isto seria como uma primeira tomada. E você se pergunta: "Como vou concretizar esta visão?

(A mão de X vai lentamente em direção ao queixo. Roberts agarra a mão) Você poderá se expressar mais tarde, crítico! *(Risos do grupo.)*
Pelo menos, dê ao crítico algo de concreto para ele criticar.
(X volta à fisiologia do realista)
Talvez você precise de algumas etapas para levar adiante este sonho...
Bem, agora podemos deixar o crítico se expressar. Passe para o local do crítico.
(X vai até o local do crítico, com a fisiologia do crítico)
O que você acha dessas etapas? O que está faltando? Acha que vai dar certo ou ainda é simples demais?
Não é necessário descobrir uma solução, o que você tem de fazer é simplesmente verificar o que está errado.
Aqui você é a pessoa que descobre os problemas e não as soluções. Descobrir problemas é uma etapa importante da solução de problemas.

X: Eu não sei, por exemplo, como perceberei que já atingi a primeira etapa.

R.D.: Então esta é uma pergunta a ser feita pelo crítico.

X: E não pode dar certo se eu não puder verificar nada.

R.D.: Muito bem. São questões importantes relativas ao procedimento de indiciação. Agora, com essas preocupações, vá até ao local do sonhador e ali pense numa maneira de saber que você já chegou à primeira etapa. O sonhador talvez diga: "Ah, sim, eu sei chegar a primeira etapa!" "Que desafio maravilhoso!".
Você pode criar uma metáfora. Ela pode ser louca, pois trata-se apenas de um sonho.
(A fisiologia de X muda. Ele dá um largo sorriso.)

X: Mmm... *(Risos do grupo.)*

R.D: Einstein visualizava como seria viajar em um raio de luz. Pode parecer louco, não é? É claro que isso botou de ponta-cabeça o nosso conceito do universo.
Agora, pegue esta visão enriquecida e venha até o local do realista.
(X passa para o local do realista. Sua fisiologia muda para a do estado realista)
Como você vai colocar em prática? Diga a si mesmo: "Bem, eu tenho de fazer isto, eu tenho de fazer aquilo!" "Quais são

as etapas?" "Como vou saber?" Talvez possa pensar em uma maneira esperta de saber o que fazer!
Vá em frente. Você está na primeira etapa e sabe que está na primeira etapa. Quais são os elementos?
Você já pensou em algo?

X: Ah-hum...

R.D.: Então agora volte para a posição do crítico.
(X passa para a posição do crítico, assumindo a sua fisiologia)
O que você acha?
(X hesita e começa a sorrir)
(Algumas pessoas riem)
Está difícil continuar tão crítico, não é?
Vamos passar um momento para a próxima parte. Sem pensar em nada conscientemente, gostaria que fosse até o espaço do sonhador, parasse um instante e depois fosse ao espaço do realista e depois voltasse ao local do crítico. E faça isso três vezes sem pensar em nada especificamente.

X: Eu devo manter a visão?

R.D.: Você pode deixar a sua mente vagar para outra coisa.
(X passa de um local para outro, seguindo as instruções de R.D.)
(Para o grupo) Vocês já viram as pessoas andando de um lado para o outro quando estão tentando resolver um problema? Fazemos esse tipo de coisa o tempo todo.
(X termina de fazer o ciclo)

R.D.: *(Para X)* Agora, vá até a sua metaposição e pense conscientemente sobre a sua visão. Agora mesmo. Mudou em alguma coisa desde a última vez?

X: Mudou. Cada passo tem uma função complementar. Outras opções surgiram. Tudo ficou mais coerente e forte.
(Para o grupo) Em outras palavras, o que ele parecia fazer era estar andando, mas a estratégia continuou a ser processada, porque estava ancorada aos locais.
Ele está começando a juntar as peças de maneira mais equilibrada. Os estados estão ancorados a espaços físicos e não ligam para o que a mente consciente está pensando naquele exato momento. Esses estados terão um efeito sobre o que está acontecendo, mesmo se a pessoa estiver pensando no que comeu ontem à noite no jantar.

Mais uma vez, assuma três perspectivas. Alinhe-as a uma visão comum. Enquanto você estiver alinhando todas as funções de maneira literal e física na mesma direção, afaste-se. Quando eu saí do local do realista, tudo o que resta a ser criticado é o plano, não eu, eu não estou no plano. Não existe ninguém ali, apenas as etapas do plano.

Depois a pessoa estabelece uma estratégia alinhada que vai criar um ciclo contínuo de *feedback* de reforço positivo, que usa toda a sua neurologia de maneira coordenada.

Esses estados fisiológicos estão, literalmente, tendo acesso simultâneo a bilhões de células cerebrais. É possível visualizar a atividade como luzes que passam através do corpo, de maneira que se possa ouvir esta luz brilhante, luminosa, chegando de maneira bastante focalizada. É como se olhássemos o sistema nervoso, piscando enquanto todas as diferentes partes se iluminam e o sistema passa a trabalhar com algo. Como disse Mozart: "No final, torna-se um sonho verdadeiro que produz de maneira máxima algo de concreto".

(Para X) Que Walt Disney esteja com você!

(Para o grupo) Aliás, observem a importância de colocar o primeiro grupo de círculos através das localizações. Se eu colocar a fisiologia do crítico no local do sonhador, estarei contaminando aquele espaço. É o que vai acontecer em 90% do tempo quando as pessoas tentam resolver um problema. Elas começam imediatamente contaminando o espaço — quer seja uma única pessoa ou um grupo de pessoas.

Se podemos dar uma seqüência e segmentar, aí teremos algo que vai funcionar suavemente. Portanto, o primeiro grupo de círculos é realmente importante. Depois torna-se necessário que a fisiologia comece a integrar, porque no final vamos descobrir que as três funções formam uma macroestratégia mais ampla que acontece ao mesmo tempo — lembrem-se da caricatura de Disney. Mas é importante que o início seja feito de maneira bastante clara.

Sempre acho curioso que as pessoas não tenham um local de criatividade nas suas casas, ou nas suas empresas; já observei que quando estou pensando num problema, se eu realmente quero sonhar a respeito, é como se meu sonhador vivesse na floresta que existe perto da minha casa. Então, eu vou até a floresta, cheia de gnomos e fadas.

De certa forma, meu escritório é o meu local realista. Eu chego ao escritório e trabalho com os computadores. Depois saio dali e vou até a cozinha ou a sala de estar e passo a pensar na idéia que tive, a partir da posição do crítico. Será que vai dar certo?

Às vezes, quanto mais se separam as idéias no início da solução do problema para que o circuito continue a funcionar, menos confusão e problemas surgirão mais tarde.

Alguma pergunta?

P 1: É importante começar com a visão no sonhador e o auditivo no crítico?

R.D.: Isto depende, se você prefere adotar a sua estratégia ou a estratégia de Disney. A minha resposta é:

É melhor ter uma escolha do que não ter. Se você começar com algo que seja auditivo talvez queira acrescentar o visual, apenas para ver de que maneira o processo melhora. Eu, portanto, manteria a opção em aberto.

P 2: Podemos usar esta estratégia para algo que queremos obter no futuro?

R.D.: Sim. Aquilo com que você trabalha não precisa ser um problema que está tentando resolver. Sugiro que vocês todos comecem com uma visão que têm. Se o circuito funcionar talvez vocês se surpreendam.

P 1: Foi muito forte. É possível fazer isto com mais de uma pessoa simultaneamente?

R.D.: É possível fazer com um grupo inteiro. Assim o espaço a ser coberto fica muito mais amplo.

Eu uso este processo em minha empresa de informática. Temos salas diferentes onde podemos pensar de maneira diferente: uma para o *brainstorm*, outra para planejar e uma terceira para avaliar. Quando estamos fazendo *brainstorm* sentamos em círculo. Mas quando começamos a planejar sentamos uns ao lado dos outros e olhamos para o quadro. E quando estamos avaliando, sentamos ao redor de uma mesa com o plano no centro, e nos perguntamos: "Será que isto vai dar certo?". Portanto você também pode estabelecer um ambiente para criar um circuito com várias pessoas.

P 2: Neste caso, qual é o ponto de decisão?

R.D.: É a avaliação crítica.

P 3: Poderíamos escolher uma pessoa para organizar o processo decisório, no momento da avaliação?

R.D.: Sim, em empresas nas quais existe uma escala hierárquica. Mas o que é chamado de administração *"buy in"* baseia-se no consenso do grupo, em vez de na hierarquia. Tudo depende do tipo de procedimento de teste que você está usando.

P 4: Fiquei surpreso ao ver que toda a minha relação com o tempo mudou. Eu tenho um projeto, que devo começar amanhã, cuja data-limite é daqui a três anos. Após o exercício o limite de tempo desapareceu porque agora eu sonhei que sempre posso sonhar e concretizar o meu sonho!

R.D.: Às vezes as pessoas começam com um sonho que literalmente está muito distante, às vezes até a anos de distância. Após utilizar a estratégia de Disney tudo fica mais perto, e a distância desaparece.

P 5: No estado crítico, eu era muito negativo e triste; mas agora, ao saber que posso perseguir o meu sonho, sinto-me muito melhor.

R.D.: A dinâmica do circuito muda se o crítico souber que eu vou lhe pedir conselho e ele, por sua vez, também pode pedir ajuda às outras funções. Portanto, nunca estamos perdidos ou sozinhos.

Às vezes, a mágica que acontece aqui é que surge uma verdadeira crítica construtiva. A crítica começa a fornecer informações positivas, em vez de negativa. E quando o seu pior crítico diz: "Vá em frente!", você sabe que nada poderá impedi-lo.

P 6: Eu observei que a parte crítica dá uma sensação de segurança.

P 7: Após terminar a rodada de três partes, sentimos que precisávamos acrescentar uma quarta — que era a parte da "vontade" que a pessoa sentia surgir diante da parte do sonhador.

R.D.: Em algum momento, a pessoa sentirá necessidade de tomar o sonho e ligá-lo à sua missão. Eu acho que é isso de que você fala ao se referir à "vontade". Portanto, do momento que eu ligo a visão e o sonho à missão, surge o comprometimento. É um bom passo posterior.

Gostaria de dizer algo sobre os possíveis problemas que podem surgir neste processo.

Devemos observar que, como em qualquer outra estratégia, a cadeia não é mais forte do que o elo mais fraco. Em outras palavras, se uma parte da estratégia for fraca ela pode desequilibrar todo o processo. Às vezes, a pessoa diz: "Não consigo visualizar, não consigo concretizar a etapa do sonhador". Sem dúvida, a capacidade de ser criativa dependerá da sua habilidade em desenvolver e utilizar os seus sentidos. Algumas pessoas sentem-se mais à vontade como críticas, pois passam 90% das suas vidas nessa posição. É por isso que é importante desenvolver a flexibilidade, usando microestratégias.

A classificação dos locais dos diferentes processos ajuda a organizá-los e coordená-los, evitando interferências ou contaminação entre eles.

Transformar uma crítica em pergunta ajuda a evitar os efeitos negativos do crítico e estimular o sonhador.

A partir do momento em que o ciclo criativo está fortemente "instalado", ele pode ser enriquecido pelos processos que estimulam o pensamento lateral e a gestação inconsciente.

Processo de Aprendizagem em Equipe: Storyboarding, Perspectivas Múltiplas de Idéias e Espaços-Problema

O ciclo criativo de um grupo ou equipe geralmente inclui o movimento entre grandes segmentos (a grande imagem ou visão) e pequenos segmentos (o estabelecimento de microobjetivos para se chegar ao objetivo maior). Uma parte importante da administração da criatividade em grupo pressupõe a habilidade de transformar os papéis gerais dos membros do grupo ou equipe em processos interativos e cognitivos específicos, necessários para implementar ou concretizar a função. Por exemplo, os objetivos que estimulam a criatividade são sempre colocados em direção a algo que se encontra no futuro. Na fase do sonhador, esses objetivos estão colocados em um prazo maior. Na fase realista eles estão colocados em um prazo menor.

Durante o processo de desenvolver, incentivar e fazer aparecer a criatividade em outras pessoas, é importante poder identificar e adaptar-se às exigências físicas e psicológicas. A administração do ciclo criativo do grupo inclui a criação de exigências psicológicas e físicas que orienta o processo do grupo em relação à fase do ciclo e criatividade no qual se encontram.

Diferentes estágios do ciclo criativo incluem as exigências relativas a diferentes tipos de evidências. Uma evidência do sonhador pode ser o número de idéias geradas. Mas, para o crítico, ter idéias demais pode ser um problema.

Padrões de metaprograma geralmente relacionam-se entre si em grupos naturais (por exemplo, encurtar uma estrutura temporal de um projeto faz com que as pessoas focalizem a tarefa em vez do relacionamento). Como já mencionamos anteriormente, existem grupos de padrões de metaprogramas que podem ser associados ao crítico, ao realista e ao sonhador. A pessoa que está consciente desses grupos pode reconhecê-los nas pessoas ou fazê-los surgir intencionalmente nas pessoas. A flexibilidade do grupo pode até ser aumentada pela indicação ou incentivo do aparecimento de diversos grupos de padrões de metaprogramas nos membros do grupo.

Para obter uma criatividade de grupo efetiva é importante incorporar:

1. Todos os três estágios do ciclo criativo (sonhador, realista e crítico) e
2. Incorporar os diferentes pontos de vista dos membros do grupo, nos três estágios.

Um dos problemas que podem acontecer durante a reunião é que o sonhador diga algo considerado escandaloso pelo crítico, que então passa a reagir de maneira negativa. Reagindo ao crítico, o sonhador polariza e começa a defender ainda mais o seu sonho. O crítico se queixa e eles entram em um círculo vicioso. Finalmente, o realista diz: "Nosso tempo está acabando, vamos trabalhar". Mas, no final, temos apenas uma mistura caótica de polaridades. O ciclo não progride porque o sonhador está sendo constantemente interrompido pelo crítico, e assim por diante.

Num grupo efetivo, cada pessoa apóia ou complementa as forças do outro, fazendo com que o sonhador expresse algumas idéias para o realista que, por sua vez, cria protótipo para o crítico, que avalia aquele protótipo, e assim por diante.

Um critério importante do estímulo da criatividade em grupo é manter o equilíbrio. Por outro lado, é importante suscitar o maior número possível de potenciais nos membros do grupo. Mas também é importante suscitar os pontos positivos de cada pessoa.

A estratégia de Disney reconhece que existem diferentes tipos de potenciais em cada pessoa. Algumas pessoas são mais fortes como Sonhador ou como Realista ou como Crítico. Uma maneira de estimular a criatividade é pelo desenvolvimento da flexibilidade de todos para abranger as diferentes fases. Outra estratégia inclui a identificação e posterior utilização das forças de cada pessoa, evitando categorizá-las de uma maneira que as impeça de agir.

Existem vários processos efetivos para estimular a criatividade nos vários estágios do ciclo criativo. Como foi dito anteriormente, Disney tinha várias salas para o Sonhador, o Realista e o Crítico. Ele tinha a sala do sonhador, com imagens e desenhos inspiradores e provérbios colocados na parede. Tudo era caótico e colorido nesta sala e não eram permitidas críticas — apenas sonhos! No espaço realista, os animadores tinham as suas próprias mesas de desenho, com os mais modernos equipamentos, ferramentas e instrumentos de que poderiam necessitar para manifestar os sonhos. As mesas eram colocadas em uma sala ampla na qual todos os animadores podiam se ver e conversar uns com os outros. Para o Crítico, Disney criou uma pequena sala debaixo da escada na qual eles examinavam os esboços desenhados a lápis e os avaliavam. A sala parecia estar sempre superlotada e quente, por isso era chamada de "sala da transpiração".

Uma forma poderosa de aprendizagem e criatividade em equipe advém do fato de as pessoas terem mapas diferentes do mundo. A maneira como uma pessoa representa um problema ou idéia individual específica pode automaticamente nos propiciar uma maneira de enriquecer e esclarecer a idéia ou problema.

O processo a seguir destina-se a aplicar as estratégias de Disney de maneira a aproveitar o processo natural de aprendizagem em grupo e co-criatividade. Chama-se "intervisão". Na "supervisão" existe uma relação hierárquica subentendida entre as pessoas; o supervisor fornece o "mapa correto" a outra pessoa. Na "intervisão" parte-se do princípio de que as pessoas são colegas e que não existe um mapa correto. Há também uma conotação importante na palavra "visão". Um dos objetivos do exercício é aplicar estratégias de raciocínio visual e simbólico dentro do contexto de grupo.

O exercício engloba a influência que várias maneiras de representar e conceituar o espaço-problema de um plano ou idéia têm sobre nossa capacidade de encontrar um espaço potencial para a solução. Isto é feito melhor em um grupo de quatro, para se obter um campo maior de diversidade.

O exercício é organizado em três fases: 1) o estágio do Sonhador, 2) o estágio do Realista e 3) o estágio do Crítico.

Na fase do Sonhador, um dos membros do grupo, o "explorador" deve descrever um plano ou idéia aos outros membros do grupo. O conteúdo da idéia ou plano não é restrito. Dependendo da relação existente entre os membros do grupo, a idéia pode ir de um projeto profissional até um plano para resolver problemas junto a clientes ou as férias da família.

Enquanto estão ouvindo, os membros da equipe devem se certificar de que estão assumindo a fisiologia ou estratégia adequada associada ao ponto de vista do Sonhador. Por exemplo, em vez de julgar ou avaliar de maneira crítica a idéia ou a sua aplicabilidade, o objetivo de cada um dos membros do grupo, neste estágio, é "enxergar claramente na sua mente como cada peça será colocada na história". Enquanto cada pessoa tenta imaginar a "imagem ampla", é interessante manter a cabeça e os olhos para cima, em uma postura simétrica e relaxada.

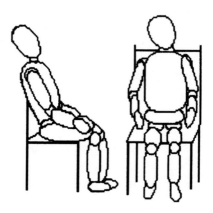

Fisiologia do estado do sonhador

Quando o explorador acabar de descrever o "espaço-problema", os membros do grupo passarão a avaliar se as perguntas do "Sonhador" foram respondidas e se chegaram à conclusão de "como colocar cada peça da questão".

"*O que você quer fazer? (ao contrário do que você quer parar e fazer, evitar ou deixar)*"
"*Por que você quer fazê-lo?*" "*Qual é o objetivo?*
"*Quais são as recompensas? Como você saberá que já as obteve?*" "*Quando é que acha que vai obtê-las?*"
"*Aonde quer que esta idéia o leve no futuro?*"
"*Com quem você deseja estar ou ser em relação a esta idéia?*"

O enfoque do estágio do Sonhador do processo de intervisão é o de representação e ampliação da percepção do espaço-problema de uma idéia ou plano. Essas perguntas ajudam tanto o explorador como outros membros do grupo a ampliar, enriquecer e clarificar a imagem mental do espaço-problema da idéia ou plano.

Na fase seguinte do exercício, cada participante (incluindo o explorador) deve criar um *storyboard* simples do plano ou idéia. Esta "primeira aproximação" deve ser geral e sintética, encapsulando toda a idéia ou plano. Pode ser qualquer tipo de diagrama ou esboço. Talvez seja bom fazer uma imagem simbólica ou metafórica do plano ou idéia. Por exemplo, alguém pode desenhar uma paisagem qualquer; outra pessoa desenharia um grupo de símbolos como retângulos, círculos e estrelas e os ligaria entre si com linhas e setas.

Cada pessoa deve criar individualmente o seu mapa de representação, sem olhar os outros desenhos. Assim, cada um faz seu próprio desenho do seu espaço-problema, inclusive o explorador, concluindo um total de quatro mapas pictóricos do espaço-problema. Em seguida, os participantes distribuem os seus desenhos e discutem as pressuposições e critérios que existem por trás dos desenhos e suas interpretações. O contraste entre os mapas e pressuposições de cada um a respeito do espaço-problema é uma maneira de enriquecer as percepções sobre aquele espaço.

Os "intervisores" devem explicar os seus desenhos sem dar sugestões ou soluções. Eles devem apenas explicar a sua representação e que pressuposições fizeram. Ou seja, os intervisores não tentam dizer ao explorador como manifestar a idéia ou plano; eles simplesmente mostram e explicam o seu *storyboard* daquele plano ou idéia.

Os participantes depois examinam as perguntas do "Realista":

"De que forma esta idéia será implantada? Como você saberá que o objetivo já foi atingido? De que forma serão testados os critérios de desempenho?"

"Quem o fará?" (Atribuir responsabilidades e comprometimento das pessoas que vão colocar o plano em prática.)

"Quando cada fase será implantada?" "Quando o objetivo final deverá ser completado?"

"De que forma cada fase será concretizada?"

"Por que cada uma das etapas é necessária?"

Durante a discussão, os participantes devem ter certeza de que estão assumindo a estratégia e a fisiologia do Realista. Enquanto estão discutindo, talvez seja interessante que os participantes sentem com a cabeça ereta ou levemente inclinada para a frente, em uma postura simétrica e levemente inclinada para a frente. O enfoque cognitivo deve ser "como se" o sonho fosse possível e os participantes devem também examinar a maneira como a idéia ou plano pode ser concretizado. Deve-se enfatizar ações específicas e definir etapas a curto prazo. Também será interessante que os participantes adotem a "segunda posição" com as pessoas que estão envolvidas no plano, examinando-o de vários pontos de vista.

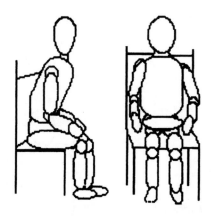

Fisiologia do estado realista

No estágio crítico deste processo de "intervisão", cada um dos *storyboards* deve ser sintetizado em um único *storyboard*. Geralmente isto é feito pelo explorador, que deve informar ao grupo de que maneira o espaço-problema de cada um foi enriquecido pelos outros participantes. O explorador redefine o plano ou idéia e faz uma "aproximação" criando um *storyboard* novo ou composto pelos anteriores.

O grupo deverá então dar uma "segunda olhada" nesse novo "*storyboard*". Como disse Disney, o grupo deve se distanciar o suficiente para olhar de maneira efetiva. Isto talvez exija que o grupo mude de posição fisicamente ou mude a representação do *storyboard* para outro lugar. Depois, os participantes devem examinar as seguintes perguntas do crítico:

"Este plano acompanha os critérios e objetivos inicialmente estabelecidos?"
*"**Por que** alguém seria contra esta nova idéia?"*
*"**A quem** esta idéia afetaria e quem poderia eliminar a efetividade da idéia e quais são as suas necessidades e recompensas?"*
*"**Que** pontos positivos são derivados da maneira atual de agir?"*
*"**Como** manter essas coisas enquanto se está implementando o novo plano ou idéia?"*
*"**Quando e onde** você não gostaria de implementar a nova idéia?"*

Assim como fazia Disney, talvez o grupo deseje examinar várias perspectivas e critérios diferentes, enquanto avaliam o *storyboard* — 1) o plano completo, 2) as personagens ou indivíduos envolvidos na implantação do plano e quem será afetado por ele e 3) as ações específicas de cada um deles.

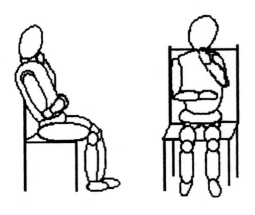

Fisiologia do estado crítico

Ao dar essa segunda olhada, os participantes deverão empregar a fisiologia e estratégia adequadas relacionadas ao "Crítico". O objetivo é ajudar a evitar problemas assumindo diferentes pontos de vista e descobrindo elos que faltam, pela consideração lógica do que aconteceria se algum problema surgisse. Isto pode ser facilitado pela postura angular, na qual os olhos e a cabeça ficam levemente inclinados para a frente.

Para serem críticos "construtivos", os participantes deverão reconhecer que critérios foram obedecidos e formular as suas críticas, na medida do possível, sob a forma de perguntas.

Quando tiverem sido reunidas as perguntas, o grupo talvez deseje escolher outro "explorador", ou continuar a passar de uma fase para outra, fazendo aproximações sucessivas do plano.

Resumindo as etapas do processo:

1. O explorador descreve (em cinco minutos ou menos) um plano ou idéia. Os membros do grupo assumem a estratégia e a fisiologia do Sonhador.
2. Os participantes exploram as questões do Sonhador para esclarecer e enriquecer a sua percepção do espaço-problema do plano ou idéia.
3. Cada pessoa, entre elas o explorador, desenha um *storyboard* simples ou mapa visual do espaço-problema (deve ser feito em cinco minutos ou menos).
4. Os participantes comparam os desenhos, explicando-os e discutindo os critérios e pressuposições que existem em cada um deles. A discussão também deve ter um limite de tempo de cerca de cinco minutos por pessoa.
5. Os participantes depois passam a explorar as perguntas do Realista, assumindo a estratégia e a fisiologia dele, para esclarecer ações e etapas específicas.
6. Os *"storyboards"* separados são sintetizados em conjunto pelo explorador e as perguntas do Crítico são analisadas, adotando-se uma fisiologia e uma estratégia adequadamente "distantes".
7. Os participantes podem decidir continuar passando de uma fase para outra, fazendo aproximações sucessivas do plano.

Conclusão

A estratégia de ciclos entre o estado Sonhador, Realista e Crítico de Disney fornece uma base poderosa para qualquer tarefa produtiva ou criativa.

O processo do sonho criativo de Disney é feito por meio da imaginação visual, mas também inclui a sobreposição e a sintetização dos sentidos. O "Sonhador" enfoca a grande imagem, com a atitude de que qualquer coisa é possível. A fase do Sonhador é geralmente orientada para o futuro a longo prazo. Ela inclui o pensamento em termos de uma imagem maior e segmentos mais amplos, para gerar novas alternativas e escolhas. O seu nível básico de enfoque é na geração de conteúdo ou no "quê" do plano ou idéia — as "causas finais".

O processo de Disney de "realizar" seus sonhos ocorreu pela associação física das personagens do sonho e pelo processo de "*storyboarding*" da segmentação do sonho em etapas diferentes. O Realista age "como se" o sonho fosse possível e concentra-se na formulação de uma série de aproximações de ações sucessivas necessárias para concretizá-lo. A fase do Realista tem mais ação com respeito ao futuro, e opera dentro de uma estrutura temporal mais curta do que a do Sonhador. O Realista geralmente concentra-se mais nos procedimentos ou operações. O seu nível básico de enfoque é em "como" implementar o plano ou idéia — as causas formais e precipitantes.

O processo de avaliação crítica de Disney incluía o distanciamento de si mesmo do projeto e a adoção de um "segundo olhar" do ponto de vista do público ou do cliente. O seu enfoque primário era no "porquê" do plano. O crítico tenta evitar problemas e assegurar a qualidade pela aplicação lógica de diferentes níveis de critérios e da verificação de como uma idéia ou plano mantém-se em vários cenários de "como se". A fase Crítica inclui a análise do plano, a fim de descobrir o que poderia dar errado e o que poderia ser evitado. A fase Crítica precisa considerar as questões a longo e a curto prazo, procurando fontes potenciais de problemas tanto no passado como no futuro — as causas "coercitivas".

Wolfgang Amadeus Mozart

4

WOLFGANG AMADEUS MOZART
CANÇÕES DO ESPÍRITO

Esboço do Capítulo 4

- **Sonhos musicais**
- **Semelhanças entre a estratégia de Mozart e a de outros músicos e compositores**
- **O processo criativo de Mozart e a teoria da auto-organização**
- **Como implementar a estratégia de Mozart**
- **Aplicação da estratégia de Mozart em outras áreas, além da música**
  O formato SCORE* musical
- **Meditação orientada usando a estratégia de Mozart**
- **Conclusão**

---

* *Score:* significa pauta musical. (N. do T.)

WOLFGANG AMADEUS MOZART:
Sonhos Musicais

Por mais de dois séculos Wolfgang Amadeus Mozart (1756-1791) representou o pináculo da genialidade musical. A sua capacidade parecia muito acima das capacidades da média do ser humano. Existem várias histórias sobre as proezas e capacidades de Mozart: como ele conseguia jogar bilhar e escrever pautas entre cada jogada; como compôs a abertura da ópera *Don Giovanni* em duas horas no dia da apresentação; como compôs a fuga para uma peça enquanto estava compondo o prelúdio; como foi capaz de anotar de memória um inteiro "Miserere" ouvido na Capela Sistina após apenas duas audições.

No entanto, segundo os princípios da Programação Neurolingüística,[1] as incríveis capacidades de Mozart não eram apenas uma coincidência mística e mágica e sim o produto de habilidades cognitivas muito concretas e altamente desenvolvidas que podem ser compreendidas e até duplicadas pela indivíduo médio. Usando os métodos e distinções de modelagem que desenvolvemos neste livro (e um pouco de "trabalho de investigação" no estilo de Sherlock Holmes), podemos entender melhor e de maneira mais prática as excepcionais estratégias de Mozart.

Uma das melhores informações de como funcionava o processo criativo de Mozart vem de uma carta escrita por ele em 1789. Nessa carta, ele descreve a sua estratégia de composição de música com detalhes impressionantes, esboçando quatro estágios básicos do processo de composição. Ele começa com a seguinte descrição:

Quando consigo ser completamente eu mesmo, quando estou sozinho e de bom humor — por exemplo, ao viajar de carruagem, ou ao caminhar depois de uma boa refeição ou durante a noite quando não consigo dormir, nessas ocasiões as minhas idéias fluem melhor e de maneira mais abundante. De onde e como elas vêm, eu não sei; tampouco posso forçá-las. Retenho na memória os prazeres que me agradam, e normalmente, como já disseram que faço, cantarolo-os para mim mesmo.[2]

---

1. Dilts, R., Grinder, J., Bandler, R. & DeLozier, J. *Neurolinguistic Programming Vol I*. Meta Publications, Cupertino, CA, 1980.

2. E. Holmes. *The Life of Mozart Including His Correspondence*. Chapman & Hall, 1878, pp. 211-13.

Mozart começa descrevendo o estado emocional- psicológico a partir do qual surgem suas inspirações musicais. Ele começa dizendo: "Quando sou... completamente eu mesmo..." Ser "completamente ele mesmo" indica um tipo de congruência e harmonia interna de nível de identidade. Não existe confusão ou conflito interno sobre a sua própria identidade. Estar "inteiramente sozinho" indica que ele não está em contato imediato com nenhuma outra pessoa. Ele está livre para ter uma relação ininterrupta com o seu próprio mundo interno. Mozart também especifica estar "de bom humor" — estar em um estado de sensação positiva.

Assim, Mozart identifica três condições psicológicas: estar 1) congruente, 2) em um estado e relação íntima consigo mesmo e 3) em um estado de sensação positiva.

Depois, ele identifica algumas condições físicas, dando os exemplos de "viajando em uma carruagem ou caminhando após uma boa refeição". Isto parece pressupor algum tipo de movimento físico. Mozart não fica sentado e pensando, há um movimento que o acompanha.

Mozart continua dizendo: "... é nessas ocasiões que as minhas idéias fluem melhor e de maneira mais abundante". É importante observar que ele não diz "nessas ocasiões eu faço a minha melhor música". O termo "fluir" indica que as idéias surgem naturalmente e sem controle consciente. É como se ele percebesse a sua neurologia como um tipo de instrumento musical que toca sozinho e, ao ajustá-lo corretamente, a música virá sozinha. Mozart parece concentrar-se no estabelecimento das condições físicas e psicológicas que permitirão que as idéias musicais emerjam espontânea e automaticamente.

Mozart ainda diz "de onde e como elas vêm, eu não sei, nem posso forçá-las". Isto indica claramente que o processo criativo de Mozart é amplamente inconsciente e muito sistemático, em vez de ser uma operação direta de causa e efeito. Quaisquer que sejam as ações conscientes que ele emprega, as notas musicais não aparecem em sua mente de maneira linear. Ao contrário, as ações conscientes de Mozart ajustam o estado do seu sistema neurológico de forma que as idéias musicais sejam liberadas e possam emergir naturalmente.

Ele continua, dizendo: "Esses prazeres que me agradam eu os retenho na minha memória". Aqui, ele está descrevendo uma relação importante e fundamental entre o "prazer" e a "memória". O prazer neste caso relaciona-se sem dúvida aos sentimentos enquanto a memória está ligada à rememoração dos sons. Isto indicaria que, em um nível micro, os sentimentos de Mozart formam uma cinestesia com o som em um tipo de ciclo contínuo de *feedback* positivo reforçador, ou seja, TOTS. O nível em que algo parece "prazeroso" é o teste deste ciclo. A operação inclui a transformação das sensações corporais em sons. Assim, as sensações de Mozart geram representações sonoras internas dentro da sua neurologia. Os sons que se encaixam com os sentimentos de prazer ou reforçam aqueles sentimentos são naturalmente mantidos.

O processo gerador básico de Mozart parece ser um exemplo claro do que Aristóteles chama de "princípio prazeroso" básico. O comportamento e a qualidade de contato que Mozart tem com o seu ambiente externo, estimula ou libera as representações auditivas internas. As qualidades das representações auditivas, por sua vez, estimulam ou liberam as sensações. Se as sensações assim estimuladas pelas idéias musicais enquadram-se ou reforçam o estado positivo e congruente no qual ele se encontra, eles então tornam-se profundamente associados.

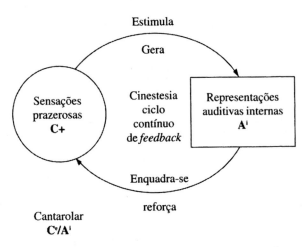

Diagrama do primeiro estágio da estratégia de Mozart

Mozart prossegue dizendo que *"normalmente, como já disseram que faço, cantarolo-os para mim mesmo"*.

Se o sentimento provocado pela sua música interior "ressoa" com esta sensação positiva geradora, em seguida Mozart expressa aquela música cantarolando-a. O cantarolar compreende outro tipo de combinação de sensações e sons — músculos da garganta e do peito são ativados para produzir e exteriorizar o som. O fato de Mozart mencionar que já lhe disseram que ele cantarola é uma indicação clara de que se trata de um processo do qual ele não está consciente no momento em que o faz.

Em linguagem de PNL, podemos esboçar a microestrutura desse primeiro estágio mais básico da estratégia de Mozart da seguinte maneira: o processo de composição parece partir de um estado de sensação cinestésica congruente, combinado com algum tipo de movimento físico. O sentimento interno parte desse estágio que produz sons ou tons através de uma sobreposição natural entre o sentido cinestésico e o auditivo (C -> A^i). Esta ligação é chamada de cinestesia. Se esses sons enquadram-se ou reforçam o estado de sensação positiva, eles são cantarolados (C^e/A^i) e retidos na memória, senão eles são descartados.

Quando um número suficiente desses padrões musicais básicos é reunido, Mozart passa para o estágio seguinte. Ele escreve:

Se eu continuar desta maneira, passo a pensar de que forma posso transformar este pedaço, para fazer dele um bom prato, digamos assim, adaptado às regras de contraponto, às peculiaridades dos vários instrumentos etc.[3]

Mozart afirma: "Se eu continuar desta maneira, passo a pensar de que forma posso transformar este pedaço, para fazer dele um bom prato". Isto indica que os sons que ele reteve na memória formam largos segmentos compostos de grupos de sons, ou "segmentos". Depois de ter reunido um número suficiente desses segmentos, ele passa a outro nível de organização neurológica, a fim de combinar as peças maiores entre si. Ele usa a analogia de fazer "um prato" com elas — uma refeição. Conquanto a referência à alimentação seja claramente uma metáfora, não está fora de questão a hipótese de que também possa indicar a inclusão dos sentidos do paladar e do olfato na estratégia de criatividade de Mozart, mediante outra relação de cinestesia.

Nesse estágio, Mozart está selecionando pequenos grupos de "idéias musicais" pelo ciclo contínuo de *feedback* entre a sensação e o som. Quando ele reúne um número suficiente desses grupos — quando eles atingiram uma espécie de "massa crítica" — ele passa a outro nível da organização neurológica: criar uma refeição a partir dos pedaços. Para tanto, ele emprega as regras do contraponto e passa a levar em consideração "as peculiaridades dos vários instrumentos". É como se Mozart tivesse de reunir um número suficiente de idéias para atingir um limiar a partir do qual ele pode criar o seu primeiro esboço de uma composição, antes de começar a aplicar outros filtros, da mesma forma que

---

3. Ibid.

um escritor faria um primeiro rascunho antes de aplicar as regras de ortografia, gramática e estilística.

Este novo nível de processamento exige a inclusão de pedaços maiores de informação e é normal que necessite da mobilização de outros sistemas neurológicos, além do processo criativo inicial. Mozart menciona a aplicação das regras de contraponto. O raciocínio do tipo que leva em consideração regras está mais associado com o hemisfério esquerdo do cérebro (que processa a linguagem) enquanto o tipo de processo associativo inconsciente descrito por Mozart como sendo a sua atividade criativa inicial estaria mais ligado ao raciocínio do hemisfério direito. Parece razoável presumir que, neste estágio, Mozart comece a incluir o hemisfério dominante mais lógico na sua estratégia de criatividade. O seu comentário de que "Então surge na minha mente a maneira como eu posso transformar este pedaço de música em algo que cante e que conte" também mostra a percepção — por parte de Mozart — de sua participação consciente como um fator causal no processo, coerente com a participação do hemisfério esquerdo do cérebro. Assim, embora Mozart não possa "forçar" o fluxo intuitivo original de idéias musicais, ele pode manipular conscientemente essas idéias, a partir deste momento.

É importante lembrar que as regras só têm significado para uma pessoa como experiências de referência pessoal nas quais elas se baseiam. O uso por parte de Mozart da metáfora do prato a partir dos pedaços sugere a possibilidade de que ele literalmente incluiu o sentido do paladar e do olfato como base intuitiva da sua compreensão das regras de contraponto. É intrigante especular que Mozart pode ter codificado as regras de contraponto e os aspectos ímpares de diferentes instrumentos musicais como o odor e o paladar, em vez das estruturas abstratas lógicas. Há uma intuição natural profunda que todos possuem a respeito de como o paladar e os sabores enquadram-se. Não se come o sorvete no início da refeição; o seu objetivo é equilibrar alguns sabores. A música "saborosa" pode realmente exigir o sentido do paladar. Podemos até imaginar Mozart pensando: "Eis aqui uma peça doce. Deverá ela acompanhar algo amargo ou algo suave?"

Em resumo, nesta fase da sua estratégia de composição, Mozart está avaliando e trabalhando com a música em um nível mais amplo. Ele pega as melodias e notas básicas, combinando-as e avaliando-as em "segmentos maiores" sucessivos, assim como se combinam pedaços de alimentos em um prato. Se bem que a sua referência ao sentido do paladar por esta analogia com a comida pareça ter sido utilizada basicamente com um propósito descritivo, pode ser que, para Mozart, os sons também possuam uma cinestesia ou sobreponham-se ao sentido do paladar. Após este estágio, o processo de composição continua com segmentos ainda maiores.

Tudo isso incendeia a minha alma e, se eu não for perturbado, o tema amplia-se, torna-se metodizado e definido e o conjunto, embora longo, aparece quase que completo e acabado na minha mente — assim, posso supervisioná-lo, como a um lindo quadro ou uma bela estátua, com um único olhar. Tampouco escuto em imaginação as partes sucessivamente, mas as ouço como se fossem algo único, de uma só vez (gleich alles zusammen). *Mal posso descrever a delícia que é! Toda esta invenção, esta produção, ocorre em um sonho prazerosamente concreto. Ainda assim, a audição real do conjunto é, sem dúvida, o que há de melhor.*[4]

Mozart diz: "Tudo isso incendeia a minha alma". Isto implica algo que vai além de um simples estado de sentimento positivo. Esta descrição pressupõe a ativação de sistemas neurológicos mais profundos e ainda mais penetrantes. Parece que quanto mais são reunidos os grupos de sons, mais cresce e se intensifica o estado de sentimento positivo, pelo processo de sobreposição de cinestesia. É como se, nesse estágio, Mozart tivesse chegado a um nível de organização que exija a mobilização da neurologia em um nível de identidade e até mesmo espiritual. Quanto mais expansivo for o nível de organização da composição musical, o comprometimento de neurologia exigido para representar, mais expansivas tornam-se a retenção e a manipulação da música. As sensações associadas a este comprometimento da neurologia devem ser, sem dúvida, bastante profundos.

Mozart escreve que "se eu não for perturbado, o meu tema se amplia". Observe-se que ele não diz. "Eu o amplio". Isso significa que "Eu sou o canal através do qual ele está crescendo". É como se as música estivessem escrevendo-se a si mesma, por algum processo de crescimento orgânico.

Mozart continua dizendo que a composição "torna-se metodizada e definida, e o conjunto, embora grande, aparece quase completo e acabado na minha mente, para que eu possa supervisioná-lo, como a um belo quadro ou a uma linda estátua, apenas com o olhar". Este estágio da estratégia de Mozart é provavelmente o mais surpreendente e interes-

---

4. Ibid.

sante. Fica claro que um novo sistema sensorial foi ativado — o da visão. Esta é a primeira referência de Mozart ao sistema de representação visual. Mozart está pressupondo que se desenvolveu uma cinestesia que vai do auditivo ao visual, de forma que os sons combinados se sobreponham para criar uma única imagem visual construída representando os grupos completos de blocos de som ($A \rightarrow V^c$). Esta imagem não aparece sob a forma de notas musicais, mas sim como algo mais abstrato como um quadro.

Fica mais ou menos evidente que cada um dos sentidos é capaz de processar e representar a informação de uma forma diferente da dos outros. Cada sistema de representação sensorial tem certas forças em sua capacidade de organizar e avaliar nossa experiência. O paladar é realmente bom para equilibrar e reunir coisas. O sistema de representação visual pode assimilar simultaneamente muitos tipos de informação de forma a não interferirem umas com as outras. Por exemplo, é possível observar um grupo completo de pessoas e ver todos os indivíduos simultaneamente sem qualquer interferência de uma ou outra pessoa. Mas, se ouvíssemos todas as pessoas falando simultaneamente, seria uma sobrecarga excepcional. O sistema auditivo não é bom para lidar com um grupo de sons simultaneamente. As suas qualidades são a ordenação em seqüência, a harmonia, a cronometragem etc.

Portanto, neste estágio Mozart precisa mobilizar o seu sistema visual. Ao fazê-lo, ele parece estar ativando uma cinestesia bastante poderosa. Ele acrescenta: "Eu não escuto na minha imaginação as partes sucessivamente, mas ouço-as todas de uma só vez". Parece que essa imagem se sobrepõe ao sistema auditivo, produzindo algum tipo de Gestalt auditiva que abrange a composição como um todo. E, assim como nos estágios precedentes, esses sons sobrepõem-se ao sistema cinestésico como um reforço positivo.

Ele diz: "Não posso expressar a delícia que isto é! Toda esta invenção, esta produção, acontece em um sonho prazerosamente real". Os padrões de cinestesia de Mozart são tão imediatos e inconscientes que o processo inteiro ocorre como se fosse sonho (o que geralmente inclui muitas cinestesias) e não exige nenhum esforço consciente. Quando o processo é iniciado, ele mobiliza tanto o sistema nervoso que continua por si só sem necessidade de nenhuma orientação consciente. Ele passa a ter uma vida sua — como num sonho.

Isto enfatiza o fato de que a estratégia mental é o elemento mais importante da capacidade criativa, ao contrário do esforço consciente ou da inspiração. No momento em que a estratégia torna-se instalada e automatizada, o programa pode continuar sem nenhuma interferência consciente. Mozart continua o seu testemunho sobre a elegância deste circuito mental inconsciente ao escrever:

Não esqueço com facilidade o que foi assim produzido e este é talvez o melhor presente pelo qual tenho de agradecer ao meu divino criador.[5]

Mozart afirma: "Não esqueço com facilidade o que é assim produzido". Aqui, ele se refere à sua famosa memória auditiva, indicando que se trata de um dom natural inato por parte do seu divino criador. Todavia, se levarmos em consideração todas as sobreposições da música por esse ponto comum com os outros sentidos durante os três estágios do processo de composição — incluindo as conexões constantes e os sentimentos positivos e passando pela imagem visual única (e mesmo potencialmente pelo sentido do paladar) — não é de surpreender que esses sons sejam dificilmente esquecidos. Quando alguém está preso a outras representações sensoriais, essas conexões deixam as suas marcas. Parece óbvio que se ouvirmos algo, sentirmos algo, provarmos algo e virmos algo, provavelmente seria difícil esquecer! Se estivermos sentindo em todas as partes do nosso sistema neurológico, para onde ele iria? Se apenas ouvirmos, fica mais fácil esquecer. Mas quando temos à nossa disposição este incrível sistema de cinestesias, a música é tão plenamente representada que pareceria tornar-se quase holográfica — de maneira que cada parte dela contenha todas as outras partes.

Mozart descreve o estágio final deste processo criativo da seguinte maneira:

Quando eu passo a escrever as minhas idéias, tiro do bolsão da minha memória, se posso me expressar assim, o que havia sido ali reunido previamente, da forma como mencionei anteriormente. Por esta razão, a escrita no papel é feita rapidamente, pois tudo está, como já disse antes, feito; e raramente difere no papel daquilo que existia na minha imaginação. Neste estágio, posso ser interrompido; pois haja o que houver ao meu redor, ainda continuo a escrever, e até conversar, mas apenas de coisas anódinas, ou de Gretel ou Barbel ou de coisas parecidas.[6]

Mozart comenta que "Quando passo a escrever as minhas idéias, tiro do bolsão da minha memória... o que anteriormente havia sido

---

5. Ibid.
6. Ibid.

colocado ali da forma como mencionei anteriormente". Sem dúvida, ele "recolhe" as idéias musicais no "bolsão" da sua memória através da estratégia de segmentar para cima de maneira contínua — usando diferentes partes do seu sistema nervoso para organizar segmentos ou grupos de representações internas de música cada vez maiores. Sons específicos representam a relação entre os grupos de sensações corporais que constituem o seu estado sensorial. As regras, ou paladares possíveis ("pedaços" e "pratos"), representam a relação entre os grupos de som. A visão representa a relação entre os "pedaços" e "pratos" musicais. Ele continua a passar de um sistema de representação para outro, a fim de organizar pedaços cada vez maiores de representações.

Como ele segmentou para cima de forma sistemática, a recuperação depende da reversão simples do processo e da segmentação para baixo. Para chegar a cada segmento individual, Mozart apenas reverte a direção do processo de segmentação com o qual ele organizou o conjunto. Ele afirma: "Por esta razão a escrita no papel é feita rapidamente pois...[ela] já está acabada e raramente difere no papel daquilo que existia na mina imaginação".

Somente neste estágio final ocorre a tradução da composição das notas e símbolos musicais típicos. E, como a Gestalt já está presente, isto também não exige muito esforço. Poderíamos especular que esta tradução para a notação musical seja provavelmente visual, indo a mapeamento visual — uma correspondência entre a imagem criada abstrata e as contrapartes lembradas da notação musical padrão. Se for o caso, podemos ver como seria possível para ele fazer esta tradução enquanto já está pensando em outra peça musical. Os primeiros estágios da sua estratégia de composição parecem exigir basicamente o sentido auditivo e cinestésico que ficam livres para fazer algo de novo, enquanto o sentido visual continua a mapear visualmente.

Aliás, Mozart diz: "Neste estágio, posso ser interrompido". Sem dúvida este é um processo diferente do que Mozart usou para criar, durante o qual ele precisa ficar "inteiramente sozinho". Há menos comprometimento neurológico nesta fase. Ele tem um tipo de imagem e está traduzindo-a para outro tipo de imagem. Assim, os seus ouvidos e os seus sentimentos, a sua língua e o seu nariz estão livres para fazer outra coisa. Quando pensamos em como ele conseguia classificar e empregar os seus sistemas de representação, não é de surpreender que ele fosse capaz de escrever uma peça enquanto simultaneamente estava compondo outra. O sistema visual pode estar envolvido em escrever uma composição, enquanto as sensações e os sons estão mobilizados para começar outra.

Ele diz: "Eu escrevo, e até falo, mas apenas de coisas anódinas ou de Gretel ou Barbel, ou de coisas parecidas". Isto significaria que se o assunto tornar-se muito profundo, ele é obrigado a dedicar uma maior parte da sua neurologia à conversa e isto vai implicar um maior número de circuitos neurológicos que estavam sendo devotados à transcrição da composição que já existia na sua imaginação.

Resumindo, podemos descrever o processo criativo de Mozart em termos de interligação de uma microestratégia com uma macroestratégia. A microestratégia tem a ver com a ligação sucessiva dos sentidos em cinestesias, enquanto a macroestratégia relaciona-se à segmentação para cima, a fim de codificar pedaços cada vez maiores de "idéias" musicais. Cada segmento sucessivamente maior implica o comprometimento cada vez mais profundo e mais abrangente das estruturas neurológicas e parece elevar o processo a outro nível "neurológico". Quando Mozart chega ao nível mais alto e mais amplo da segmentação (quando ele vê a audição de toda a composição diante dele como se fosse uma entidade única), ele a segmenta para baixo mais uma vez até chegar ao nível das notas individuais.

No nível macro, a estratégia de criação de Mozart é o inverso da estratégia de análise e indução de Aristóteles e da estratégia de observação e dedução de Holmes. Tanto Aristóteles como Holmes começam com "massas bastante confusas" de informação que inicialmente segmentaram para baixo, atingindo detalhes e elementos mais específicos. Depois, eles passam a segmentar para cima, a partir dos detalhes, para inferir ou reconstruir a "imagem maior".

A estratégia de Mozart assemelha-se mais ao ciclo de Disney, quando se move entre o Sonhador e o Realista. Mozart e Disney juntam segmentos de experiência, basicamente gerados por cinestesias entre os sentidos, até que sejam capazes de ver "como cada peça pode ser colocada". Em seguida, eles passam a segmentar esta visão mais ampla mais uma vez para baixo, transformando-a em uma pauta musical ou num "*storyboard*".

Podemos esboçar o processo criativo de Mozart pelas seguintes etapas:

1. A interligação sistêmica entre o estado interno de Mozart, o seu padrão de movimento físico e o estímulo do seu ambiente criam as condições nas quais as idéias ou segmentos musicais são gerados ou liberados. O estado interno de Mozart (Ci) e o estímulo ambiental e físico (Ce) estão codificados principalmente em ter-

mos de sensações e movimentos. As idéias musicais sob a forma de representações auditivas criadas (Ac) são produzidas por um processo de cinestesia e filtradas com relação ao seu "enquadramento" com sensações prazerosas.
2. Grupos de sons e idéias musicais ("pedaços") estão organizados em estruturas mais amplas ("pratos"), sendo sujeitos a regras de contraponto e associação com as peculiaridades de vários instrumentos musicais (Al). Neste estágio, a música é avaliada por um filtro, de acordo com as crenças e os valores relativos à estrutura musical e ao "gosto", pressupondo a ativação dos processos do hemisfério esquerdo do cérebro. As estruturas de referência das regras de contraponto e os atributos ímpares dos vários instrumentos musicais são fornecidos de maneira metafórica, e talvez literal, pela associação de grupos de sons com os alimentos e potencialmente qualidades de paladar e olfato (G/O).
3. O "prato" começa a ter uma identidade ou vida própria, transcendendo o senso de individualidade de Mozart e deixando de exigir uma intervenção mais consciente. Um grupo completo emerge por meio de um estado parecido com o do sonho, como uma espécie de visão (V^c) que representa a Gestalt da composição toda. Neste estágio, a representação visual parece ter um papel importante, porém cinestesias com sensações (C^i- "incendeia a minha alma", "que delícia") e sons (A^c — "Eu ouço tudo de uma só vez") são essenciais para mobilizar a neurologia necessária para produzir a Gestalt.
4. O estágio final da colocação no papel da composição depende da reversão do processo de segmentação e do desdobramento ou descodificação daquilo que foi desdobrado ou codificado nos três estágios anteriores. A transcrição da Gestalt musical multissensorial ocorre provavelmente pelo mapeamento de elementos da abstrata imagem visual criada (V^c) para o sistema de notação musical padrão, que existe na memória (V^l).

No nível metaestratégico, uma das coisas mais fascinantes do processo de Mozart é o nível no qual ele distingue claramente os vários estágios e níveis de criatividade, a partir de sentidos e metáforas diferentes. Por exemplo, a referência de Mozart à "criação de um prato" no segundo estágio do seu processo de composição implica a microestratégia de paladar e olfato, mas também o uso da metáfora de uma refeição para a composição musical como uma macroestratégia. A sua referência à pintura e à escultura, no terceiro estágio do seu processo de composição,

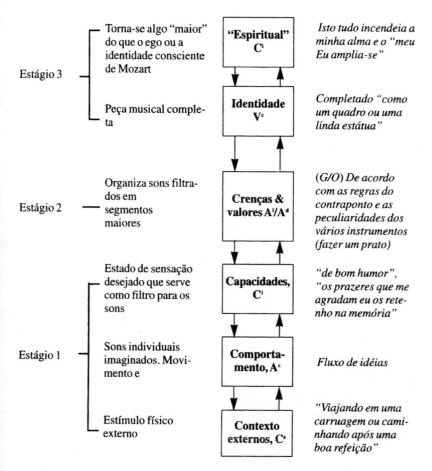

Estágios e níveis da estratégia de Mozart

não apenas indica o acréscimo de um sentido diferente no nível microestratégico, mas a metáfora também apresenta um novo grupo de relações no nível da macroestratégia.

Os tipos de relações aos quais prestamos atenção enquanto examinamos um quadro ou escultura são diferentes daqueles que observamos enquanto estamos provando ou avaliando uma refeição. É como se cada um desses níveis incorporasse um grupo diferente daquilo que Aristóteles denominou "sensíveis comuns". Os sensíveis comuns são qualidades compartilhadas por todos os sentidos. Aristóteles os identificou como características de "movimento, descanso, número, figura, magnitude, unidade". O som divide alguns tipos de qualidades comuns com a sensação e o movimento, mas não o faz com o sentido do paladar e da visão.

As metáforas estão entre os mecanismos mais importantes, mediante os quais aplicamos os "sensíveis comuns". Assim, a escolha de metáforas por Mozart não é aleatória. Como comparação, imaginemos que ele tivesse usado uma metáfora de enxergar a composição toda como se fosse uma máquina bem construída: "Eu a vejo diante de mim como um relógio bem-feito". A metáfora é tão importante para o sistema sensorial que está sendo empregado porque implica certos tipos de inter-relação.

Certa vez, tive a oportunidade de ouvir o desempenho de uma missa composta pelo pai de Mozart seguida pelo *Réquiem* de Mozart. Não havia comparação entre a peça que Leopold Mozart escreveu e o *Réquiem* do seu filho. Não que a composição do pai não fosse bonita. Ele sem dúvida conhecia todos os mecanismos da composição musical. Mas não havia o mesmo tipo de personalidade, complexidade ou riqueza na sua missa que caracterizava o trabalho de seu filho. Era, sem dúvida, mais parecido com o mecanismo de um relógio do que com um quadro — sem nenhuma falha técnica, mas sem a riqueza de identidade e o espírito do *Réquiem* do filho. Podíamos ver que o *Réquiem* do jovem Mozart era como um quadro. As peças da sua composição encaixavam-se com um tipo de coerência não linear que encontramos nos quadros.

A estratégia e criatividade de Mozart parece-se mais com o processo de se apaixonar do que com o processo técnico de análise e crítica. Na verdade, Mozart descreveu certa vez a metaestratégia do seu processo de criatividade afirmando que *"Estou constantemente procurando duas notas que se amem"*.

Semelhanças entre a Estratégia de Mozart e a de Outros Músicos e Compositores

Mozart não foi o único compositor famoso que descreveu o seu processo de criação musical nesses termos. Beethoven, por exemplo, usou uma linguagem surpreendentemente semelhante à de Mozart, ao descrever a sua estratégia de composição:

Começo a elaborar o trabalho na sua largura, altura e profundidade e, como estou consciente daquilo que quero fazer, a idéia subjacente nunca me abando-

na. Ela levanta-se e cresce, ouço e vejo a imagem diante de mim, partir de todos os seus ângulos, como se ela tivesse sido moldada como uma escultura, restando apenas o trabalho de escrevê-la...[7]

Surpreendentemente, a descrição de Beethoven reproduz a de Mozart em quase todos os detalhes mais importantes: a composição "cresce"; ela é ouvida e vista, por ele, como se fosse uma escultura; e, por fim, "resta apenas o trabalho de escrevê-la".

Da mesma forma, o compositor Paul Hindemith afirmou:

Um criador genuíno... terá... a dádiva de ver — iluminada no seu olho mental, como que pela luz de um relâmpago — uma forma musical completa... Ele terá a energia, persistência e capacidade de fazer viver esta forma entre vista, de forma que após meses de trabalho nenhum dos detalhes ficará perdido ou deixará de se enquadrar na sua imagem fotográfica.[8]

Como Mozart, Hindemith refere-se à visão de uma "forma musical completa", embora ele use a analogia de uma imagem fotográfica, em vez de um quadro ou estátua. Como a fotografia não existia nos tempos de Mozart ou Beethoven, é difícil avaliar se as implicações artísticas da pintura e da escultura são essenciais ou se Mozart e Beethoven teriam adotado metáforas mais modernas.

O que fica claro é que a forma visual da música não é a da notação musical padrão e sim de uma qualidade mais abstrata. O compositor sinfônico Michael Colgrass, ganhador do prêmio Pulitzer, descreveu o papel desse tipo de cinestesias e imagens especiais no seu processo criativo, da seguinte maneira:

Depois de elaborar uma idéia do material, de certa forma eu fico em repouso. Olho para ele. Penso nele e sinto-o. E depois, se estiver receptivo, a idéia começa a dizer o que quer fazer. É como se começasse um movimento em uma certa direção. Se eu estiver receptivo é como se eu dissesse "hum, hum", e depois começo a escrever...
Quando estou desta maneira em um momento importante, escrevendo, estou sentido-o, ouvindo-o e vendo as subdivisões matemáticas dos ritmos que devem ser escritas...

---

7. Hamburger, M. *Beethoven: Letters, Journals and Conversations.* Pantheon Books, 1952.
8. "A Composer's" World: Horizons and Limitations. Harvard University Press, 1952.

Às vezes as pessoas perguntam: "Como você escreve as peças?" E eu digo: "Construindo-as". Elas são escritas com um lápis, esta é a marca. Mas elas são construídas. E quando as peças começam a surgir, por sua vez elas sugerem outras peças.
E também começa a aparecer um certo distanciamento. Porque à medida que nos distanciamos estamos tendo uma visão gestalt do que está acontecendo ali. Porque mesmo que a peça dure vinte minutos, é necessário ser capaz de vê-la já acabada, de uma só vez. É necessário ser capaz de vê-la de um ponto a outro. Não é possível cantá-la durante vinte minutos sempre que se quiser verificar algo que se encontra no décimo sétimo minuto. Portanto, é necessário ser capaz de ir diretamente àquele ponto e examinar os objetos, os movimentos, as sensações e os eventos. Os eventos e as sensações têm de acontecer rapidamente. De forma que possamos chegar àquele ponto sem perder muito tempo...
Existem várias imagens amorfas nisto que estou dizendo agora, não se trata da oitava nota ou da décima sexta nota ou do si bemol. É como se fosse um quadro, mas não exatamente. É uma imagem abstrata.[9]

Os elementos da estratégia de Mozart parecem ser importantes em quase todos os aspectos da música, não apenas a criatividade e a composição. Certa vez assisti a um estudo das estratégias de estudantes de música excepcionais realizado em duas das mais prestigiadas escolas de música da Inglaterra.[10] Esses estudantes tinham demonstrado capacidade em técnicas como memória de ritmo e tom e tarefas de discriminação de escala. Como Mozart, esses excepcionais estudantes usavam bastante cinestesia, transformando sons em sensações e imagens para representar a música como um todo. Eles visualizam os sons não como notas, mas como formas e cores, como uma pintura abstrata a qual se referem como "mapeamentos musicais" ou "gráficos". Eles foram capazes de utilizar este tipo de imagem abstrata para se lembrar de melodias e ritmos diferentes ou extensos.

É interessante observar que a estratégia de Mozart não se limita à composição de música clássica. Alguns dos compositores mais prolíficos e bem-sucedidos da música popular moderna também mencionam uma qualidade de sonho, bastante inconsciente, como a descrita por Mozart como parte do seu processo e criação. Por exemplo, em uma entrevista à revista *Rolling Stones* em 1983, o cantor e compositor de música popular Michael Jackson disse:

---

9. Dilts, R., Epstein, T. & Dilts, R. *Tools for Dreamers*. Meta Publications, Cupertino, CA, 1991, pp.96-104.

10. O'Connor, Joseph. "Listening Skills in Music". Lambent Books, Londres, 1989.

Eu acordo de um sonho e me digo: "Tenho de colocar isso no papel". Ouço as palavras, tudo está ali diante de mim... É por isso que detesto assumir o crédito das canções que escrevo. Eu sinto que em algum lugar, em algum ponto, já está tudo pronto e sou apenas o mensageiro que traz aquilo para o mundo.

Paul McCartney, outro famoso compositor de música popular (que também escreveu composições clássicas), mencionou uma experiência semelhante durante uma entrevista para a televisão. Ele descreveu como, quando fazia parte do grupo Beatles, sonhou que ouvia os Rolling Stones, um grupo musical rival, cantando uma música da qual teve ciúmes. Ao acordar, ele se apercebeu de que eles nunca gravaram ou cantaram uma música como aquela sobre a qual ele tinha sonhado, então ele a escreveu e gravou. Foi um dos sucessos mais famosos do grupo — *Yesterday*.

Os aspectos principais da estratégia de Mozart também aparecem nos processos de criação de pessoas fora do meio musical. Por exemplo, a percepção das equações matemáticas de Albert Einstein de representação das suas teorias vai ao encontro da descrição de Mozart do papel da notação musical, no processo criativo.

Nenhum homem realmente produtivo pensa desta maneira no papel... [A teoria da relatividade] não surgiu de nenhuma manipulação de axiomas... Esses pensamentos não apareceram em nenhuma formulação verbal. Raramente penso nas palavras. Um pensamento surge e eu posso tentar expressá-lo em palavras posteriormente.
As palavras ou a linguagem, da forma como são escritas ou faladas, não parecem ter nenhuma função no meu mecanismo de pensamento. As entidades psíquicas que parecem servir como elementos no pensamento são alguns sinais e imagens mais ou menos claras que podem ser reproduzidas e combinadas "voluntariamente"... Os elementos acima mencionados são, no meu caso, de tipo visual e alguns de tipo muscular. As palavras ou outros sinais convencionais têm de ser procurados de maneira cuidadosa, mas somente em um estágio secundário, quando a associação mencionada está suficientemente estabelecida e pode ser reproduzida à vontade.[11]

Talvez a coisa mais importante a ser aprendida na estratégia de Mozart com relação ao processo de composição, desempenho e apreciação de música seja o significado das cinestesias entre os sentidos e a ancoragem constante do processo a sensações positivas. O conhecimento

---

11. Dilts, R. "Albert Einstein: A Neuro-Linguistic Analysis of a Genius". Dynamic Learning Publications, Ben Lomond, CA, 1990.

real de notação musical apenas surge no final da estratégia. Todavia, ironicamente, é este o conhecimento que parece ser ensinado em primeiro lugar aos alunos. E, infelizmente, isto é feito de maneira que interfere na ligação dos padrões sonoros a sensações positivas e a cinestesias criativas com outros sentidos. Talvez, se revisássemos a seqüência e as estruturas utilizadas para ensinar os estudantes de música a acompanhar a estratégia de Mozart, teríamos mais Mozarts em potencial no campo da música de hoje.

O Processo Criativo de Mozart e a Teoria da Auto-organização

A teoria de "auto-organização"[12] é o processo de formação de ordem em sistemas dinâmicos complexos. Paradoxalmente, ela surgiu a partir do estudo do caos. Os cientistas que estudavam os caos (a ausência de ordem) observaram que quando um número suficiente de elementos interagindo de maneira complexa eram reunidos, ao invés de criar o caos, a ordem parecia formar-se "espontaneamente" como resultado dessa interação.

De muitas formas, a descrição de Mozart do seu processo criativo parece refletir este fenômeno da alta organização. Mozart escreveu sobre como as suas idéias musicais "fluíam" sem esforço consciente e como o seu processo de composição acontecia "em um sonho real prazeroso". Outros compositores também falam sobre como a sua música parece surgir por si só, aparecendo em sonhos ou "escrevendo-se" sozinhas. Podemos deduzir que a música "se organiza" dentro do sistema nervoso do músico ou compositor.

Pensa-se que em nosso sistema nervoso os processos de auto-organização são o resultado de conexões associativas entre as células nervosas. Essas associações estariam estabelecidas e elaboradas de acordo com a regra de "Hebb". Hebb foi um neurologista, ganhador do prêmio Nobel, que descobriu que se dois neurônios interligados em um estado semelhante reagirem simultaneamente, a sua ligação fica fortalecida. Em outras palavras, em vez de um caminho já conhecido estabelecido pela força física, a força das conexões associativas entre

---

12. H. Haken & M. Stadler (Ed.). *Synergetics of Cognition*. Springer-Verlag, Berlim, Alemanha, 1989.

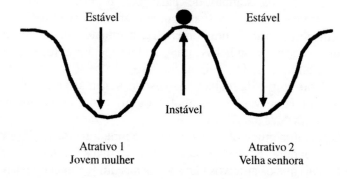

"Paisagem" atrativa da imagem acima

as partes do nosso cérebro e do nosso sistema nervoso é determinada por um *rapport* delicado entre as células nervosas. Este princípio reflete-se no comentário de Mozart de que ele estava "constantemente procurando duas notas que se amassem". (A regra de Hebb pode estar na raiz da estratégia básica de estabelecimento de *rapport* na PNL, que envolve o "espelhamento" dos padrões cognitivos ou comportamentais da outra pessoa.)

De acordo com a teoria da "auto-organização", a ordem em um sistema interligado de elementos surge ao redor do que é chamado de "atrativos" que ajudam a criar e manter padrões estáveis dentro do sistema. Esses atrativos formam um tipo de "paisagem" que forma e determina os padrões de interação dentro do sistema. Os atrativos perceptivos, por exemplo, são o ponto focal em um fenômeno ao redor do qual se organizam as nossas outras percepções. Como exemplo, vejamos a imagem bem conhecida abaixo. Trata-se da imagem de uma jovem mulher com um colar ou de uma velha senhora com a cabeça inclinada para baixo?

É claro que a imagem em si é simplesmente uma combinação complexa de linhas e áreas luminosas e escuras. As imagens da mulher, jovem ou velha, não estão realmente no papel, mas nas nossas mentes. "Enxergamos" uma mulher "jovem" ou "velha" por causa das pressuposições e formas básicas que existem dentro do nosso sistema nervoso — o que Aristóteles chamou de "causas formais". Para passar das "imagens" para a "paisagem", é necessário primeiro *desestabilizar* o nosso enfoque em um dos atrativos e subseqüentemente *reestabilizá-lo* em outro atrativo.

Alguns outros exemplos de "paisagens atrativas", relacionados às causas formais, verbais e visuais, podem ser vistos abaixo. O primeiro grupo mostra o rosto de um homem transformando-se ou "morfando-se" em um corpo de mulher. As imagens intermediárias tornam-se cada vez mais ambíguas. Também neste caso, a experiência do "rosto do homem" ou "corpo da mulher" não está nas marcas no papel mas em nosso sistema nervoso (uma abelha ou um cão não reconheceriam nenhuma das duas imagens).

O seguinte grupo de palavras mostra uma transformação entre as palavras "endure" e "change" como dois "atrativos" verbais.

É claro que os atrativos não são apenas um fenômeno visual. Eles ocorrem também nos sentidos da audição, do paladar e da sensação.

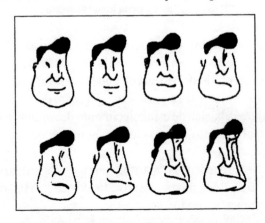

Rosto de um homem ou corpo de uma mulher?

Aliás, a música poderia ser considerada uma paisagem atrativa bastante intrincada que "desestabiliza" e "reestabiliza" a nossa percepção, retirando e orientando o fluxo da atenção dentro da nossa experiência sensorial interna. O que torna a música de Mozart forte e atraente são os atrativos que estimulam e mobilizam os padrões dentro do nosso próprio sistema nervoso.

endure
endure
endnce
chance
chance

"Endure" ou "change"?

Segundo a teoria da auto-organização, a ordem é geralmente "revelada" pelo processo da *iteração*. Os sistemas auto-organizadores reproduzem a sua própria ordem e padrões, aplicando princípios e regras internamente gerados. Deste ponto de vista, a música de Mozart emergia organicamente por meio desse tipo de processo iterativo. O estado de sensação positiva de Mozart e o padrão de movimento funcionavam como os "atrativos" iniciais para o seu sistema de representação auditivo; primeiro puxando os sons internos e depois reunindo-os na memória. Essas coleções de sons tornavam-se, por sua vez, "atrativos" para o próximo nível de organização. Cada estágio do seu processo criativo vinha acrescentar-se a outros até que um conjunto belo e coerente era produzido, assemelhando-se a um crescimento orgânico na natureza (uma qualidade que é facilmente percebida na música de Mozart).

Na próxima seção, vamos examinar maneiras de desenvolver e incentivar algumas das capacidades de "auto-organização" subjacentes às capacidades ímpares de Mozart.

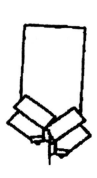 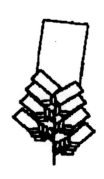 

A estratégia de Mozart de composição musical assemelha-se à formação e crescimento de um objeto vivo, por exemplo, uma folha

Como Implementar a Estratégia de Mozart

Uma questão que pode ser levantada legitimamente, quando examinamos a maneira de aplicar o que aprendemos sobre a estratégia de Mozart, é determinar se o tipo de processos mentais descritos por ele e outros músicos e compositores excepcionais é passível de ser ensinado ou transferido. Pode-se argumentar que a capacidade de formar cinestesias e de criar esse tipo de visualizações abstratas de música são talentos ou características inatas que não é possível serem desenvolvidos por uma pessoa comum. Também se pode argumentar que a estratégia de Mozart foi resultado de anos e anos de prática e imersão na música, que ele começou a fazer quando ainda muito jovem.

Sem dúvida não há discussão sobre a influência importante da fisiologia, do meio ambiente e da prática no desenvolvimento de capacidades excepcionais. O sistema de crenças da PNL, entretanto, é que as capacidades neurológicas fundamentais que formam a base da estratégia de Mozart são latentes em todos os seres humanos. E que embora a experiência prática, por um lado, e, por outro, a atitude fisiológica, certamente influenciam o limite até onde essas capacidades podem ser desenvolvidas. Essas habilidades "auto-organizadoras" podem ser liberadas em pessoas de capacidade média de forma a aumentar bastante a sua competência. É claro que jamais haverá outra pessoa exatamente como Mozart. Houve muitas influências que o criaram da maneira como ele era. Nosso objetivo não é criar um "clone" de Mozart que componha exatamente as mesmas composições que ele, mas extrair elementos importantes que possam melhorar de maneira significativa o desempenho e a experiência de outras pessoas.

Outra objeção pode ser feita, segundo a qual a quantidade de detalhes que podemos derivar da carta de Mozart não é suficientemente específica para nos indicar "como" pensar como ele. Sem dúvida, a carta de Mozart nos dá dicas bastante amplas sobre um processo sofisticado e indubitavelmente bastante complexo. Há muitos elos a serem preenchidos. Alguns argumentaram que a carta era falsa. É importante lembrar que a PNL parte da pressuposição de que o mapa não é o território. Mesmo se Mozart estivesse vivo hoje e pudesse ser entrevistado em detalhe, o seu processo neurológico continuaria a ser inconsciente, invisível e tão imensamente complexo que seria impossível descrevê-lo. Em termos de transferência, nem é desejável que esses processos geradores possam ser descritos em detalhes minuciosos. É necessária uma certa quantidade de flexibilidade para que esses processos possam ser adaptados ao maior número possível de sistemas nervosos que existem nos seres humanos.

O objetivo primordial da modelagem na PNL é produzir um mapa rico em qualidade, com bastante estrutura e flexibilidade para ser de valor prático àqueles que escolhem utilizá-los. Após ter identificado número suficiente de estratégias micro e macro do modelo, é possível começar a preencher as peças que faltam, por inferência. Em outras palavras, se eu souber que tenho de ir do ponto A até o ponto B, posso usar outros instrumentos para preencher o caminho que falta para chegar lá. Além do mais, depois de identificar a estrutura geral empregada por uma pessoa como Mozart, posso preencher os elos que faltam e definir os aspectos mais mecânicos do processo, modelando outras pessoas excepcionais na área de música e composição. Depois é possível pegar os detalhes estratégicos tirados desses outros modelos e juntá-los àquilo que vem de Mozart, a fim de preencher os espaços e criar algo que tenha aplicações bastante práticas.

Um belo exemplo disso é fornecido por Michael Colgrass, o compositor e ganhador do prêmio Pulitzer citado anteriormente, que desenvolveu um programa para ensinar composição musical baseada na estratégia que estamos examinando. Com essa estratégia, ele é capaz de ensinar, tanto a crianças de sete e oito anos como a adultos, a escrever e compor música em cerca de quarenta e cinco minutos. A seguir, temos uma descrição de como ele é capaz de ajudar essas pessoas a desenvolver os tipos específicos de capacidades auto-organizadoras que compõem a estratégia de Mozart.

Começo por esquentá-los, dizendo que se movimentem pela sala, mudem de postura e posição e façam qualquer tipo de som estranho. (Eu mesmo fico de ponta-cabeça quando estou me preparando para compor.) A sala fica cacofônica com os ruídos das pessoas gritando, urrando, berrando e estalando a língua. Peço a elas que pensem em uma marca para ser colocada no quadro-negro que represente o som que acabaram de emitir.

Essas pessoas ainda não sabem como escrever música. E se fôssemos ensinar-lhes levaria meses. Então, em vez disso, digo apenas: "Faça uma marca que represente aquele som". Qualquer pessoa pode fazer uma marca no quadro-negro. Então, quando uma pessoa tem um som na sua mente, eu lhe digo para ouvir o som e ir até o quadro-negro. Depois digo para ela pensar no lado esquerdo do quadro como sendo o início e no lado direito do quadro como o fim; a parte superior do quadro como alta e a parte inferior como baixa. E fazer uma marca que represente o som.

A pessoa vai até o quadro e faz a marca. É claro que poderíamos comentar sobre esta marca por muito tempo. Poderíamos dizer: "Em que ponto, alto ou baixo, ela se encontra?". Mas ficaríamos malucos porque não há maneira de medi-la. Então eu digo: "Vamos deixar esta marca aí e abordá-la de maneira diferente". Se a pessoa fez uma marca que parece como um fio cacheado, eu pergunto: "Você consegue cantar esta marca?". E a pessoa canta, "Buu-whuit", porque a marca representou mais ou menos aquele som.

Então eu digo: "Alguém mais quer escrever uma marca no quadro-negro?". É possível continuar a trabalhar com a mesma pessoa, mas é melhor fazer com que outras pessoas escrevam suas marcas. É uma boa idéia criar uma composição coletiva. Então eu peço a outra pessoa que venha fazer a sua marca, mas agora há uma grande diferença. E eu indico: "Você já tem um som marcado no quadro-negro, então o segundo som que você vai marcar tem de estar relacionado ao primeiro, porém independente dele. Ele tem de vir antes ou depois, acima ou abaixo do primeiro som. Será muito diferente dele ou bastante parecido com ele".

Então a pessoa diz: "Eu tenho um som". E eles vão até o quadro e talvez escrevam algo como "Whup whup whup whup whup", como se fossem apóstrofes invertidas ou algo parecido.

Então a primeira pessoa marcou o seu "Buuwhuitt". A segunda marcou "Whup whup whup whup whup" debaixo da primeira marca ou logo depois dela. Então temos dois objetos ali. Agora chega uma terceira pessoa e eu pergunto: "O que você quer ouvir? O que você acha que deve estar ali?". Talvez essa pessoa diga: "Agora eu quero ouvir click click click click click click click click".

Neste momento, as pessoas começam todas a perceber. Acho que é importante porque em geral as pessoas têm muita dificuldade em ouvir. Como você disse, somos mais visuais do que auditivos nos Estados Unidos. Então quando eles conseguem enxergar o som eles passam a ouvir melhor. É por isso que eu uso o quadro-negro.
Então, a criança ouve, "Click click click click click click". E eu pergunto: "Que marca representaria este som no quadro negro?". Talvez ele cometa um grande erro, dado o que já está marcado no quadro. Talvez ele faça uma série de pequenos círculos. Então eu pergunto: "Todo mundo entende esta marca como sendo Click click click click click click?". E o resto do grupo dirá: "Não, esta marca é Bewitt, bewitt, bewitt, bewitt, bewitt, bewitt". Os sons que se obtêm são maravilhosos. Em seguida, digo: "Que marca fará Click click click click click click?" E alguém diz: "Bem, os sons têm de ser como pequenos pontos". E eu continuo: "Você ouviu o que o seu colega disse, desenhe pontos ao invés e círculos".
Eu gosto que eles façam as suas marcas neste processo. Eu nem chego perto do quadro-negro para desenhar as marcas. Eu não digo a eles o que fazer. Mas sempre pergunto ao grupo: "Vocês estão satisfeitos com o que ele acabou de fazer?" Porque, assim, o grupo inteiro aprende ao mesmo tempo.

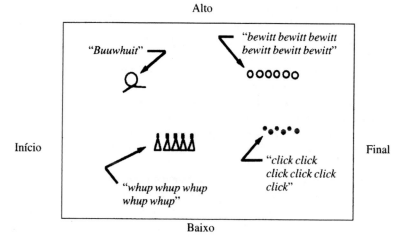

Exemplo e desenho dos sons

Para ajudá-los a completar a peça musical, talvez eu aja como um leme. Pergunto: "Alguém quer continuar composição? Ela já acabou?". Quando as pessoas acabam, eu às vezes peço que analisem aquilo que ouviram e viram, a fim de ter certeza que já está completado.
Continuo a perguntar: "E como vamos interpretar isto?". Esta parte é muito importante porque eles criaram algo, mas ainda não está vivo. Para entender

o processo é necessário que as pessoas o coloquem em prática. Mas se eu lhes disser como fazer, eles não vão descobrir a maneira como surge o processo. Eles não terão entendido o processo da composição. Então eu digo: "Alguém tem alguma idéia? Vamos fazer todos esses ruídos juntos".
Alguém pode dizer: "Tenho uma idéia" e ir até o quadro-negro e tentar aplicar a sua idéia. Outra pessoa pode dizer: "Todo mundo do lado esquerdo da sala canta a primeira canção e todos os da direita cantam a segunda". Outra pessoa pode dizer: "Vou passar meus dedos pelo quadro. Onde o meu dedo tocar todo mundo canta a marca que está sendo apontada". Certa vez, um menino disse: "Todo mundo faz o que quiser, quando quiser. Olhem os sons que estão no quadro e terminem quando tiverem terminado". Eu achei ótimo. A peça ficou com um som incrível quando o grupo fez o que o menino falou. Ela tinha vários tipos de parâmetros que a peça escrita não possuía.
Esta é uma maneira de ensinar a regência. Outra maneira é dizer: "Você faz isso e você faz aquilo". Estaremos basicamente ensinando. A performance é eliciada levando a pessoa em uma certa direção.
O que eles fizeram então foi: eles ouviram os sons, juntaram esses sons em uma composição, criando a sua própria notação, o regeram e o executaram. Em um período de quarenta ou cinqüenta minutos, a história musical dos últimos mil anos tinha sido recriada para eles.
Gosto também de indicar: "O que vocês acabaram de fazer é, sem tirar nem pôr, exatamente aquilo que um compositor faz. A exceção é que vocês não indicaram especificamente a extensão dos sons — se alto ou baixo. Longo, curto, escuro, magro, alto, suave. Um compositor tem anotações que indicam isso e essas anotações podem ser aprendidas rapidamente". Às vezes eu pego a marca do som "Buuwhiip" e escrevo algumas notas musicais rapidamente e coloco o traço e acrescento uma marca de crescendo ou algo que faça parecer música "de verdade". E eles vêem de que forma aquela marca abstrata pode ser transferida para a anotação, que até então era uma língua estrangeira para eles. Passamos toda a peça desta maneira, rapidamente. E então, as pessoas vêem uma pauta musical diante delas e passam a entender a essência da pauta.
As pessoas dizem: "Como você compõe música, em que você pensa em primeiro lugar, você não é um gênio para fazer isso?" e outros comentários do estilo. Eu gosto de dizer que o processo que vivenciamos é exatamente o processo que um compositor vivencia.
Um compositor tem de pensar em como começar, o que fazer em seguida e como terminar. É isto que está envolvido na questão. Se a pessoa souber fazer isso, ela pode compor. Às vezes, perguntam: "Não sei nada sobre música". Isto não faz diferença. Se a pessoa conseguir aplicar o processo que eu descrevi com blocos e som, ela pode compor. A aprendizagem da lingüística musical é apenas uma questão de tempo e sofisticação. E realmente leva tempo.
Mas já vi compositores profissionais tentarem fazer este exercício sem obter bons resultados. Vi algumas pessoas que não eram compositores e que jamais

haviam escrito uma linha musical ir até o quadro-negro e serem criativas, sem nenhum temor. E eu digo a elas: "Gostaria que você pudesse aprender a notação musical e passasse a estudar isto e que fosse para uma orquestra e tocasse um instrumento porque para mim você parece um compositor.[13]

Ao desenvolver uma estratégia simples baseada nos princípios de auto-organização e a criação de cinestesias elementares entre as sensações e os sons, e depois entre os sons e as imagens, os alunos de Michael foram capazes de escrever uma peça de música, regê-la, colocá-la na pauta musical e executá-la — em menos de quarenta e cinco minutos! A orquestração da peça seria feita pela equiparação dos sons orais a partir dos quais a composição foi expressa inicialmente até as "peculiaridades dos vários instrumentos". Por exemplo, pode-se perguntar: "Que instrumento faz um som buuwhitt? Que instrumento faz um som "whup, whup, whup?". E assim por diante.

Como indica Michael, só no final é necessário saber como colocar a representação intuitiva e abstrata em anotações padrão. Mas esta técnica não é necessária para começar a compor, escrever e reger música de maneira semelhante à empregada por Mozart. Já ensinei muitas vezes essa estratégia e é surpreendente o que uma criança de oito anos pode fazer a partir do momento em que recebe algumas simples ferramentas criativas como essas.

O processo de Michael é uma maneira específica de reunir muitas das peças identificadas no processo de Mozart. De maneira mínima, ele oferece à criança ou ao adulto uma forma de experimentar o ciclo criativo da composição musical, que depois pode ser refinado pela prática e experiência. E Michael está operando sem algumas das poderosas ferramentas que estão disponíveis pela moderna tecnologia. É relativamente simples imaginar como alguém poderia usar a tecnologia disponível de computador para melhorar imensamente esta estratégia.

A maior parte dos computadores pessoais, por exemplo, pode criar sons ou ser ligado a sintetizadores musicais. É fácil escrever programas que liguem formas visuais, cores e localizações a tipos específicos de sons, timbres e tons de maneira equivalente à estratégia de Mozart. Desta forma, as pessoas poderiam literalmente criar imagens abstratas no computador e depois fazer com que essas imagens fossem tocadas pelo computador. Peças inteiras poderiam ser compostas e tocadas por inter-

---

13. Dilts, R., Epstein, T. & Dilts, R. *Tools for Dreamers*. Meta Publications, Cupertino, CA, 1991, pp.105-10.

médio dessa abordagem intuitiva e orgânica. Depois, o computador poderia ser programado para traduzir esta imagem abstrata em notação musical formal.

É claro que, da mesma maneira como a estratégia criativa de Mozart foi modelada, é possível modelar estratégias para melhorar a capacidade de aprender a escrita musical e tocar instrumentos musicais. Sem dúvida, a proeza de Mozart como músico era tão legendária como a sua capacidade em compor música. E embora Mozart não tenha deixado nenhuma pista escrita da sua estratégia de aprendizagem de um instrumento musical, talvez possamos entender um pouco a partir do estudo das estratégias dos músicos excepcionais contemporâneos.

Por exemplo, certa vez participei da modelagem de um pianista que conseguia imediatamente ler e interpretar maravilhosamente qualquer peça musical que era colocada diante dele, como se ele a tivesse tocado muitas vezes antes. Ao examinar a sua estratégia interna, descobrimos que na época em que estava aprendendo a tocar piano, ele visualizava as teclas na sua mente. Quando ele estava aprendendo a ler, olhava cada nota individual na pauta e imaginava que teclas do seu teclado mental ele deveria apertar para criar aquela nota. Ele olhava a nota e imaginava que tecla deveria ser apertada. Após um certo tempo, conseguia olhar qualquer nota escrita e imaginar automaticamente a tecla correspondente sendo apertada no seu teclado mental. Logo ele passou a conseguir olhar duas ou três notas simultaneamente e ver as teclas correspondentes sendo permitidas. E, finalmente, ele conseguiu ver a escrita de acordes e imaginar o conjunto de teclas sendo apertadas para reproduzir aquele acorde. Ao sobrepor a sua imagem mental do teclado do piano ao teclado verdadeiro, ele então usava seus dedos para apertar as teclas que sabia que deviam ser apertadas. Ele explicou que: "Agora, quando leio uma pauta musical, é muito fácil — é como tocar em um piano de brincadeira. Olho as notas, vejo as teclas abaixando e simplesmente coloco os meus dedos naquele local".

Esta é uma estratégia baseada no desenvolvimento de associações entre um código representado externamente (a escrita musical) e a imagem interna da pessoa (o teclado imaginário). Depois, há uma associação da atividade do teclado mental (as notas sendo apertadas) ao ato cinestésico de apertar a tecla correspondente no teclado verdadeiro.

É intrigante observar que no estudo de alunos de música excepcionais, mencionado anteriormente, descobriu-se que os alunos que tinham o ouvido absoluto usavam uma estratégia muito semelhante a essa — mas, inversa. Eles diziam que mentalmente viam as teclas do piano abaixarem para as notas e acordes, ao ouvirem a música. A imagem interna era automaticamente disparada pelo som. O uso da imagem interna como referência possibilitava-lhes determinar as notas exatas que estavam sendo tocadas.

Assim, a estratégia de leitura de pauta segue uma estratégia de: 1) enxergar a nota específica; 2) imaginar o teclado em um teclado imaginário; 3) colocar o dedo na posição correspondente no teclado verdadeiro; 4) produzir sons. A estratégia empregada pelas pessoas que possuem um ouvido absoluto vai na direção contrária: 1) ouvir o som; 2) imaginar a tecla no teclado imaginário; 3) determinar a nota específica.

Embora os modelos que desenvolveram esse tipo de estratégias sozinhos sem dúvida tinham de possuir um alto nível de motivação e dedicar uma boa quantidade de tempo para desenvolver essa habilidade, pode-se usar a moderna tecnologia para afinar e melhorar o desenvolvimento desse tipo de associações.

Por exemplo, usei esse tipo de estratégia como base para desenvolver um programa de computador a fim de ensinar as pessoas a digitar.[14] Neste programa, a tela de computador mostra uma imagem das mãos e do teclado. O programa começa mostrando as letras sozinhas e iluminando a tecla correspondente no teclado e qual dedo deve ser usado para apertar a tecla. Assim, a pessoa vê a letra, a localização no teclado e o dedo a ser usado. Mantendo os olhos no monitor, a pessoa deve tentar apertar a tecla iluminada com o dedo indicado. Se apertar a tecla errada, a tecla é iluminada com uma cor diferente do que a tecla inicial, de maneira que a pessoa possa enxergar onde o dedo dela se encontra com relação aonde deveria estar, sem ter de olhar para o teclado.

A fim de incentivar os processos auto-organizadores necessários para se adquirir qualquer habilidade psicomotora, como digitar ou tocar um instrumento musical, é necessário fornecer *feedback*. O problema é que a maneira mais direta de se obter *feedback* enquanto se está digitando ou aprendendo um instrumento musical é olhar o que os dedos estão fazendo. Infelizmente isto confunde e é ineficaz porque 1) a pessoa tem de tirar os olhos da fonte escrita e olhar o local em que está tentando digitar ou tocar e 2) isto não facilita o desenvolvimento de uma representação interna do teclado ou do instrumento musical. O progra-

---

14. Dilts, R. "Strategies of Excellence; Typing Strategy", Behavioral Engineering. Scotts Valley, CA, 1982.

ma de computador incentiva a pessoa a tatear cinestesicamente, levando-a a tocar as teclas com os dedos até que veja a tecla correta. O programa mostra à pessoa a relação entre a tecla a ser tocada, o dedo a ser usado e a tecla que foi realmente tocada pela pessoa. Assim, cria-se naturalmente uma imagem do teclado, desenvolvendo-se uma cinestesia entre o olho e a mão, sem ter de olhar para baixo. À medida que a habilidade melhora, passa-se de letras sozinhas para palavras, frases e, finalmente, parágrafos inteiros.

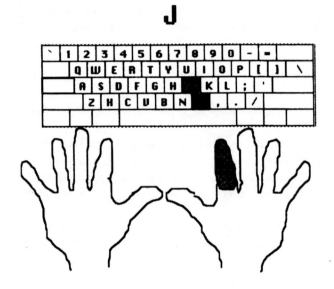

Exemplo de tela do programa de estratégia para digitação

Sem dúvida, um tipo semelhante de programa poderia ser desenvolvido para ajudar as pessoas a aprender a estratégia e leitura de uma pauta musical. As notas poderiam ser colocadas na tela do computador junto com a réplica do instrumento a ser tocado e um par de notas. As notas individuais poderiam ser mostradas e a tecla, corda ou válvula necessária para produzir aquele som seria iluminada da mesma maneira com o dedo a ser utilizado. O instrumento musical poderia estar ligado ao computador para que a pessoa pudesse usá-lo, a fim de completar o ciclo de *feedback*.

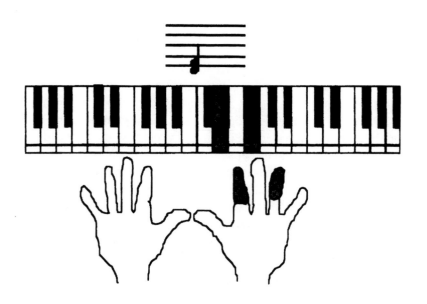

Exemplo de programa de leitura de pauta musical

Ao descobrir e compreender técnicas básicas que se encontram por trás de comportamentos complexos podemos criar instrumentos para melhorar o desenvolvimento dessas habilidades de maneira fácil e prazerosa.

Outro instrumento de computador que eu criei para melhorar as "estratégias de genialidade" é o *NeuroLink*, um tipo de instrumento de *biofeedback* que monitora e registra simultaneamente a atividade do batimento cardíaco, temperatura corporal e hemisférios cerebrais por padrões de atividade elétrica nos lados direito e esquerdo do corpo. A estratégia de Mozart reconhece a poderosa influência do estado fisiológico da pessoa na criatividade. O NeuroLink vem acompanhado de um programa que combina as medições da atividade do sistema nervoso central com a inteligência artificial e métodos e princípios de PNL que ajudam as pessoas a atingir altos níveis de saúde, aprendizagem e desenvolvimento pessoal.

Aplicação da Estratégia de Mozart em Outras Áreas, Além da Música

Um dos pontos mais valiosos do uso da PNL para modelar estratégias como a de Mozart, é a que a forma básica da estratégia pode ser transferida a outras áreas além daquelas para as quais ela foi inicialmente desenvolvida. Por exemplo, a estratégia de Mozart tem aplicações interessantes que vão além da música. Trata-se essencialmente de uma estratégia de aplicação da capacidade natural de auto-organização do nosso sistema nervoso para representar e organizar sistematicamente padrões complexos de interação. Em seu nível mais fundamental, a estratégia de Mozart mobiliza grandes quantidades de neurologia e estimula o processamento inconsciente. Isto pode ser de extremo valor para qualquer aplicação que envolva criatividade e solução de problema.

Muitas pessoas ouvem música quando estão trabalhando com um problema. É possível que no nível fisiológico, a música chegue a ativar circuitos neurais que ficam disponíveis para facilitar ou participar na criatividade ou na solução do problema em questão. É mesmo possível que Mozart, como já foi sugerido por alguns de seus biógrafos, resolvesse problemas pessoais ouvindo a sua música. Sem dúvida, Mozart sabia como pensar em termos metafóricos.

Já mencionei anteriormente a semelhança entre o processo criativo de Mozart e o de Albert Einstein. Nosso estudo de Walt Disney também mostrou o uso sistemático profundo da cinestesia e da segmentação. Na verdade, *Fantasia* de Disney é um exemplo perfeito do mapeamento da música em imagens. Também já modelei e descrevi uma estratégia semelhante, que inclui a visualização metafórica, empregada pelo falecido professor e terapeuta Moshe Feldenkrais no seu trabalho com pacientes que tinham problemas físicos.[15]

Certamente, muitas pessoas usam a música como um estímulo e uma metáfora na solução de problemas. Por exemplo, conheço o presidente de uma das maiores fábricas de automóveis da Europa que tem dois *hobbies*: a neurofisiologia e a música. Sempre que se vê diante de um problema difícil na sua empresa, ele cria uma metáfora para o problema usando termos desses dois campos. Por exemplo, ele pode pensar nas pessoas em termos de notas, nas equipes como acordes, nos projetos

---

15. Dilts, R. "Moshe Feldenkrais; NLP of the Body. Dynamic Learning Publications, Ben Lomond, CA, 1980.

como peças musicais etc. Depois ele tenta "ouvir" o problema em termos da música. Existem notas destoantes? Existem dois acordes em harmonia? E assim por diante.

Uma formulação da estratégia de Mozart em um método mais geral para incluir os processos inconscientes e o estímulo do pensamento lateral durante a criatividade e o processo de solução de problema pode ser colocado da seguinte maneira:

1. Pense no problema que você está tentando resolver ou no objetivo que deseja atingir. Introspectivamente, preste atenção na maneira como está pensando e sentindo-se a respeito do problema ou resultado e quais são as escolhas que você acha que estão disponíveis para você.
2. Coloque-se em um nível de sensação positiva que represente o estado desejado para a questão com a qual está lidando.
3. Permita que esta sensação se transforme em sons que se enquadrem ou aumentem a sensação do estado desejado.
4. "Ouça" o problema como se fosse música. Inicialmente os sons podem interferir na "música" do estado desejado.
5. Permita que os sons que representam o estado desejado e o problema sejam transformados em gostos e odores, que você possa associar à comida.
6. Descubra "contrapontos" para o som e paladar problemáticos (isto é, sons e paladares da música do estado desejado e sabores que equilibrem ou compensem o som problemático).
7. Transforme os sons e paladares em imagens (forma, cor, luminosidade etc.) e verifique como eles interagem como um todo. Deixe a imagem formar uma representação abstrata que incorpore metaforicamente uma solução ao problema.
8. Volte ao seu processo mental consciente típico com relação ao problema e observe quais foram as mudanças.

O Formato SCORE Musical

Este formato básico de solução de problema pode ser enriquecido e melhorado por um processo que eu chamo de "SCORE musical", que aplica os princípios e a estrutura do modelo SCORE, que aplicamos no capítulo sobre Aristóteles. Há uma associação proposital e charmosa nas letras que definem o modelo SCORE. Uma "pauta" musical é o arranjo da composição musical que inclui as notas a serem tocadas e as partes e cada um dos instrumentos ou vozes. O termo "pauta" também é usado na descrição numa composição de dança numa notação coreográfica.

No processo de SCORE musical, estaremos usando essas implicações. Trata-se de um método de solução de problema que incorpora muitos dos processos criativos de Mozart.

1) Pense em um problema que você está tentando resolver ou um resultado que você quer atingir. Observe como está pensando e sentindo atualmente a respeito do problema ou resultado desejado e quais são as opções que se encontram atualmente disponíveis.
2) Escolha quatro pontos em uma seqüência que representem a causa, o sintoma, o resultado e o efeito desejado relacionados ao problema. Os recursos serão examinados em um estágio posterior do exercício. Lembre-se de que:
Os *sintomas* são os aspectos mais conscientes e observáveis do problema ou do estado problemático.
As *causas* são os elementos subjacentes responsáveis pela criação e manutenção dos sintomas. Elas são geralmente menos evidentes do que os sintomas produzidos.
Os *resultados* são os objetivos ou estados desejados que tomariam o lugar dos sintomas.
Os *recursos* são os elementos subjacentes, responsáveis pela remoção das causas dos sintomas e pela manifestação e manutenção do resultado desejado.
Os *efeitos* são os resultados a longo prazo de se atingir um resultado desejado específico.
3) Associe-se fisicamente à experiência e ao estado interno relativo a cada localização. Preste bastante atenção ao padrão de movimento associado a cada local, intensificando-o levemente para ajudar a criar o seu sentido de fisiologia associado a cada elemento.
4) Faça com que cada padrão de movimento torne-se um som. Ouça o som e observe como se adapta à sensação. Permita que a sensação/movimento/som torne-se um paladar. Observe se este é doce, salgado, ácido etc. Por fim, faça com que a sensação/movimento/som/paladar torne-se uma imagem visual simbólica ou abstrata, de maneira que cada local seja plenamente representado em todos os sentidos.

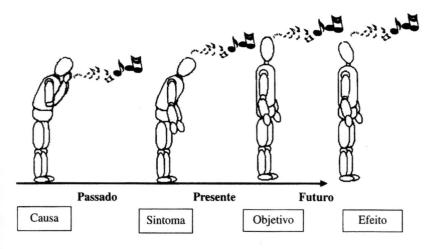

Preste bastante atenção ao local do efeito. É importante criar a representação desse espaço o mais fortemente possível para que ele se torne um atrativo ou "causa final" do SCORE completo.
6. Começando no local da "causa" caminhe lentamente por toda a seqüência, sentindo, ouvindo e vendo as experiências sensoriais de cada local. Observe a maneira como eles se enquadram, mudam e misturam-se em cada etapa. Ouça os "contrapontos" do som e paladar do problema (isto é, os sons e paladares dos sabores e estado musical desejados que equilibram ou compensem os sons problemáticos). Preste atenção na história que está sendo contada. Repita várias vezes esse processo até que surja um sentido de movimento único que vai da causa ao efeito desejado.
7. Passe para a metaposição física e deixe o seu corpo levá-lo a um movimento especial que represente o recurso adequado para provocar a seqüência SCORE. Deixe que este movimento torne-se também um som, um gosto e imagens (forma, vida, cor, luminosidade etc.) e veja de que maneira eles interagem como um todo. Deixe que a imagem forme uma representação abstrata que incorpore metaforicamente uma solução ao problema.
8. Partindo da localização da causa, incorpore o movimento/som/paladar/imagem — recurso em outras representações sensoriais associadas àquela localização. Vá até as outras localizações acrescentando recurso aos outros movimentos, até chegar ao espaço-efeito.

9. Repita o movimento através da causa, sintoma, resultado desejado e efeito até que se tenha transformado em um tipo de canção, "dança", refeição, quadro e história que metaforicamente incorpore a solução ao problema.

Meditação Orientada Usando a Estratégia de Mozart

Uma outra maneira de implantar os elementos da estratégia de Mozart é pela meditação. Isto ajuda a aumentar a qualidade de sonho e espontaneidade descrita por Mozart. Já apliquei com freqüência a estratégia de Mozart ao meu trabalho nas áreas de criatividade e saúde.[16] A seguir, temos uma descrição de um exemplo de meditação orientada para a criatividade, baseada no processo de Mozart.

Pare um momento e relaxe. Coloque-se em uma postura equilibrada e simétrica. Como disse Mozart: "Seja completamente você mesmo". Por ora, você não precisa se preocupar com nada nem com ninguém. Você pode ficar sozinho consigo mesmo.
Permita que a sua atenção volte-se para um resultado desejado que você gostaria de obter ou um problema que gostaria de resolver. Ao fazer isso, concentre-se no seu estado desejado. O que você gostaria realmente de obter com a solução desse problema ou com a obtenção deste objetivo? O que parece levar você em direção ao elemento, enquanto se imagina resolvendo esta questão? Comece a sentir e vivenciar profundamente os efeitos desejados e benefícios positivos que você gostaria de obter.
Enquanto você entra profundamente em contato com o seu estado desejado, conscientize-se do que está acontecendo dentro de você. Observe como esses sentimentos positivos afetam as suas sensações corporais internas e a sua fisiologia. Enquanto vivencia esta sensação positiva, você nota alguma modificação na sua respiração? De que maneira isto afeta a sua postura? Você sente uma sensação de circulação ou de calor? Que tipo de movimentos sutis você percebe? Deixe o seu corpo movimentar-se com as sensações que você sente, solidificando-as e exagerando-as.
Agora, imagine que cada parte do seu corpo seja um tipo e instrumento musical que emite um tipo diferente de som. Imagine que o seu coração emita um certo tipo de som e os seus pulmões outro. Fantasie que os músculos dos seus

---
16. Dilts, R., Hallbom T. & Smith, S. Beliefs: Pathways to Health and Well-Being. Metamorphosis Press, Portland, OK, 1990.

ombros, da sua língua, das suas mãos, do seu estômago, da sua garganta, dos seus olhos e da sua coluna são, cada um, instrumentos musicais que emitem os seus próprios tipos de som.
E, enquanto você vivencia esta sensação especial associada ao seu estado desejado, ouça qual dos instrumentos está produzindo esta sensação. Que sons eles geram enquanto criam esta sensação positiva? Que tipos de sons internos vêm do seu coração? Do seu cérebro? Do seu estômago?
Há um certo ritmo ligado a essa sensação? Ele é rápido ou lento? O tom é alto? Existem algumas partes dos instrumentos musicais que estão no seu corpo que tocam mais alto? Talvez o seu coração toque um pouquinho mais alto do que a sua garganta. Escute o seu corpo. Escute a música natural que já existe ali. O tipo de música que expressa esta sensação especial e a relação com a qual está associado.
Toque delicadamente os sons, os tons e as melodias que vêm do seu corpo e observe que tipo de sons aumentam a sensação que você já tem. Que tipo de música interior parece adequar-se a essa sensação e expandi-la?
Enquanto você deixa a música do seu corpo continuar a crescer, comece a imaginar que esses sons e esta música podem tornar-se paladares e odores. Enquanto ouve a música que vem do seu coração, perceba que você pode cheirá-la e prová-la. E, ao inalar, aja como se você pudesse respirar aquela sensação especial, e não apenas ouvi-la e senti-la, mas provar o que ela tem de tão especial. Qual é o seu gosto? Qual é o seu cheiro? Agridoce? Ou leve e fofo? Talvez o seu gosto seja o de um vinho muito antigo e bem envelhecido. Como preparar uma refeição com o que você tem? Um festim especial?
Saboreie e deleite-se com o gosto e o cheiro que acompanham esta sensação e a sua música interior. À medida que o seu corpo continua a se mover no ritmo da sensação e os sons circulam nos seus ouvidos interiores e o gosto torna-se vivo na sua língua como a melhor refeição que você jamais provou, talvez esses gostos possam quase começar a explodir em cores e visão. De maneira que você possa ver esta sensação, esses sons, esses raros sabores e paladares que representam as qualidades mais positivas daquele estado desejado. Você pode quase perceber um quadro de luz ofuscando e dançando com cores que realmente representam e aprofundam a sensação e aqueles sons e aqueles sabores são reunidos.
A vibração das cores e das formas que você vê aumenta o sabor e a sensação. A imagem espalha-se diante de você como uma paisagem magnífica e permite-lhe provar de maneira ainda mais rica e ouvir de maneira ainda mais concreta e sentir o seu estado desejado de maneira ainda mais plena. Assim, todos os seus sentidos interiores estão vivos com esta sensação. A sua respiração a expressa. O seu coração a expressa. A sua neurologia inteira a expressa. É como um holograma dos sentidos que imprime profundamente a experiência em você.
Agora, passe a prestar atenção em qualquer problema ou interferência na concretização do seu estado desejado ou da solução. No início, eles podem pare-

cer toscos ou discordantes; mas, enquanto continua a ouvir, você pode perceber, sentir, provar ou ver as maneiras como incorporar, equilibrar, transformar ou absorver qualquer som desagradável dentro da poderosa beleza da sua música interna. Se você quiser, poderá permitir recursos e soluções sob a forma de outros tipos de canções e música. Talvez consiga até ouvir algumas das músicas de Mozart delicadamente movendo-se para dentro e para fora, como uma inspiração orientadora.

Imagine que a sua música interior seja um tipo de recurso holográfico — um recurso no qual estão contidos todos os outros recursos. A partir dele, a confiança, as capacidades e as soluções parecem fluir fácil e naturalmente. E enquanto você sente, ouve, prova e observa, muitas novas escolhas e alternativas começam a surgir, mesmo que você ainda não esteja consciente delas nesse momento. Tenha confiança, pois elas estarão disponíveis no "bolsão da sua memória", quando delas precisar.

Depois, pense na forma especial pela qual você poderia incorporar de maneira tangível este holograma de recursos e soluções. Se não souber conscientemente o que eles serão na realidade, pode expressá-los na forma de um símbolo, metáfora ou música, assim como o fez Mozart. Talvez você devesse expressá-lo através de um desenho, de uma dança ou de um poema. Talvez você simplesmente o expressasse com uma postura específica do seu corpo ou com um olhar nos seus olhos.

O que você poderia fazer fisicamente que expressasse esta sensação? Que canção iria cantar? Que desenho iria fazer? O que seria que viria das suas mãos, da sua boca ou da sua neurologia que representasse o seu estado desejado?

Permita que as capacidades naturais e poderosamente auto-organizadoras do seu sistema nervoso sonhem algo. Deixe que isso aconteça como se houvesse algum "sonho prazerosamente real". Talvez mesmo nos seus sonhos de hoje à noite algum elemento dessas sensações, sons, sabores ou visão especiais estejam presentes e continuem a florescer, quer você pense neles conscientemente ou não. E quando você começar a se tornar consciente da sala ao seu redor, este sonho poderá continuar nos recônditos da sua mente. Sinta as partes do seu corpo tocando a cadeira ou o chão e ouça os sons movimentando-se ao seu redor e abra os olhos para ver os objetos concretos que se encontram diante de você. Ainda assim, de alguma maneira, os elementos desse holograma sensorial interno poderão ser refletidos para você a partir da sua realidade externa. Perceba que você já começa a sentir partes daquela música e daquele sonho na experiência do dia-a-dia. Talvez na sua refeição de hoje à noite você vá saborear algo que lembre do seu festim interior. Talvez nos olhos ou na voz ou nos movimentos da pessoa com quem você está, você será capaz de enxergar a sua visão e ouvir a sua música. E, o que é mais importante, manifestá-la e incorporá-la através das suas próprias criações e ações, pois "a audição real do todo é, sem dúvida, o melhor".

Conclusão

Assim como a música que ele criou, a estratégia de Mozart é cheia da riqueza orgânica da vida. Nosso conhecimento de sua estrutura pode não apenas oferecer informações novas a respeito das suas criações, mas, pelo preenchimento dos vazios, com o estudo dos processos de outros compositores e músicos (e músicos em potencial) jovens e velhos. Por fim, ela também nos orienta sobre como utilizar todos os níveis da sua neurologia, mobilizando a intuição e as habilidades inconscientes e as técnicas conscientes.

5

CONCLUSÃO
ALGUNS PADRÕES DA GENIALIDADE

No capítulo inicial deste livro esbocei uma abordagem para estabelecer as "condições básicas" e os "princípios primordiais" da genialidade, a partir da estratégia analítica de Aristóteles. A abordagem essencialmente partiu de um método "indutivo" de descoberta de padrões comuns da genialidade, consistindo em:

1) Selecionar um grupo de pessoas consideradas "gênios";

2) Comparar os processos cognitivos e estratégias dessas pessoas e procurar as qualidades e características que elas tinham em comum.

Neste volume, examinamos alguns dos processos cognitivos básicos de quatro pessoas excepcionais: Aristóteles, o Sherlock Holmes de *Sir Arthur Conan Doyle*, Walt Disney e Wolfgang Amadeus Mozart. Superficialmente, essas quatro pessoas podem parecer bastante diferentes:

Aristóteles foi filósofo e cientista. A sua estratégia principal girava em torno dos valores básicos da "ordem" e da "compreensão" e tinha por objetivo descobrir esses princípios pela indução e análise.
Sherlock Holmes foi um detetive da literatura de ficção. Sua estratégia básica incluía a solução de mistérios pela observação e dedução e também a capacidade de metacognição para "explicar como" os mistérios eram solucionados.
Walt Disney foi cineasta e produtor. A sua estratégia básica era a de manifestar sonhos e idéias por aproximações sucessivas para sustentar o seu valor básico de "melhoria contínua".
Mozart foi músico e compositor. A sua estratégia básica era a de sintetizar níveis múltiplos de processos a serviço dos valores básicos de "harmonia" e "plenitude".

Embora existam muitas diferenças entre essas pessoas, começam a surgir alguns padrões comuns à medida que refletimos a respeito da informação que reunimos sobre elas. A seguir, temos um resumo dos dez principais elementos que parecem ser comuns a todos os gênios estudados ate então neste livro.

1. Ter uma capacidade bem desenvolvida de visualização

Todos os nossos gênios parecem ter uma capacidade bem desenvolvida de visualização. Certamente, eles usaram os outros sentidos também, mas a visualização parece ser o elemento orientador central. Aristóteles insistia que: "Para a alma pensante, as imagens servem de conteúdos de percepção... como se estivesse vendo, ela calcula e delibera...". Holmes praticamente enfatizou apenas a imaginação e a observação visual. Disney afirmava que era essencial que a pessoa "visse claramente na sua própria mente como será colocado cada segmento de uma história". Mozart via as suas composições acabadas no seu olho mental, como se fossem um "quadro" ou "estátua".

2. Ter desenvolvido inúmeros elos entre os sentidos

Embora a visão seja o enfoque central, os gênios usam todos os sentidos e criam cinestesia entre eles. Mozart é provavelmente o melhor exemplo disto — ele sentiu, viu e até provou a sua música. Disney também tinha uma capacidade extraordinária de sobrepor os sentidos, como demonstrado em trabalhos como *Fantasia*. Aristóteles criou o termo "sensíveis comuns" para descrever a habilidade de compartilhar informação entre os sentidos. Holmes sustentava que: "Toda a vida é uma grande cadeia, cuja natureza é conhecida sempre que vemos um simples elo dela", demonstrando a interligação entre o que é visto, ouvido, sentido e provado no mundo que nos rodeia.

3. Uso de perspectivas múltiplas

Uma das características mais comuns da genialidade é ser capaz de assumir vários pontos de vista de um assunto ou processo específico do que é comum e descobrir as perspectivas que nenhuma outra pessoa viu. Aristóteles, por exemplo, procurou vários tipos diferentes de causas em suas análises e verificou suas premissas e silogismos por várias "conversões" verbais. Holmes utilizou não apenas o conhecimento sobre padrões culturais e eventos externos, mas também conhecimento esotérico e relativamente obscuro para fazer inferências e tirar conclusões. Disney sistematicamente usou diferentes pontos de vista, como adotar um "segundo olhar" nas suas histórias e planos. Mozart empregou diferentes sentidos e metáforas em cada estágio do seu processo criativo.

4. Habilidade altamente desenvolvida para deslocar-se entre diferentes posições perceptivas

Alem de ser capaz de adotar diferentes pontos de vista, os gênios têm a capacidade de identificar-se com diferentes posições perceptivas — isto é, primeira (eu), segunda (o outro) e terceira (o observador) posições. Disney, por exemplo, não conseguia descrever o comportamento das suas personagens de animação sem expressá-las simultaneamente. Ele também tinha a capacidade de abandonar a sua posição perceptiva e assumir o ponto de vista externo do seu público. Enquanto investigava, Holmes conseguia colocar-se na posição perceptiva do seu objeto de investigação. De fato, uma característica geralmente expressa dos gênios é a capacidade de identificar-se (assumir a segunda posição) com o que quer que seja que eles estejam trabalhando, mesmo no caso de objetos inanimados. As pessoas que são gênios de computação afirmam que são capazes de ver o mundo como o faria um computador. Michelangelo passava para a segunda posição com um pedaço de pedra. Ele dizia: "Eu não faço a estátua. A estátua já está no mármore esperando que eu a libere. Eu simplesmente continuo esculpindo-a até que ela esteja livre". Mozart dizia que as suas sinfonias escreviam-se praticamente a si mesmas, depois que um certo ponto era atingido.

5. Capacidade de ir e vir entre diferentes tamanhos de segmento e níveis de raciocínio

Todos os nossos gênios eram capazes de passar livremente de uma visão mais ampla a ações e elementos específicos necessários à reconstrução ou manifestação de uma imagem mais ampla. Eles conseguiam trabalhar com pequenos pedaços sem porém deixar-se enredar nos detalhes. Eles também conseguiam ver a imagem mais ampla sem perder de vista os pequenos detalhes. Aristóteles, Holmes, Disney e Mozart pareciam ter uma capacidade especial de equilibrar tanto os segmentos pequenos como os grandes. Por exemplo, tanto Aristóteles como Holmes começaram com "massas bastante confusas" de informações que inicialmente segmentavam para detalhes e elementos mais específicos. Depois eles passavam a segmentar para cima, a partir dos detalhes, para inferir ou reconstruir a "imagem mais ampla". Por outro lado, Mozart e Disney reuniam segmentos de experiência, primariamente gerada por cinestesias entre os sentidos, até que conseguissem "enxergar a maneira como cada peça seria colocada". Depois eles segmentavam esta visão mais ampla para baixo até chegar a uma pauta musical ou a um "*storyboard*".

6. Manter um ciclo contínuo de feedback entre o abstrato e o concreto

Os nossos gênios também eram capazes de passar de modelos e princípios abstratos a expressões concretas específicas dessas abstrações. Eles eram capazes de descobrir os princípios e qualidades de nível mais alto ("sensíveis comuns") dos exemplos concretos com os quais estavam trabalhando e incorporar relações abstratas em exemplos específicos. Isto formava um tipo de ciclo contínuo que lhes permitia refinar as suas idéias e teorias através de *feedback*, a partir do mundo concreto, e ao mesmo tempo refinar os seus trabalhos físicos através de *feedback*, a partir de princípios mais abstratos.

7. Equilíbrio das funções cognitivas: Sonhador, Realista e Crítico

Os gênios não são apenas sonhadores. Eles têm a capacidade e as técnicas para manifestar o seu sonho em expressões concretas e pensar de maneira crítica a respeito das idéias que têm. De certa forma, a capacidade de pensar de maneira crítica é tão importante para o processo da genialidade quanto a capacidade de sonhar. É isto que assegura que as idéias do gênio serão verdadeiramente acima da média. O ponto principal parece estar em não deixar o pensamento crítico anular o sonho. Sem dúvida, um padrão básico da genialidade é conseguir chegar a um produto ou representação externa. Um ato de genialidade sempre culmina em algum tipo de mapeamento em uma forma externa. Aristóteles expressou suas idéias por escrito. Holmes dirigiu os seus poderes mentais para a solução de problemas e mistérios. A força maior de Disney era a sua capacidade de transformar seus sonhos em expressões tangíveis. Mozart escreveu os seus sonhos musicais em forma de notas. Se essas pessoas tivessem simplesmente mantido as suas idéias nas suas cabeças, o mundo jamais teria conhecido a sua genialidade.

8. Fazer perguntas básicas

Os gênios enfatizam mais as perguntas do que as respostas. Eles geralmente têm uma atitude ousada com as perguntas e humilde com as respostas. Sem dúvida, uma característica principal de todos os gênios é o seu alto nível de curiosidade e fascinação. Em vez de tentar confirmar e assegurar aquilo que já sabem, eles procuram os pontos em que o seu conhecimento ainda é incompleto. Eles também possuem a capacidade especial de perceber a falta de sucesso não como um fracasso, mas como uma informação sobre um novo caminho a procurar. Aristóteles, por exemplo, definiu quatro perguntas básicas que ele fazia continuamente e um processo pelo qual verificava as suas pressuposições e premissas. Holmes nos previniu contra a tendência de "torcer fatos para que se adaptem às teorias, ao invés de criar teorias para adaptarem-se aos fatos". Disney comentou: "Eu tenho de examinar e experimentar... Não gosto dos limites de minha própria imaginação". A música de Mozart foi resultado de uma busca constante para descobrir "duas notas que se amassem".

9. Uso de metáforas e analogias

Os gênios constantemente utilizam metáforas e estratégias mentais laterais ou não lineares. Na verdade, a metáfora ou analogia parece ser o núcleo de todo ato de genialidade. Aristóteles constantemente ilustrava as suas idéias com exemplos e analogias. Holmes afirma que os seus métodos eram baseados na "mistura de imaginação e realidade". Mozart usava metáforas e analogias como "colocar junto pedaços para criar uma refeição" e comparava a sua música a um "quadro" ou "estátua", para descrever o seu processo de composição. O ofício de Disney era criar metáforas. Parece que o uso de metáforas permite aos gênios voltar-se para os "sensíveis comuns" e os princípios mais comuns que existem no mundo e dentro de cada um deles, sem se deixar apanhar pelo conteúdo ou pelos limites da realidade.

10. Ter uma missão que vá além da identidade individual

Aristóteles buscou os "princípios primordiais" em toda a natureza. Holmes desejava aplicar os elos na "grande corrente da vida". Do seu trabalho, Disney manteve que: "Não se trata simplesmente da mídia de desenho animado, temos mundos a serem conquistados aqui... O que quer que a mente do homem possa conceber, a animação pode explicar". Mozart afirmava que escrever música "incendiava a sua alma" e agradecia ao seu "divino criador" pelos seus dons criativos.

Uma característica comum a todos os gênios é que eles percebem o seu trabalho como vindo de algo e servindo a algo maior do que eles mesmos. Houve muitas pessoas "brilhantes" e "criativas" que não foram geniais. Talvez esta ligação com algo maior é o que separa o gênio daquele que é simplesmente criativo ou inovador.

Eu disse na Introdução deste volume que minha missão era aplicar as ferramentas da PNL para desvendar algumas das estratégias básicas de figuras históricas importantes que foram reconhecidas como gênios. O objetivo era ajudar e enriquecer nossa percepção da realidade de forma a oferecer maiores escolhas para que pudéssemos agir de maneira efetiva e ecológica nas nossas próprias vidas. Este volume representa o primeiro passo desta missão.

Mencionei no Prefácio que este trabalho é a culminação de uma jornada de vinte anos de estudo das mentes e corações de pessoas muito excepcionais. Espero que a primeira "perna" desta viagem tenha sido tão estimulante para o leitor quanto o foi para mim.

Posfácio

Espero que tenham gostado deste estudo da estratégia da genialidade. Como indiquei no livro, existem muitos recursos e ferramentas para aplicar e desenvolver ainda mais os modelos, estratégias e técnicas descritos nestas páginas. Além das ferramentas já mencionadas, estou preparando uma coleção de fitas, manuais, programas de computador e de multimídia para ajudar a ilustrar e a embasar os tipos de estratégias descritos neste livro. Também estou organizando seminários e *workshops* sobre as Estratégias da Genialidade em várias partes dos Estados Unidos e da Europa, e criando, igualmente, programas de treinamento sobre as aplicações da PNL nos campos da criatividade, saúde, liderança, técnicas efetivas de apresentação e modelagem.

Para mais informações a respeito dessas ferramentas e recursos ou desenvolvimentos futuros relacionados às Estratégias da Genialidade, favor escrever para:

Strategies of Genius
P.O. Box 67448
Scotts Valley, California 95067-7448
Phone & Fax: (408) 438-8314

ANEXO A:
FUNDAMENTOS E
PRINCÍPIOS DA PNL

A PNL foi criada por John Grinder (cuja formação era na área de lingüística) e Richard Bandler (cuja formação era na área de matemática e Gestalt-terapia) com o objetivo de tornar explícitos modelos de excelência humana. O primeiro trabalho de ambos, **A estrutura da magia Vol. I & II** (1975, 1976) identificava os padrões verbais e comportamentais dos terapeutas Fritz Perls (o criador da Gestalt-terapia) e de Virginia Satir (terapeuta familiar internacionalmente conhecida). O trabalho seguinte de ambos, **Padrões das técnicas hipnóticas de Milton H. Erickson, M.D.-Vol. I & II** (1975, 1976) examinava os padrões comportamentais e verbais de Milton Erickson, fundador da Sociedade Americana de Hipnose Clínica e um dos mais reconhecidos e bem-sucedidos psiquiatras dos nossos tempos.

A partir deste trabalho inicial, Grinder e Bandler formalizaram as suas técnicas de modelagem e suas próprias contribuições individuais sob o nome de "programação neurolingüística" para simbolizar a relação entre o cérebro, a linguagem e o corpo. Os fundamentos deste modelo foram descritos em uma série de livros, entre eles *Sapos em Príncipes* (Bandler e Grinder, 1979), *Programação Neurolingüística*-Vol. I (Dilts, Grinder, Bandler, DeLozier, 1980), *Resignificando* (Bandler & Grinder, 1982) e *Usando Sua Mente* – As coisas que você ainda não sabe que não sabe (Bandler, 1985).

Essencialmente, a PNL parte de duas premissas fundamentais:

1. *O Mapa Não é o Território*. Como seres humanos, nunca conheceremos a realidade. Apenas podemos conhecer nossa percepção da realidade. Vivenciamos e reagimos ao mundo que nos rodeia basicamente pelo nosso sistema sensorial de representação. São os nossos mapas neurolingüísticos da realidade que determinam a maneira como nos comportamos e que dão a esses comportamentos significado, e não a realidade em si. Geralmente não é a realidade que nos limita ou que nos fortalece e, sim, nosso mapa da realidade.

2. *A Vida e a "Mente" são Processos Sistêmicos*. Os processos que ocorrem no ser humano e entre os seres humanos e o seu meio ambiente

são sistêmicos. O nosso organismo, as nossas sociedades e o nosso universo formam uma ecologia de sistemas e subsistemas complexos, que interagem todos entre si e influenciam-se mutuamente. Não é possível isolar completamente uma parte do sistema do resto dele. Esses sistemas baseiam-se em alguns princípios de "auto-organização" e naturalmente procuram chegar a estados ideais de equilíbrio ou homeostase.

Segundo a PNL, os processos básicos de mudança compreendem 1) descobrir o estado atual da pessoa e 2) acrescentar os recursos adequados para levar a pessoa até 3) o estado desejado.

Estado atual + Recursos adequados -> Estado desejado

As distinções e técnicas da PNL são organizadas de maneira a ajudar a identificar e definir os estados atuais e os estados desejados de vários tipos e níveis e depois acessar e aplicar os recursos adequados a fim de produzir mudanças ecológicas e efetivas na direção do estado desejado.

O Sistema Nervoso

Os organismos mais desenvolvidos coordenam o seu comportamento e organizam a sua experiência do mundo através do sistema nervoso. Nos seres humanos, o sistema nervoso pode ser visto como consistindo em três subsistemas primários: 1) O sistema Nervoso Central; 2) O Sistema Nervoso Periférico e 3) o Sistema Nervoso Autônomo.

O Sistema Nervoso Central constitui-se do cérebro e da medula espinhal. Ele controla os músculos e movimentos e está associado ao pensamento consciente e à ação.

O Sistema Nervoso Periférico constitui-se de ramificações da medula espinhal e os órgãos sensoriais. Ele distribui a informação que vem dos órgãos, dos músculos e das glândulas a respeito do ambiente ao sistema nervoso central e vice-versa.

O Sistema Nervoso Autônomo lida com uma rede de nervos que está fora da medula espinhal que trata de muitas atividades inconscientes, como a regulação da temperatura corporal, a circulação, a salivação, a iniciação da reação "fuga-luta" e outros estados de atenção e de emoção.

O sistema nervoso central executa programas mentais, planos e estratégias através do sistema nervoso periférico. O sistema nervoso autônomo determina o estado do "hardware" biológico dentro do qual esses programas são processados. Embora muitas pessoas estejam conscientes das suas sensações, pensamentos e ações as funções do sistema nervoso autônomo geralmente acontecem fora da percepção consciente. Seja falando, pensando, comendo, compreendendo, trabalhando ou dormindo todas as ações e experiências humanas são mediadas e manifestas pela interligação dessas três partes do sistema nervoso. A aprendizagem é uma função do estabelecimento de padrões coerentes de organização e interação dentro desses três subsistemas neurológicos.

A Estrutura Fundamental de Comportamento: O Modelo TOTS

A estratégia mental é geralmente organizada em um ciclo contínuo de *feedback* chamado TOTS (Miller *et al.*, 1960). As letras TOTS significam Teste-Operação-Teste-Saída. O conceito de TOTS afirma que todos os programas comportamentais e mentais giram em torno de um objetivo fixo e um meio variável para atingir o objetivo. Este modelo indica que, enquanto pensamos, estabelecemos objetivos em nossa mente (consciente ou inconscientemente) e desenvolvemos um TESTE para quando aquele objetivo tiver sido atingido. Se o objetivo não for atingido, OPERAMOS para modificar algo ou fazer algo para nos aproximarmos mais do nosso objetivo. Quando os critérios de TESTE tiverem sido satisfeitos então SAÍMOS para a próxima etapa.

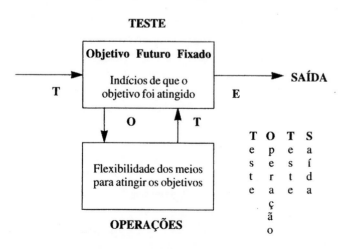

Portanto, a função de qualquer parte específica de um programa comportamental seria (*T*)estar a informação a partir dos sentidos a fim de verificar o progresso em direção ao objetivo ou (*O*)perar para modificar uma parte da experiência atual de forma a satisfazer o (*T*)este e (*S*)air para a próxima parte do programa.

Por exemplo, um TESTE de criatividade seria o de que uma idéia é "excepcional". Se o conceito que a pessoa criar não for excepcional o suficiente ela deverá operar ou então passar por um procedimento para tornar a idéia mais especial ou então criar um conceito melhor.

De acordo com o modelo TOTS, o desempenho efetivo vem de:

1. Estabelecer um objetivo futuro fixo.
2. Ter os indícios sensoriais necessários para determinar de maneira meticulosa o progresso em direção ao objetivo.
3. Possuir um conjunto variável de meios para chegar até o objetivo e a flexibilidade comportamental para implantar essas escolhas.

Posições Perceptivas

As posições perceptivas referem-se aos pontos de vista fundamentais que se pode assumir referentes à relação entre si mesmo e outra pessoa.

1ª Posição: Associada no seu próprio ponto de vista, suas crenças e pressuposições, vendo o mundo externo por seus próprios olhos. Use linguagem da primeira pessoa quando falar sobre si mesmo — "Eu estou vendo", "Eu estou sentindo" etc.

2ª Posição: Associada no ponto de vista, crenças e pressuposições de outra pessoa, vendo o mundo externo pelos olhos dela. Use a linguagem da terceira pessoa ao falar sobre si mesmo na primeira posição — "Você está", "Você parece" etc.

3ª Posição: Associada em um ponto de vista exterior à relação entre você e a outra pessoa, com crenças e pressuposições tanto da primeira como da segunda posição. Use a linguagem da terceira pessoa ao falar sobre si mesmo ou sobre a outra pessoa "segunda posição" — "Ele está", "Ela diz", "Eles estão" etc.

Metaposição: Associada em uma terceira posição, porém com as crenças e pressuposições de uma das posições perceptivas apenas.

Posição do Observador: Associado em uma terceira posição, porém afastando qualquer crença e pressuposição da primeira e segunda posições.

Níveis de Processamento e Organização

As pessoas falam com freqüência sobre reagir em diferentes "níveis". Por exemplo, alguém pode dizer que uma experiência foi negativa em um nível, porém positiva em outro. Na estrutura cerebral, na linguagem e nos sistemas perceptíveis existem hierarquias naturais ou níveis de experiência. O efeito de cada nível é organizar e controlar a informação no nível inferior. Se modificarmos algo no nível superior necessariamente haverá mudanças nos níveis inferiores; a mudança no nível inferior poderá afetar, mas não necessariamente o fará, os níveis superiores. O antropólogo Gregory Bateson identificou quatro níveis básicos de aprendizagem e mudança — cada nível mais abstrato do que o nível inferior, porém cada um tendo um nível maior de impacto na pessoa. De maneira geral, esses níveis correspondem a:

* *Fatores ambientais* determinam as oportunidades ou limites externos aos quais a pessoa deve reagir. Responder às perguntas *onde*? e *quando*?
* O *comportamento* é constituído de ações ou reações específicas dentro do meio ambiente. Responder à pergunta o *quê*?
* As *capacidades* orientam e norteiam as ações comportamentais através de um mapa mental, plano ou estratégia. Responder à pergunta *como*?
* *Crenças e valores* fornecem reforço (motivação e permissão) que dá suporte ou nega as capacidades. Responder a pergunta *por quê*?
* Fatores de *identidade* determinam objetivos gerais (missão) e ao forma a crenças e valores, através de nosso senso de identidade. Responder à pergunta *quem*?
* As questões *espirituais* dizem respeito ao fato de fazermos parte de um sistema mais amplo que vai além de nós mesmos como indivíduos para nossa família, comunidade e sistema global. Responder à pergunta *quem mais*?

O nível ambiental inclui as condições externas específicas nas quais acontece o nosso comportamento. Comportamentos sem mapa interior, plano ou estratégia para orientá-los, entretanto, são rituais, hábitos ou reações automáticos. No nível da capacidade devemos selecionar, alterar e adaptar uma classe de comportamentos para um conjunto maior de situações externas. No nível das crenças e valores podemos incentivar, inibir ou generalizar uma estratégia, plano ou maneira de pensar específica. É claro que a identidade consolida sistemas completos de crenças e valores em um senso de identidade. Enquanto cada nível torna-se mais abstrato a partir das especificidades de comportamento e experiência sensorial, na verdade existe um efeito cada vez mais abrangente em nosso comportamento e experiência.

Níveis "Neurológicos"

Cada um desses processos engloba um nível diferente de organização e mobiliza sucessivamente comprometimento e mobilização mais profundos do circuito "neurológico".

Espiritual — *Holográfico* — Sistema nervoso como um todo.
A. Identidade — *Sistema imunológico e endócrino* — Funções de sustentação profunda da vida.
B. Crenças — *Sistema nervoso autônomo* (batimentos cardíacos, dilatação da pupila etc.) — reações inconscientes.
C. Capacidades — *Sistemas corticais* — ações semiconscientes (movimento ocular, postura etc.).
D. Comportamentos — *Sistema motor* (piramidal e cerebelo) — ações conscientes.
E. Meio ambiente — *Sistema nervoso periférico* — sensações e reações reflexas.

Padrões Cognitivos: o Modelo ROLE

O objetivo do processo de modelagem ROLE é identificar os elementos essenciais do pensamento e comportamento usados para produzir uma reação ou resultados específicos. Isto inclui a identificação e etapas críticas da estratégia mental e a função de cada uma delas no "programa" neurológico total. Essa função é determinada pelos quatro fatores seguintes, indicados pelas letras que compõem a palavra ROLE. Modelo — Sistemas de *R*epresentação; *O*rientação; *E*los; *E*feito.

Os sistemas de representação dizem respeito a qual dos cinco sentidos são mais dominantes para a etapa mental específica da estratégia: *V*isual (visão), *A*uditivo (sons), *C*inestésico (sensações), *O*lfativo (odores), *G*ustativo (paladar).

Cada sistema representacional é projetado para perceber algumas qualidades básicas das experiências que vivencia. Entre elas temos as características de *cor, luminosidade, tom, altura, temperatura, pressão* etc. Em PNL, essas qualidades são chamadas de "submodalidades", pois são subcomponentes de cada um dos sistemas de representação.

A *orientação* diz respeito ao enfoque de cada representação sensorial particular (*e*)xternamente em direção ao mundo exterior ou (*i*)nternamente em direção a experiências (*l*)embradas ou (*c*)riadas. Por exemplo, quando vemos algo o objeto da nossa visão encontra-se no mundo externo, na memória ou na imaginação?

As *ligações* referem-se à maneira como uma etapa particular ou representação sensorial está ligada a outras representações. Por exemplo, trata-se de algo visto no ambiente externo ligado a sensações internas, palavras ou imagens lembradas? Trata-se de uma sensação particular ligada a imagens criadas, lembranças de sons ou outras sensações?

Há duas maneiras básicas de unir as representações: seqüencial e simultaneamente. As ligações seqüenciais agem como *âncoras* ou disparadores, de maneira que uma representação siga a outra em uma cadeia linear de eventos. As ligações simultâneas são o que chamamos de *cinestesias*. As ligações de cinestesia referem-se à sobreposição atual entre representações sensoriais. Algumas qualidades de sensações podem estar ligadas a certas qualidades de imagem — por exemplo, a visualização da cor de um som ou a audição de uma cor. Certamente, ambos os tipos de ligação são essenciais para o raciocínio, a aprendizagem, a criatividade e a organização geral das nossas experiências.

O *efeito* tem a ver com o resultado, o efeito ou o objetivo de cada etapa do processo mental. Por exemplo, a função da etapa pode ser gerar ou fornecer uma representação sensorial, para testar ou avaliar uma representação sensorial específica ou operar de forma a modificar uma parte da experiência ou do comportamento em relação ao objetivo.

Pistas Fisiológicas: Transformando o ROLE em BAGEL

Os elementos do modelo ROLE tratam principalmente de processos cognitivos. Contudo, para funcionar, esses programas mentais precisam da ajuda de certos processos fisiológicos e corporais para consolidação e expressão. Essas reações físicas são importantes no ensino ou desenvolvimento de alguns processos mentais e também para a observação externa e posterior confirmação. Os elementos comportamentais básicos incluídos na modelagem ROLE são:

    Postura corporal
    Pistas de acesso
    Gestos
    Movimentos oculares
    Padrões lingüísticos

1. Movimento corporal

    Quando mergulhadas em profunda reflexão, as pessoas geralmente assumem posturas habituais e sistemáticas. Essas posturas podem dar indicações sobre o sistema de representação utilizado pela pessoa. A seguir vemos alguns exemplos típicos:

    a. Visual: *Inclinado para trás com a cabeça e ombros elevados ou arredondados, respiração superficial*

    b. Auditivo: *Corpo inclinado para a frente, cabeça inclinada, ombros para trás, braços cruzados*

    c. Cinestésico: *Cabeça e ombros para baixo, respiração profunda.*

2\. Pistas de acesso

Quando as pessoas estão pensando, elas disparam alguns tipos de representação de várias maneiras diferentes, entre elas: ritmo respiratório, "ruídos" não-verbais, expressões faciais, estalar de dedos, coçar a cabeça, e assim por diante. Algumas dessas pistas são idiossincráticas à pessoa e precisam ser calibradas, para cada pessoa. No entanto, muitas dessas pistas estão associadas a processos sensoriais específicos:

    a. Visual: *Respiração bastante superficial, olhos franzidos, tom de voz mais alto e ritmo mais rápido*

    b. Auditivo: *Respiração no diafragma, sobrancelhas cerradas, tom e ritmo de voz flutuante*

    c. Cinestésico: *Profunda respiração abdominal, voz profunda e ritmo mais lento.*

3\. Gestos

As pessoas geralmente tocam, apontam ou usam gestos indicando o órgão que estão usando para pensar. Alguns exemplos típicos incluem:

    a. Visual: *Tocar ou apontar para os olhos; gestos feitos acima do nível do olhar*

    b. Auditivo: *Apontando ou gesticulando próximo à orelha; tocar a boca ou maxilar*

    c. Cinestésico: *toca o peito e a área do estômago; gestos abaixo do pescoço.*

4\. Movimentos oculares

Movimentos oculares inconscientes e automáticos geralmente acompanham processos mentais indicando o acesso a um dos sistemas de representação. A PNL categorizou essas pistas no seguinte padrão:

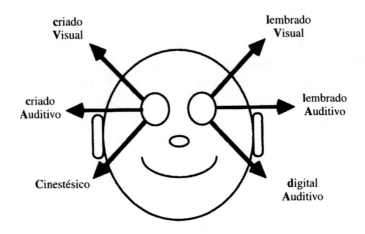

Padrões de movimentos oculares da PNL

5. Padrões de linguagem

Um método básico da análise neurolingüística é a procura de padrões lingüísticos, como "predicados", que indicam um sistema de representação neurológico específico ou submodalidade e a maneira como esse sistema ou qualidade está sendo usado no programa mental geral. Os predicados são palavras, como verbos, advérbios e adjetivos, que indicam ações ou qualidades, em vez de coisas. Este tipo de linguagem é geralmente selecionada no nível inconsciente e reflete a estrutura inconsciente subjacente que as produziu. A seguir, temos uma lista dos predicados sensoriais mais comumente utilizados:

VISUAL	AUDITIVO	CINESTÉSICO
"ver"	"ouvir"	"tocar"
"olhar"	"escutar"	"agarrar"
"visão"	"som"	"sentir"
"claro"	"ressonar"	"sólido"
"luminoso"	"alto"	"pesado"
"imagem"	"palavra"	"segurar"
"nebulosa"	"barulhento"	"duro"
"trazer à luz"	"já ouvi dizer"	"ligar"
"mostrar"	"contar"	"mover"

Estados Internos

A PNL concentra-se na identificação, no uso e na modificação do padrão dos processos mentais e da fisiologia que influenciam o comportamento da pessoa, como forma de melhorar a qualidade e efetividade do seu desempenho. A premissa básica da PNL é que o cérebro humano funciona como um computador – executando "programas" ou estratégias mentais compostas de seqüências ordenadas de instruções ou representações internas. Alguns programas ou estratégias funcionam melhor para desempenhar algumas tarefas do que outras e é a estratégia usada pela pessoa que determinará em grande parte, se o seu desempenho é medíocre ou excelente.

A eficácia e a capacidade de levar adiante um programa mental particular são, em grau elevado, determinadas pelo estado fisiológico da pessoa. Sem dúvida, se um computador tiver um *chip* ruim ou problemas de rede elétrica seus programas não sairão bem executados. O mesmo acontece com o cérebro humano. O nível de animação, receptividade, estresse etc. da pessoa determinará o nível de efetividade com que ele pode executar os seus programas mentais. Os batimentos cardíacos, o ritmo respiratório, a postura corporal, a pressão sangüínea, a tensão muscular, o tempo de reação e a reação galvânica da pele são exemplos de medidas físicas que provocam ou acompanham mudanças no estado fisiológico geral. A PNL utiliza essas medidas para identificar, modelar e treinar estados fisiológicos de excelência em pessoas, de maneira que esses estados possam ser reproduzidos adequadamente e usados para atingir o nível ideal de desempenho.

Assim, o estado interno da pessoa tem influência importante na sua capacidade de se desempenhar bem em qualquer situação.

Ancoragem

A ancoragem é um processo que, superficialmente, é semelhante à técnica de "condicionamento" usada por Pavlov para criar uma ligação entre a escuta de uma campainha e a salivação em cães. Pela associação do som de uma campainha com o ato de fornecer alimento aos seus cães, Pavlov descobriu que podia chegar a simplesmente tocar a campainha e os cães começavam a salivar, embora nenhum alimento fosse fornecido. Na fórmula de condicionamento de estímulo-resposta comportamento, porém, o estímulo é sempre uma pista ambiental e a resposta é sempre uma ação comportamental específica. A associação é considerada reflexiva e não uma questão de escolha.

Em PNL, o termo "ancoragem" refere-se à criação de interligações entre os elementos do modelo ROLE e tem sido expandido para incluir outros níveis lógicos, além do ambiente e comportamento. Uma imagem lembrada, por exemplo, pode tornar-se uma âncora de uma sensação interna particular. Um toque na perna pode tornar-se uma âncora para uma fantasia visual e até mesmo uma crença. Um tom de voz pode tornar-se uma âncora para um estado de empolgação ou confiança. A pessoa pode escolher conscientemente estabelecer e disparar de novo essas associações por si mesma. Em vez de ser apenas um reflexo condicionado automático, a âncora torna-se um instrumento de aumento de poder pessoal. Sem dúvida, a ancoragem pode ser um instrumento muito útil para estabelecer e reativar os processos mentais associados à criatividade.

Com freqüência as âncoras podem ser estabelecidas pelas simples associações de duas experiências simultâneas. Nos modelos de condicionamento comportamental, as associações são mais fortemente estabelecidas por meio da repetição. A repetição também pode ser usada para fortalecer âncoras. Por exemplo, pedimos a alguém para reviver profundamente um momento em que ele era bastante criativo e tocamos no seu ombro enquanto está pensando na experiência. Se repetirmos isto uma ou duas vezes, o toque no ombro começará a ficar ligado ao estado criativo. No final, este toque no ombro automaticamente lembrará a pessoa do seu estado criativo.

Estratégias

1. **Definição de *"estratégia"*:**
   a. Do grego *strategos*, que significa "general".
   b. *"Um plano detalhado para se atingir um objetivo ou obter uma vantagem"*. (*Random House Dictionary*)
   c. Em PNL, o termo "estratégia" é usado para indicar os passos de um processo mental ou programa (no sentido de programa de informática) que leva a um resultado desejado ou objetivo específico. Cada passo da estratégia caracteriza-se pelo uso de um dos cinco sentidos ou "sistemas representacionais".

2. **Classes de estratégias**
   a. Memória

b. Tomada de decisão
c. Aprendizagem
d. Criatividade
e. Motivação
f. Realidade
g. Crença (ou Convicção)

3. Procedimentos estratégicos
a. Eliciação
b. Utilização
c. Projeto
d. Instalação-reorganização

4. Estrutura de uma estratégia
a. Modelo geral de sistemas
b. Estrutura da estratégia de PNL

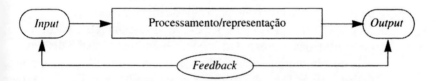

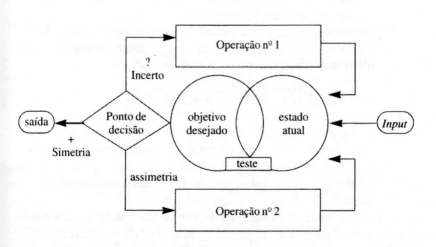

Anexo B:
Pressuposições da PNL

O Mapa não é o Território

1. As pessoas reagem às suas próprias percepções da realidade.
2. Cada pessoa possui o seu próprio mapa individual do mundo. Nenhum mapa individual do mundo é mais "verdadeiro" ou "real" do que outro qualquer.
3. O significado da comunicação com outra pessoa é a reação que ela provoca naquela pessoa, não obstante a intenção do comunicador.
4. Os mapas mais "sábios" e mais "solidários" são aqueles que tornam disponíveis um número mais amplo e mais rico de escolhas, ao contrário de tentarem ser mais "verdadeiros" ou "corretos".
5. As pessoas já possuem (ou possuem em potencial) todos os recursos de que precisam para agir de maneira efetiva.
6. As pessoas fazem as melhores escolhas disponíveis a partir das possibilidades e capacidades que, segundo elas, estão disponíveis no seu modelo de mundo. Qualquer comportamento, por mais louco ou estranho que pareça, é a melhor escolha disponível à pessoa naquele momento — se ela tiver uma escolha mais adequada (dentro do contexto do seu modelo de mundo) ela terá mais possibilidades de aceitá-lo.
7. As mudanças ocorrem a partir dos recursos adequados ou da ativação do recurso potencial, para um contexto específico, por meio do enriquecimento do mapa de mundo da pessoa.

A vida e a "Mente" são Processos Sistêmicos

1. Os processos que ocorrem dentro da pessoa, ou entre pessoas e o seu ambiente, são sistêmicos. Os nossos organismos, as nossas sociedades e o nosso universo formam uma ecologia de sistemas e subsistemas que interagem entre si e influenciam-se mutuamente.
2. Não é possível isolar completamente uma parte do sistema do resto do sistema. As pessoas não podem deixar de influenciar umas às outras. As interações entre as pessoas formam ciclos

contínuos de *feedback* — de tal forma que a pessoa será afetada pelos resultados que as suas próprias ações têm nas outras pessoas.
3. Os sistemas são "auto-organizadores" e naturalmente procuram estados de equilíbrio e estabilidade. Não existem falhas, apenas *feedback*.
4. Nenhuma reação, experiência ou comportamento tem significado fora do contexto no qual ele surgiu ou fora da reação que ele provoca em seguida. Qualquer comportamento, experiência ou reação pode servir como recurso ou limitação, dependendo da maneira como se adapta no resto do sistema.
5. Nem todas as interações do sistema encontram-se no mesmo nível. O que é positivo em um nível pode ser negativo em outro. É útil separar o comportamento da "identidade" — separar a intenção positiva, a função, a crença etc. que gera o comportamento do comportamento em si.
6. Em algum nível, todo comportamento tem (ou teve) uma "intenção positiva". Ele é ou foi percebido como adequado, a partir do contexto no qual foi estabelecido, do ponto de vista da pessoa que está expressando o comportamento. É mais fácil e mais produtivo responder à intenção em vez de à expressão do comportamento problemático.
7. Os ambientes e contextos mudam. A mesma ação nem sempre produzirá o mesmo resultado. Para adaptar-se e sobreviver de maneira bem-sucedida, um membro do sistema precisa de uma certa quantidade de flexibilidade. Tal quantidade de flexibilidade deve ser proporcional à variação no resto do sistema. À medida que o sistema se torna mais complexo, torna-se necessária uma maior flexibilidade.
8. Se o que você está fazendo não está obtendo a reação que deseja, modifique o seu comportamento até provocar a reação desejada.

ANEXO C:
GLOSSÁRIO DE TERMINOLOGIA DA PNL

Acompanhamento — Método usado por comunicadores para estabelecer rapidamente um nível de empatia (*rapport*), sincronizando alguns aspectos do seu comportamento com aqueles da pessoa com a qual estão se comunicando — sincronização ou espelhamento de comportamento.

Ancoragem — O processo de associação de uma reação interna a um disparador externo (semelhante ao condicionamento clássico) de maneira que a reação possa ser rápida, e às vezes de maneira oculta, reacessada.

Auditivo — Relativo à audição.

Busca transderivacional — Processo de buscar nas lembranças armazenadas e representações mentais da pessoa, a fim de encontrar a experiência de referência do qual derivaram a reação ou comportamento atual.

Calibração — O processo de aprendizagem de leitura das reações não-verbais inconscientes de outra pessoa, em uma interação constante, comparando pistas comportamentais observáveis com uma reação interna específica.

Capacidade — Controle de uma classe inteira de comportamento — saber COMO fazer algo. As capacidades advêm do desenvolvimento de um mapa mental que nos permite selecionar e organizar grupos de comportamentos individuais. Em PNL, esses mapas mentais assumem a forma de mapas e estratégias cognitivos.

Ciclo contínuo calibrado (*loop* de calibração) — Padrão inconsciente de comunicação no qual as pistas comportamentais de uma pessoa provocam reações específicas por parte de outra pessoa, em uma interação contínua.

Cinestesia — O processo de justaposição entre os sistemas de representação, caracterizados por fenômenos como "circuitos ver-sentir", nos quais a pessoa deriva sensações a partir do que ela vê e "circuitos de audição e tato" no qual a pessoa tem sensações a partir do que ela ouve. É possível ligar pares de modalidades sensoriais.

Cinestésico — Relaciona-se às sensações corporais. Em PNL, o termo cinestésico é usado para englobar todos os tipos de sensações, inclusive as sensações *táteis*, *viscerais* e *emocionais*.

Citações — O padrão no qual a mensagem a ser passada pode estar embutida em citações, como se outra pessoa tivesse passando a mensagem.

Comportamento — Ações e reações físicas específicas, pelas quais interagimos com as pessoas e o ambiente que nos rodeia.

Condições de boa formulação — Conjunto de condições que devem ser satisfeitas para produzir um resultado ecológico e efetivo. Em PNL, um objetivo particular é bem formulado se ele for 1) formulado em termos positivos; 2) definido e avaliado de acordo com evidências baseadas nos sentidos; 3) iniciado e mantido pela pessoa que deseja o objetivo; 4) feito para preservar os subprodutos positivos do estado atual e 5) contextualizado de maneira adequada para adaptar-se à ecologia externa.

Congruência — Quando todos os comportamentos, estratégias e crenças internas da pessoa estão plenamente em acordo e orientadas para o objetivo desejado.

Contexto — A estrutura de um evento específico. Essa estrutura geralmente determina a maneira como uma experiência ou evento é interpretado.

Crenças — Generalizações profundamente arraigadas sobre 1) causa, 2) significado e 3) limites no a) mundo ao nosso redor, b) nosso comportamento, c) nossas capacidades e nossas d) identidades. As crenças funcionam em um nível diferente da realidade concreta e servem como orientação e intérpretes das nossas percepções da realidade, geralmente ligando-as aos nossos critérios e sistemas de valores. As crenças são reconhecidamente difíceis de serem modificadas pelas regras típicas de lógica ou pensamento racional.

Critérios — Os valores ou padrões usados pela pessoa para tomar decisões e fazer julgamentos.

Estado — As condições mentais e físicas atuais, a partir das quais a pessoa age.

Estratégia — Um conjunto de etapas mentais e comportamentais explícitas usadas para atingir um resultado desejado específico. Em PNL, o aspecto mais importante de uma estratégia são os sistemas de representação usados para concretizar as etapas específicas.

Estrutura profunda — Os mapas neurológicos (tanto conscientes como inconscientes) usados pela pessoa para organizar e orientar o seu próprio comportamento.

Estrutura superficial — As palavras ou linguagem utilizadas para descrever as representações sensoriais primárias reais que se encontram armazenadas no cérebro.

Flexibilidade comportamental — A capacidade de variar o seu próprio comportamento para eliciar ou assegurar uma reação por parte de outra pessoa.

Ganho secundário — Refere-se ao fato de um comportamento que parece negativo ou problemático possuir uma função positiva em algum outro nível. Por exemplo, o cigarro pode ajudar a pessoa a relaxar ou a se enquadrar em uma auto-imagem específica.

Gustativo — Relativo ao paladar.

Identidade — A percepção de quem somos. Nosso senso de identidade organiza nossas crenças, capacidades e comportamentos em um único sistema.

Instalação — O processo de facilitar a aquisição de uma nova estratégia ou comportamento. Uma nova estratégia pode ser instalada por uma combinação de ancoragem, pistas de acesso, metáforas e passo ao futuro.

Meio ambiente — O contexto interno no qual o comportamento acontece. Nosso meio ambiente é aquele que percebemos como estando "fora" de nós. Não é parte do nosso comportamento, mas trata-se de algo a que devemos reagir.

Metamodelo — Um modelo desenvolvido por John Grinder e Richard Bandler que identifica categorias de padrões de linguagem que possam ser problemáticos ou ambíguos.

Metaprograma — O nível de programação mental que determina como classificamos, orientamos e segmentamos as nossas experiências. Os nossos metaprogramas são mais abstratos do que as nossas estratégias específicas de raciocínio e definem a nossa abordagem geral de uma questão, em vez de detalhes do nosso processo mental.

Metáfora — O processo de pensar a respeito de uma situação ou fenômeno como algo diferente, por exemplo, histórias, parábolas e analogias.

Modelagem — O processo de observação e mapeamento dos comportamentos bem-sucedidos de outras pessoas.

Níveis lógicos — Uma hierarquia interna de organização na qual cada nível é progressivamente mais abrangente, com maior impacto do ponto de vista psicológico. Em ordem de importância (de cima para baixo) esses níveis incluem 1) identidade, 2) crenças, 3) capacidades, 4) comportamento e 5) meio ambiente.

Olfativo — Relativo ao olfato.

Partes — Uma maneira metafórica de falar sobre estratégias de comportamento e programas independentes. Os programas ou "partes" geralmente desenvolvem uma *persona* que se torna umas das suas características identificadoras.

Passo ao futuro — O processo de ensaio mental de uma situação futura, para se assegurar de que o comportamento desejado vai ocorrer de maneira natural e automática.

Pistas de acesso — Comportamentos sutis que ajudam a provocar e a indicar o sistema de representação que a pessoa está usando para pensar. Dentre as pistas de acesso mais comuns temos movimentos oculares, tom e cadência de voz, postura corporal, gestos e padrões respiratórios.

Posições perceptivas — Um ponto de vista ou perspectiva particular. Em PNL, existem três posições básicas a serem tomadas quando se percebe uma experiência particular. A primeira posição inclui a vivência de algo através dos nossos olhos associados no ponto de vista da primeira pessoa. A segunda posição é a experiência de algo como se estivéssemos no lugar de outra pessoa. A terceira posição é o distanciamento para perceber a relação que existe entre nós e as outras pessoas, a partir do ponto de vista de um observador.

Predicados — Palavras processuais (verbos, advérbios e adjetivos) que a pessoa seleciona para descrever um assunto. Os predicados são usados em PNL para identificar o sistema de representação usado pela pessoa para processar informações.

Primazia do sistema de representação — Refere-se ao fato de uma pessoa usar sistematicamente um sentido em vez de outro para processar e organizar a sua experiência. O sistema de representação primário determinará muitos traços de personalidade e também capacidades de aprendizagem.

Programação Neurolingüística (PNL) — Modelo comportamental e conjunto de capacidades e técnicas explícitas criado por John Grinder e Richard Bandler em 1975. Definido como o estudo da estrutura da experiência subjetiva, a PNL estuda os padrões ou a "programação" criada pela interação entre o cérebro ("neuro"), a linguagem ("lingüística") e o corpo, produzindo comportamentos tanto efetivos como inefetivos para melhor compreender os processos que estão por detrás da excelência humana. As técnicas e habilidades originaram-se da observação dos padrões de excelência em especialistas de diversos campos da comunicação profissional, como a psicoterapia, o mundo dos negócios, da saúde e da educação.

Quádruplo — Um método de taquigrafia usado para anotar a estrutura de qualquer experiência. O conceito do quádruplo afirma que qualquer experiência deve ser composta de algum tipo de combinação das quatro classes básicas de representação — *A, V, C, O* — em que *A* = auditivo, *V* = visual, *C* = cinestésico e *O* = olfativo, gustativo.

Rapport (empatia) — O estabelecimento de confiança, harmonia e cooperação em um relacionamento.

Resignificação — Processo usado em PNL pelo qual um comportamento problemático é separado da intenção positiva da "parte" ou programa interno, responsável pelo comportamento. Novas escolhas de comportamento são criadas fazendo-se com que a parte responsável pelo antigo comportamento assuma a responsabilidade de implantar outros comportamentos que satisfaçam a mesma intenção positiva, sem os subprodutos problemáticos.

Resultados finais — Objetivos ou estados desejados que a pessoa ou organização deseja atingir.

Segmentação — Organização ou segmentação de alguma experiência em pedaços maiores ou menores. A "segmentação para cima" inclui a passagem para um nível mais abstrato e mais amplo de informação. A "segmentação para baixo" inclui a passagem para um nível mais concreto e específico de informação. A "segmentação lateral" abrange outros exemplos no mesmo nível de informação.

Sistemas de representação — Os cinco sentidos: visão, audição, tato (sensação), olfato e paladar.

Submodalidades — As submodalidades são qualidades sensoriais especiais percebidas pelos sentidos *de per si*. Por exemplo, dentre as submodalidades visuais temos cor, forma, movimento, luminosidade, profundidade etc. As submodalidades auditivas incluem volume, tom, cadência etc. e as submodalidades cinestésicas incluem qualidades como pressão, temperatura, textura, localização etc.

TOTS — Termo desenvolvido por Miller, Galanter e Pribra que indica a seqüência teste-operação-teste-saída, que descreve o ciclo contínuo de *feedback* básico usado para orientar todos os comportamentos.

Tradução — O processo de transposição de palavras de um sistema representacional para outro.

Utilização — Técnica segundo a qual uma seqüência de estratégia específica ou padrão de comportamento é acompanhado ou sincronizado, para influenciar a resposta da outra pessoa.

Visual — Relativo à visão.

Condições de boa formulação — Conjunto de condições que devem ser satisfeitas para produzir um resultado ecológico e efetivo. Em PNL, um objetivo particular é bem formulado se ele for 1) formulado em termos positivos; 2) definido e avaliado de acordo com evidências baseadas nos sentidos; 3) iniciado e mantido pela pessoa que deseja o objetivo; 4) feito para preservar os subprodutos positivos do estado atual; 5) contextualizado de maneira adequada para adaptar-se à ecologia externa.

BIBLIOGRAFIA

Applications of Neuro-Linguistic Programming. Dilts, R. Meta Publications, Capitola, CA, 1983.

Aristotle. Britannica Great Books. Encyclopedia Britannica Inc., Chicago, Ill., 1979.

The Art of Walt Disney. Finch, C. Harry N. Abrahms Insc., Nova York, NY, 1973.

Beethoven: Letters, Journals and Conversations. Hamburger, M. Pantheon Books, 1952.

Beliefs: Pathways to Health and Weel-Being. Dilts, R., Hallbom T. & Smith, S. Metamorphous Press, Portland, OR, 1990.

Change Your Mind. Andreas, S., Andreas, C. Real People Press, Moab, UT, 1987.

Chanching Beliefs With NLP. Dilts, R. Meta Publications, Capitola, CA, 1990.

"Chunking in SOAR; The Anatomy of a General Learning Mechanism". Laird, J. E., Rosembloom, P., e Newell, A. *Machine Learning*, 1:11-46, 1986.

The Complete Sherlock Holmes. Sir Arthur Conan Doyle. Doubleday & Company, Inc., Garden City, NY, 1979.

"A Composer's World: Horizons and Limitations". Harvard University Press, 1952.

The Creative Process. Editado por Brewster Ghiselin, Mentor Books, New American Library, Nova York, NY, 1952.

Disney Animation; The Illusion of Life. Thomas, F. & Johnson, O. Abbeyville Press, Nova York, NY, 1981.

The Encyclopedia Britannica. Encyclopedia Britannica Inc., Chicago, Ill., 1979.

The Encyclopedia Sherlockiana. Jack Tracy, Avon Books, Nova York, NY, 1979.

Frogs into Princes. Bandler, R. e Grinder, J. Real People Press, Moab, UT, 1979. (Publicado no Brasil pela Summus Editorial em 1982, sob o título *Sapos em Príncipes*.)

The Game of Business. McDonald, J.. Doubleday, Garden City, NY, 1974.

Great Inventors & Discoveries. Editado por Donald Clarke, Marshall Cavendish Books Limited, Londres, 1978.

The Great Psychologists: Aristotle to Freud. Watson, R., J. B. Lippincott Co., Nova York, NY, 1963.

Growing Pains (1941), Disney, W., reproduzido em *SMPTE Journal*, July 1991, pp.547-50.

Imagined Worlds: Stories of Scientific Discovery. Andersen, P., and Cadbury, D.. Ariel Books, Londres, 1985.

The Life of Mozart Including His Correspondence. E. Holmes. Chapman & Hall, 1878, pp.221-13.

"Listening Skills in Music"; O'Connor, Joseph. Lambert Books, Londres, 1989.

"Moshe Feldenkrais; NLP of the Body". Dilts, R. Dynamic Learning Publications, Ben Lomondo, CA, 1990.

Neuro-Linguistic Programming: The Study of the Structure of Subjective Experience, Volume I. Dilts, R., Grinder, J., Bandler, R., DeLozier, J. Meta Publications, Capitola, CA, 1980.

Ninety Nine Percent Inspiration. Mattimore, B. American Management Association, Nova York, NY, 1994.

Organizations in Action. Thompson, J. McGraw Hill Inc., Nova York, NY, 1967.

Plans and the Structure of Behavior. Miller, G., Galanter, E., e Pribram, K. Henry Holt & Co., Inc., 1960.

Principles of Psychology. William James. Britannica Great Bools, Encyclopedia Britannica Inc., Chicago, Ill., 1979.

Productive Thinking. Max Wertheimer. Greeenwood Press, Westpoint, CO, edição ampliada, 1959.

Roots of Neuro-Linguistic Programming. Dilts, R.. Meta Publications, Capitola, CA, 1983.

Skills for the Future: Managing Creativity and Innovation. Dilts, R. com Bonissone, G. Meta Publications, Capitola, CA, 1993.

"SOAR: An Architecture for General Intelligence". Laird, J.E., Rosembloom, P., e Newell, A. Artificial Intelligence, 33:1-64, 1987.

Steps To an Ecology of Mind. Bateson, Gregory. Ballantine Books, Nova York, NY, 1972.

Strategies of Genius, Volume II: Albert Einstein. Dilts, R.B.. Meta Publications, Capitola, CA, 1994.

"Strategies of Excellence". Typing Strategy, Dilts, R.. Behavioral Engineering, Scotts Valley, CA, 1982.

The Structure of Magic Vol. I & II. Grinder, J. e Bandler, R.. Science and Behavior Books, Palo Alto, CA, 1975, 1976.

Synergetics of Cognition. H. Haken & M. Stadler (Ed.), Springer-Verlag, Berlim, Alemanha, 1989.

The Syntax of Behavio. Grinder, J. & Dilts, R. Metamorphous Press, Portland, OR, 1987.

Time Line Therapy. James, T., Woodsmall, W. Meta Publications, Capitola, CA, 1987.

Tools for Dreamers: Strategies for Creativity and the Structure of Invention. Dilts, R.B., Epstein, T., Dilts, R. W. Meta Publications, Capitola, CA, 1991.

"Toward a Unifying Theory of Cognition". M. Waldrop. *Science*, Vol. 241, July 1988.

Turtles All the Way Down: Prerequisites to Personal Genius. J. DeLozier & John Grinder. Grinder DeLozier & Associates, Santa Cruz, CA, 1987.

Using Your Brain. Bandler, Richard. Real People Press, Moab, UT, 1984. (Publicado no Brasil pela Summus Editorial em 1987, sob o título *Usando sua mente*.)

Walt Disney's Fantasia. Culhane, J. Harry N. Abrahms Inc., Nova York, NY, 1983.

ROBERT DILTS

Um dos pioneiros no campo da Programação Neurolingüística, é autor, consultor e *trainer* em PNL, desde a sua criação em 1975. Suas contribuições pessoais incluem muito do trabalho fundamental sobre as técnicas de PNL relativas aos estágios cognitivos e mudanças de crenças.

Dilts é o principal autor de *Neuro-Linguistic Vol. I* e autor de diversos outros livros de PNL, incluindo *Crenças – caminhos para a saúde e o bem-estar*,* no qual descreve seu trabalho de transformação de crenças funcionais limitantes e de criação do sistema de crenças. Seus trabalhos incluem a aplicação da PNL em administração e desenvolvimento da criatividade. Em *Enfrentando a audiência*,* descreve as aplicações da PNL em apresentações em público.

---

* Livros publicados no Brasil pela Summus Editorial.

www.gruposummus.com.br